本书系国家社科基金"十一五"规划 2008 年度教育学一般课题"信息技术课程发展研究"（BCA080041）成果

信息技术课程发展研究丛书

总主编 / 董玉琦

信息技术课程发展研究导论

XINXI JISHU KECHENG FAZHAN
YANJIU DAOLUN

董玉琦　刘向永　等 / 著

教育科学出版社
·北 京·

序

2000 年 10 月，按照"全国中小学信息技术教育工作会议"精神，我国中小学信息技术课程正式全面铺开。2003 年 3 月，《普通高中技术课程标准（实验）》公布。2004 年 9 月，山东、广东、宁夏和海南率先进入实验区。信息技术课程正处于快速发展之中。考察国外信息技术课程研究，我们认为其特点如下：一是中小学信息技术课程被认为是基础教育信息化的重要内容，是培养未来社会人信息素养的核心和关键；二是信息技术课程体系正在进一步充实和完善；三是促进信息技术课程可持续发展是涉及多方面的内容。国内的信息技术课程研究仍然存在着诸多问题。基于信息技术课程发展的思考，我们开展了"信息技术课程发展研究"课题研究，该课题是国家社科基金"十一五"规划 2008 年度教育学一般课题（课题批准号：BCA080041）。本书主要是该课题研究所取得的成果之一。

"信息技术课程发展研究"课题研究对于推进信息技术课程的实际意义主要体现在三方面：一是有利于挖掘信息技术课程内涵和拓展课程外延，厘清信息技术课程发展方向、内容等；二是有利于全面系统把握信息技术课程现状，为小学、初中和高中一体化的信息技术课程标准研制提供依据；三是有利于对信息技术课程实施和发展中的重点与难点问题提出切合实际的政策建议。"信息技术课程发展研究"课题研究的理论意义主要在于探求信息技术课程研究方法和开展信息技术课程基础研究与原理研究。

本书是集体智慧的结晶，主要作者为董玉琦（东北师范大学）、刘向永（江南大学）、李赫（长春工业大学）、钱松岭（东北师范大学）、王靖（江南大学）、张燕（新疆师范大学）、钱薇旭（东北师范大学）、杨莉（宁夏银川市兴庆区民乐小学）等。董玉琦设计了全书的总体结构，在初稿的基础上，由董玉琦、刘向永对全书做了修改和定稿工作。

在"信息技术课程发展研究"课题研究过程中，许多一线信息技术教研员、信息技术教师以及学生等为研究提供了帮助，正是他们的参与与帮助，才有了本书所列的成果内容，在此一并向他们表示感谢。同时，感谢教育科学出版社的王薇主任和贾立杰等编辑，是她们不断的支持和鼓励促成了本书的最终完成。

信息技术课程发展研究是一个不断进展的课题，我们虽然在信息技术课程发展研究方向做出了一些艰苦的探索，也取得了一些可喜的成果，但是，我们仍然不敢妄言已经把握了信息技术课程发展的所有脉络。所以，将本书定位为导论，也是期待以我们的研究为起点和基础带动更多研究者深入地关注信息技术课程发展，深入地研究信息技术课程发展。

董玉琦
2013 年 5 月

目　　录

绪　论　信息技术课程发展路向与展望 ……………………………… (1)

　引子　英国 ICT 课程变革引发的信息技术课程发展思考 ………… (1)

　一、当前信息技术课程研究中的几点不足 …………………………… (3)

　二、信息技术课程研究的体系架构 …………………………………… (5)

　三、信息技术课程研究的若干领域 …………………………………… (6)

　四、信息技术课程研究的方法属性 …………………………………… (8)

　五、信息技术课程研究的发展路向 …………………………………… (9)

第一章　信息技术课程价值研究 ………………………………………… (14)

　第一节　信息技术课程价值研究设计 ………………………………… (14)

　第二节　信息技术课程价值研究文献综述 …………………………… (29)

　第三节　价值哲学视野下的信息技术课程价值体系构建 …………… (43)

　第四节　对信息技术课程价值的认识 ………………………………… (50)

　第五节　信息技术课程价值实现的困境与机制 ……………………… (63)

第二章　信息科学课程化研究 …………………………………………… (71)

　第一节　信息科学课程化概述 ………………………………………… (71)

　第二节　国外信息科学课程述评 ……………………………………… (74)

　第三节　信息科学课程化研究设计 …………………………………… (81)

　第四节　信息科学课程开发 …………………………………………… (86)

　第五节　"信息加密"单元课程教学实验案例 ………………………… (100)

第三章　信息社会学课程开发研究 ································ （119）

第一节　信息社会学课程概述 ·································· （119）

第二节　信息社会学课程国际比较 ···························· （126）

第三节　信息社会学课程目标 ································· （141）

第四节　信息社会学课程内容 ································· （148）

第五节　信息社会学课程教学案例 ···························· （154）

第四章　信息技术学科学习心理研究 ························ （167）

第一节　信息技术学科学习心理研究概述 ···················· （167）

第二节　高中学生信息技术学习中的迷思概念研究

　　　　——以概念为例 ···································· （169）

第五章　信息技术教师专业知识研究 ························ （189）

第一节　信息技术教师专业知识概述 ························· （189）

第二节　信息技术教师专业知识构成 ························· （199）

第三节　信息技术教师专业知识现状调查与影响因素分析 ····· （206）

第四节　信息技术教师专业知识来源分析 ···················· （232）

第五节　信息技术教师专业知识发展策略 ···················· （242）

第六章　信息技术课堂教学评价研究 ························ （247）

第一节　引　论 ·· （247）

第二节　信息技术课堂教学课例分析 ························· （257）

第三节　信息技术课堂教学存在的主要问题及改进建议 ······· （275）

参考文献 ··· （282）

绪论　信息技术课程发展路向与展望

从 20 世纪 80 年代起步，我国的中小学信息技术课程至今已经三十来年了。历经了三十来年的发展，信息技术课程从无到有，从选修到必修，逐渐发展壮大。特别是 2003 年，教育部颁布了《普通高中技术课程标准（实验）》，这标志着信息技术课程正式纳入了国家课程体系。随着中小学信息技术课程实践的不断发展，特别是高中信息技术新课程实验的扩大，信息技术课程研究也日益深入。但是，信息技术课程的发展也面临着一些问题，亟待在研究中加以解决。从更为上位的、相对整体的视角考察信息技术课程研究的基本问题——信息技术课程研究的体系化、方法论与发展路向开始引起研究人员的关注。

引子　英国 ICT 课程变革引发的信息技术课程发展思考

1. 英国 ICT 课程的变革

从国际上来看，在高中学段独立设立信息技术课程似乎已经成为共识，基本上各个国家和地区都开设了独立的信息技术课程或者计算机科学课程；义务教育阶段信息技术课程独立设课的国家和地区则偏少。一直以来，只有英国在 12 年基础教育中都独立开设了信息技术课程。2012 年 1 月，英国教育部发布了《取消中小学遵守信息通信技术（ICT）学习计划、成绩目标和法定考试安排的责任》的征询意见文件，建议从 2012 年

9 月开始，英国所有的各个学段的中小学校停止继续遵守现有的 ICT 课程标准以及相应的考试规定，ICT 课程仍然作为中小学的一门必修课程存在。该文件的出台意味着英国的中小学 ICT 课程改革持续发酵。英国政府和社会各界逐渐对现有的中小学 ICT 课程持有质疑和批判的意见。英国各界认为，目前采取的一些改革措施并没有提高 ICT 教育的质量，现行的中小学 ICT 课程是呆板（dull）的，并且对于学生是毫无刺激性的。英国教育大臣高夫在英国教育培训和技术展上发表讲话时表示，现有的计算机课程让学生觉得烦闷无聊。高夫同时也指出，一旦我们移除了现有计算机类课程的障碍，想象一两年后的戏剧性变化——11 岁的学生再也不用烦闷地听教师教授如何使用 Word 和 Excel，而是可以直接用业界软件设计简单的 2D 电脑动画。

英国有关政府部门和产业人士认为，应该使用更加严肃的计算机科学科目代替目前的 ICT 课程。高夫就曾说："计算机科学是一门严肃的、吸引人的和具有挑战性的学科。计算机科学要求一个彻底的符合实际情况的逻辑和系列理论。正与其他科学领域混合成一个新的交叉研究学科，例如计算生物学。所以我今天在这里也宣布，假如能够开发出新的计算机 GCSEs（普通中等教育证书），并符合高水平智能深度和实践价值，我们将认真考虑将计算机科学作为英国文凭的一种选择。虽然个性化技术每天都在改变，但是它们是被已经持续了几十年的基础概念和原则所运行着。许久以后，今天的学生离开学校走入工作场所；许久以后，他们在学校使用的技术已经是过时的，但是学习的关于计算机科学的原则仍然有用。"有关人士认为，目前的英国 ICT 国家课程标准将计算机科学、信息技术和数字化素养等整合在"ICT"的标题之下，这样的结果就是计算机科学经常被忘记或者忽略，导致教学偏向"怎么使用办公软件"，而不是指向能够支撑学生未来生活的知识。学习 ICT 就像是学习怎样阅读，是一种每个人都应该具有的技能。研究计算像是学习怎么样写作，沉浸在理解、设计和建造一个新系统的创造性过程之中。每个人应该学习写作，虽然仅有一小部分人能够成为专业的作家。

2013 年年初，英国教育部正式颁布了计算课程标准草案。高质量的计算（computing）教育能让学生通过计算思维来理解和改变世界。计算教育要求并能培养学生的逻辑思维和精确度，能将创造性与严谨性相结合：学生应用（计算机）内在的原理来理解现实世界系统，并创造出符合目的的、可使用的人工产品。更广泛地来讲，计算为我们提供了一个理解自然系统和人工系统的视角，并且它与数学、科学、设计与技术的教学有本质的联系。

2. 英国 ICT 课程变革引发的思考

从英国的中小学信息技术课程的变革与争论来看，如何变革信息技术课程内容成为讨论的热点。在新的背景下我们必须思考信息技术课程的未来发展。首先，是操作弱化下的信息技术课程发展。无可否认，随着信息技术的迅速发展，信息技术操作的难度逐渐在降低，信息技术工具的使用越来越人性化、"傻瓜化"。同时，信息技术设备的迅速普及和大众化使得人们比以前更加容易在学校之外接触信息技术，从而掌握基本的信息技术操作。当学生在学校课堂中学习信息技术的时候，他们已经很熟练地掌握了操作技能和技巧，对信息技术操作学习的需求自然就会减弱。人们对于小学、初中和高中重复地学习微软办公软件式的教学存在着质疑，也必须重新思考信息技术课程的内容体系。其次，随着新的信息技术不断涌现，人们面对着一个崭新的信息技术环境，苹果终端不断普及，移动学习成为一种时尚。面对新的信息技术工具，我们必须思考如何去改变传统的落后的课程内容。

尽管高夫对信息技术课程的彻底否定意见也受到了英国一线许多信息技术教师的激烈反驳，但无可否认的是，目前的信息技术课程内容的确到了需要深度思考和重新构造的时刻了。由此，信息技术课程发展研究就显得尤为重要。重构还是消失？这是信息技术课程面临的选择，只有在原有的基础上进行信息技术课程发展研究，才能够保证信息技术课程不为社会所抛弃，才能够保证信息技术课程的存在价值。

一、当前信息技术课程研究中的几点不足

信息技术课程研究在经历了 30 多年的发展后，已经呈现出了一些好的表现。例如，信息技术课程研究者不断增多，社会关注度比较高，以及信息技术课程研究成果急剧增多等。但在表面繁荣的背后，我们仍然发现当前信息技术课程研究中有以下几点不足。

（一）信息技术课程研究系统性不强

信息技术课程研究已经初步展开，但是研究课题之间明显缺乏关联，没有形成研究体系。尤其是"摸着石头过河"的观念，仍然制约着部分研究人员对实践中的问题与理论研究问题的思考。课程研究从时间序列上一般分为课程政策、课程设计和课程实施的研究（钟启泉，2000），所以信息技术课程研究也应该包括课程政策、课程设计、课程实施的研究等。

（二）信息技术课程研究方法不够规范

学术研究是讲究研究方法的。考察当前的信息技术课程研究，我们不难发现以下现象：主观臆断较多，实证研究较少；空泛议论较多，实际调查较少；国际比较不少，本土研究不多等。如何克服这种研究的不规范和不成熟？恐怕一要加强对课题研究的管理，二要严格规范对研究生毕业论文的审读。

（三）信息技术课程研究共同体尚未建立

一个学科课程研究领域成熟的标志之一是研究队伍的相对壮大、稳定，特别是包括大学研究人员、学科教研员和一线学科教师等在内的研究共同体的建立。提出课程研究的体系化与方法论有助于信息技术课程研究中理论与实践相互融合，有助于建立研究人员与学科教师之间互动的合作伙伴关系。

（四）信息技术课程研究策略不够完善

回顾我们的研究历程，我们试图建立一种基于课程比较、课程实践和课程理论相互支持、相互借鉴的信息技术课程研究策略。从目前的结果来看，三者之间的割裂、分离与不融洽之痕迹尚未完全消除，提出课程研究的体系化与方法论有助于改善信息技术课程的研究策略。

（五）信息技术课程发展的路向尚不明确

有学者担忧，从 2000 年全国中小学信息技术教育工作会议到 2003 年年初高中信息技术新课程标准的提出，再到 2004 年 9 月高中课改实验开始，似乎一切尘埃落定的同时又有些茫然，信息技术课程发展的路向何在？特别是许多信息技术教师对于信息技术课程的未来发展路向持有怀疑态度，认为未来也许信息技术课程走到头了，会消失，悲观情绪有所蔓延。所以，信息技术课程发展的路向不明确，直接影响着信息技术课程实践的走向。

作为学校课程中的一员，信息技术课程显然十分年轻，但我们期望它的研究状态处于高起点，使之富有朝气和最具魅力，不辱时代赋予的历史使命。

二、信息技术课程研究的体系架构

不论是课程政策、课程设计还是课程实施，我们都认为其研究可以发生在三个层面上，即基础层面、原理层面和应用层面。例如，课程设计的基础研究是指从哲学、社会学、心理学、文化学、传播学等视角对课程设计的考察与分析；原理研究主要是指对支持实际课程设计的理念、方法论等的探索；而应用研究则是在课程政策的限度之内，根据学习者特征、社会（或委托部门）的要求以及学科领域进展等对课程的目标、内容、方法、资源等的实际开发与规划。高中信息技术课程标准的研制就是国家水平的课程设计的应用研究的一个事例；而学科教师对某一单元学习的策划可以说是最为实际的课程设计的应用研究。显然，基础层面位于最下方，应用层面位于最上方，原理层面位于中央。三者之间的关系是下层是上层的支撑，上层是下层的延展，如下图所示。

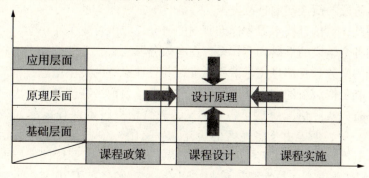

信息技术课程研究的体系架构

三、信息技术课程研究的若干领域

如上图所示，以课程政策、课程设计和课程实施为经度，以基础研究、原理研究和应用研究为纬度，可以勾勒出一幅纵横交错的信息技术课程研究网络，其节点就是信息技术课程研究相对独立的一些子领域。按照这一思路，我们试图给出一些信息技术课程研究的若干领域。需要说明的是，给出的领域大小范围并不是规格一致的，也完全可以从其他角度考虑。

（一）课程标准研制

标准是行为的准绳，课程标准研制显然是信息技术课程研究的重要内容。课程标准与以往的教学大纲不同，它不仅涉及教学的内容，也涉及教学的程度、方法、资源等；参与研制课程标准的人员不能仅仅是课程专家，也要有教研员、教师和教育管理人员，甚至学生、家长和企业等也应该以一定的方式介入；《普通高中技术课程标准（实验）》正在实验省区实验，今后在修订信息技术国家课程标准的同时，建议开展地方化、校本化的信息技术课程标准研究；课程标准研究是课程改革的一个环节，它一定与教师培训、实验政策、资源建设等相适应、共同发展。普通高中技术领域包括信息技术和通用技术两部分，这两部分是否应该研制各自独立的学科课程标准？普通高中信息技术课程已经在全国进行实验，但义务教育阶段的信息技术课程尚未出台相应的课程标准，这使得普通高中阶段与义务教育阶段的衔接问题日益突出。

因此，对信息技术课程标准研制的研究，应该首先关注小学、初中和高中的各个学段的学科内容体系，在有效分段之后，才能够立足于制定国家层面的义务教育信息技术课程标准，并且在原有的高中信息技术课程标准的基础上修订新的高中信息技术课程标准。目前，我国各省份大多已经根据各省的实际情况研制了各省的义务教育信息技术课程标准（教学指导纲要）等，但是由于各地区的研究水平有限，各省的义务教育信息技术课程标准（教学指导纲要）仍然显得有许多不足，期待国家层面的标准出台。《普通高中技术课程标准（实验）》已经公布了10年，面对各种变化，我们需要重新审视高中信息技术课程的理论基础和价值体系，在广泛调研的基础上，重新设计高中信息技术课程标准。对课程标准的研究，不仅仅是一项学术的研究，它也涉及如行政等诸多因素，所以，它必然是学术与现实相互妥协的过程。

（二）课程设计基础与原理研究

课程标准研制、单元教学设计、模块教材开发等应归于信息技术课程设计的应用研究，信息技术课程设计的构成要素、价值取向、目标体系等则是信息技术课程设计的原理研究，应用哲学、文化学、社会学、管理学等学科的基本观点和理论对信息技术课程的研究则为基础研究（董玉琦，2003）[62-67]。关于信息技术课程设计的目标体系，我们的观点是从多角度来理解信息技术课程的目标体系：可以从"知识与技能、过程与方法、情感态度与价值观"三个方面来理解，也可以从理解、实践和创造等学习能力发展的三个层面来理解，还可以从科学、技术和社会（STS）等课程内容的角度来理解。换言之，我们的观点是信息技术课程应当在提高学生的理解能力、实践能力和创造能力方面有所作为。

（三）学习评价研究

信息技术课程的学习评价研究主要是学生学业评价和教师教学评价，涉及评价理念、评价效果、评价技术等。数字化的便利和师生的技术基础为信息技术课程的学习评价提供了引领各个学科学习评价发展的可能。例如，新一轮基础教育课程改革强调在关注对学生终结性评价的同时也要关注过程性评价。对于信息技术课程学业评价而言，档案袋评价由于其数字化，可以方便地应用于教学之中，同时对于学生理解信息处理过程也有很大的帮助。

（四）课程实施研究

信息技术课程实施研究尚未引起应有的重视和关注，研究状况不尽如人意。对课程实施的物质条件研究固然是必要的，但对于人的研究，特别是对学生、教师的研究远远没有深入。同时对课程实施政策、课程实施资源以及人与设备、人与政策、人与资源之间的关系、认识等的研究，我们认为应尽快开展。

（五）信息技术教师发展研究

课程发展与教师成长是互动的，这一点对于信息技术课程尤为重要。当前对信息技术教师发展的较有深度的研究刚刚起步。信息技术教师发展研究不仅涉及基本状况调查、主要工作职责与困惑、教学能力与水平发展等方面的研究，也包括教师与学生、教师与学校之间关系的研究；不仅包括职前的培养研究，也包括职后的研修研究；不仅包括意识研究，也包括行为、效果研究。当前信息技术教师专业发展研究的一个重点在于从教师的教材意识、教学意识到教师的课程意识的转变，尤其是学习过程和学习资源的设计、开发、利用、管理和评价研究。

（六）学习心理研究

从狭义心理学的理解出发，学习是一种心理变容的过程。学科学习心理研究的欠缺往往是学科教育学得不到认可的关键所在。信息技术学习心理研究在我国似乎处于空白状态。

我们查阅了《日本教育工学论文志》第 28 期中有关信息技术课程研究的内容，值得借鉴的有这样几篇文章，简介如下。第一，安藤玲子等人开展了关于小学生使用网络与信息实践能力的因果关系的研究，即探讨了小学生使用网络能否提高信息实践能力（安藤玲子，2005）[65-68]，结果显示，使用网络越多，信息实践总体能力以及收集能力和表现能力就越高。第二，星名由美等人开展了教师对于小学信息学科课程及其实施支持体系的意识调查的研究（星名由美等，2005）[221-224]，这项研究假设在小学阶段开设信息学科，就课程内容、实施办法以及实施过程中必需的支持体制等方面进行了实际调查。第三，近江玲等人开展了信息实践能力与认知能力的相互关系的研究（近江玲等，2005）[209-212]。

四、信息技术课程研究的方法属性

关于信息技术课程研究的方法论，我们认为根本上要立足于信息文化的变迁、促进社会转型，其目的在于培养学生的信息素养，所以其属性至少表现在临床性、人本化、系统性、多视角和综合性五个方面。

所谓临床性，就是指要研究在信息技术课程实践过程中实际出现的问题，而不是虚假的、为了"研究"而杜撰出来的问题。其实，进一步考虑临床性，它包括两个方面：一是所研究的问题是否真实；二是实际问题是千头万绪，异彩纷呈，是否抓住了关键的或根本的问题。因为唯有如此，才能真正解决问题，促进学生发展。

所谓人本化，就是指要把信息技术课程研究的重点放在人本身，而不是学科内容上。探究学生与教师的精神世界代表了信息技术课程研究的深度性。课程研究不仅要准确把握研究的范围，还要准确把握研究的深度，尤其是必须深入到学生和教师的精神世界，这样不仅对课程发展具有重要意义，而且能够充分体现真正意义的人本性；另一方面，信息技术课程研究需要研究人员的充分合作，这代表了信息技术课程研究的广度性。研究过程其实也是研究者发展的过程，所以研究成果不是完全独立于研究者的。特别是课程改革研究一定离不开中小学校长、教研员和一线教师的合作、参与，甚至学生的参与，所以不仅大学的研究人员在课程改革研究中得以发展，教研员、一线教师，甚至学生也在其中得以发展，从而实现课程发展与人的成长的互动。我们认为，包括校长、教研员和一线教师等在内的人力资源是课程持续、健康发展的第一资源。人本性的根本在于对人的尊重、人的关注、服务于人、人的发展。

所谓系统性，包括信息技术课程研究的结构化、有效性与和谐性等。结构化强调要素和关系，有效性强调效果、效率、效益，和谐性强调各种利益的兼顾、各种要素的协调发展等。其中，和谐性尤为重要，例如当前利益与长远利益的兼顾，国家利益、地方利益与个人利益的兼顾，学生利益、教师利益与学校利益的兼顾等，信息技术课程研究更是如此。

所谓多视角，即从哲学、心理学、社会学、管理学等诸多不同的角度对信息技术课程开展研究。

所谓综合性，是指必须综合社会、经济、文化等诸多因素来研究信息技术课程。特别要指出的是，信息技术课程研究一定要从社会、经济、文化的变革中寻求依据和支持。

五、信息技术课程研究的发展路向

信息技术课程研究今后一段时间究竟沿着怎样的方向发展？应该遵照怎样的路径发展？这是信息技术课程研究的基本问题。按照本体论、方法论和价值论的架构，我们认为可以从拓展外延、挖掘内涵和面向生活三个方面来尝试探讨信息技术课程研究的发展路向。

（一）本体论视角：拓展信息技术课程研究外延

从本体论的视角出发，我们必须解决信息技术课程究竟是什么的问题。我们认为信息技术课程的学科体系是不断演进的，并且信息技术课程的内容建构应该基于 STS 的理念。

STS 是 Science，Technology and Society 的缩写。STS 教育最早应用于科学教育领域，并一直备受推崇和重视。20 世纪 70 年代初，美国的一些学校就开始了以"科学、技术与生活"为题的课程研究。我们认为信息技术课程的学科体系在从计算机教育，经由信息技术教育走向信息教育的过程是不断扩展的过程。也就是说，信息技术教育对应的信息技术包含了计算机科学与技术，而信息教育对应的信息学科群包含了信息技术。关于信息学科群可以从科学、技术和社会（STS）的观点来考虑，信息学科群包含了信息科学、信息技术和信息社会等方面的诸多学科和分支。那么，我国高中信息技术学科课程所对应的学科体系是以信息技术为主还是以信息学科群为主？我们认为，我国高中阶段处于信息技术教育向信息教育过渡的定位比较符合未来一定时期的实际状况，所以把学科体系认定为以信息技术为主的信息学科群是我们这次设计高中信息技术学科标准的基本理解。在基于 STS 的视角思考信息技术课程内容时，我们认为有两点必须明确：一是不论何种状况，学校信息教育课程的学科体系总是由与信息科学、信息技术与信息社会相关的内容构成的，不同国家、不同地区在不同时期三者的比重可能会有所不同，但三者中任何一部分都不可或缺；二是与信息科学、信息技术与信息社会相关的内容之间是联系起来，不可分割、断裂的。

如何拓展信息技术课程的外延？当前的首要任务就是开展信息科学与信息社会学的课程化理论与实验研究。信息系统是信息科学中的一个核心概念，我们尝试开发了"信息系统与生活"学习单元，并在初中开展实验教学。也有研究者对"信息公开"和"个人信息保护"等信息社会学内容开展了初步的课程化研究。

（二）方法论视角：挖掘信息技术课程研究内涵

从方法论的视角出发，我们必须给出从哪些方面开展信息技术课程研究的提示和建议。我们认为当前的信息技术课程研究中应该开展从如何学习课程（如学习者心理现象）、课程的社会学意义（如缩小数字鸿沟）直到课程的文化教育意义等多层面的工作。

信息技术课程的文化教育意义首先表现在信息技术课程的文化价值，而文化价值是课程的根本价值所在。

1. 课程价值与课程发展

从课程价值的视野出发，信息技术课程的价值首先表现在它的知识价值取向——对于人的生存意义，接下来表现为它的能力价值取向——人的发展意义，最终表现为它的和谐价值取向——人的全面发展意义。信息技术课程的发展也应该从文化变革中寻求支持。

2. 探究信息技术课程文化价值的意义

任何课程中一定蕴含着文化。如果我们的研究人员、一线教师没有课程文化意识，就难以悟出其中的文化内涵，也就难以在教学中实现文化渗透。

我们认为，信息技术作为技术的一个分支本身就是文化的一部分，而不是游离于文化，更不是与文化对立的，信息技术具有文化属性，所以信息技术课程是具有文化教育意义的。我们早在 2004 年 6 月的普通高中新课程国家级研修班上，就针对当时信息技术课程的文化价值尚未得到应有的重视，明确提出了要"阻止和转变技能化倾向"。古人所说的"形而上为道，形而下为器""道器统一""由技至道"等对于我们理解信息技术课程的文化价值是一个很好的借鉴。进一步讲，信息技术课程不仅具有一般性的文化教育意义，而且具有本土化的文化教育意义。

3. 民族传统文化对信息技术课程发展的关照

教育是文化传承的载体，是文化扬弃与优势积累的过程，信息技术课程作为教育系统的一分子，在完成其固有使命的同时，也应该注重对优良传统文化的传承与发扬。其中，儒家传统文化是我国传统文化中的重要部分，如何借助儒家传统文化对当代信息伦理的影响是需要重新审视的。因为不论何时何地，法律法规和伦理道德是人类社会得以正常运行的两大支柱，所以信息伦理道德建设是信息化社会进程中不容忽视的问题。相对西方宗教发展态势而言，中国的宗教传统对于人们的伦理道德影响不占显要位置。以伦理道德为核心的儒家传统文化对于信息化进程中的国人，尤其是对于中小学生的伦理道德发展越发具有重要意义。譬如，子曰："道听而途说，德之弃也。"这显然是在强调信息的可靠性或笃信度。再有，"和而不同"则体现了信息的包容性和广泛性，强调信息加工的意义。此外，儒家传统文化对当代信息伦理的影响还可以从"诚信"和"慎独"等方面考虑。

（三）价值论视角：信息技术课程研究要面向生活

首先我们来看一篇 2006 年 8 月 5 日《光明日报》的报道，"杨岳认为，网瘾现象是新形势下产生的问题，无论是互联网普及程度较高的发达国家，还是互联网渗透率比较低的发展中国家，网瘾现象都不同程度地存在。美国的网瘾比例为 6%，我国香港青少年网瘾的比例为 14%，韩国的比例是 11.2%""国内的网瘾问题有多严重？根据中国互联网络信息中心的统计，截至 2006 年 6 月底，我国 1.23 亿网民中，18 岁以下的未成年网民占了 14.9%，达 1833 万人。2005 年中国青少年网络协会发布的《中国青少年网瘾数据报告》显示，青少年中有网瘾的比例高达 13.2%，另外有 13% 的青少年存在网瘾倾向。其中，以 13～17 岁的青少年比例最高，达 17.1%。如果按此计算，目前 1833 万未成年网民中，仅 13～17 岁这一年龄段就有近 313 万人沉迷网络难以自拔，另外还有 300 多万人有严重的网瘾倾向"。（蔺玉红，2006）

以上所述其实是信息技术课程的社会背景之一，也是当前青少年面向信息化的生活写照的一个侧影。有家长指责信息技术课程只是教会了学生上网，而学生上网的主要活动又是游戏和聊天。更有甚者把由于网瘾导致的厌学、退学、犯罪等问题也归罪于信息技术课程。不能因噎废食，这是社会人都明白的事理。但是我们不能完全否定的是，我们的信息技术课程对学生实际生活的关照的确不够，甚至有时几乎是没有的。如果一门课程对学生当下不能带来积极的现实意义，而是一味强调对学生未来具有多么美好的价值的话，社会各界就会怀疑、指责甚至会取消这样的课程。

信息技术课程如何面向学生的实际生活？第一，课程学习一定要联系学生的实际生活，而不能孤立地学习课程内容，如生态化的主题教学设计在一定程度上具有较好的实效。通过学习，学生能够体验到利用学习成果的确可以解决生活中的一些问题。第二，把一些网络问题同信息伦理与信息法规的学习结合起来。当前的网络问题的确不少，如垃圾邮件、网络赌博、网络色情、网瘾、网恋、网婚、网络诈骗……对此，信息技术课程不能回避，必须正面应对。第三，提升信息技术课程的文化品位。学生是未来信息社会的主人，信息技术课程承担着信息文化建设的重任。信息文化将是信息社会的主流文化，而主流文化在相当大的程度上影响着个人、组织和社会的发展。如学生通过信息技术课程学习应该能够理解缩小数字鸿沟对于社会和谐发展的作用，自觉意识到信息技术课程深远的文化意义。

第一章　信息技术课程价值研究

　　我们正处在一个飞速发展的时代，信息技术在这个时代中越来越发挥着它独特的作用和价值。信息技术课程必须紧跟着时代的发展脚步去映射出信息技术的这一特征。这个时代需要信息技术课程超越传统意义去认识和发挥自身的价值。这样，更为本原的问题就不可避免地摆在我们的面前：我们为什么要学习信息技术课程？信息技术课程到底能够给我们带来什么？信息技术课程价值问题急迫地成为了信息技术课程研究体系中的一个重要组成部分。信息技术课程价值研究主要是通过理论架构、实地访谈和问卷调查等方法，得出信息技术课程价值体系以及信息技术课程价值认识现状，并且针对信息技术课程价值实现的困境提出实现机制。

第一节　信息技术课程价值研究设计

　　信息技术课程价值研究主要是基于内因和外因两个背景开展的，主要从信息技术课程价值的应然价值体系、信息技术课程价值的认识状况以及信息技术课程价值实现的影响因素与机制三大方面展开研究。

一、研究背景

任何事物总是在外因和内因的共同推动下发展的。信息技术课程的价值研究也是在外因和内因的共同作用下才萌发的研究课题。从外因来看，全球化、信息化和多元化的社会发展趋势，从工业社会到信息社会的转型，信息文化浪潮冲击人类社会的工作、生活和学习，自然也在学校课程映射上有所要求。从内因来看，信息技术课程理论与实践的深入结合，必然会对明晰课程价值有着强烈诉求。

1. 社会转型背景下的信息技术课程的时代使命

随着信息技术的快速发展和信息总量的爆炸性增长，人类社会正在从工业社会向信息社会转型。钟义信认为，把这个社会称为"信息社会"的更本质原因在于它所使用的资源、工具和产品的性质：信息资源越来越成为社会的表征性资源，基于信息技术的智能工具日益成为表征性的社会工具，信息产品越来越成为表征性的社会产品。（钟义信，2004）[1-7]

陈至立同志在全国中小学信息技术教育工作会议上提出："在知识经济时代，信息素养已成为科学素养的重要基础。正如江泽民同志指出的：'一个国家的科技文化水平，不仅要看其在世界先进水平上的成就，而且要看其全社会的科技文化水平。全社会科技文化水平不断得到提高，就可以为经济和科技事业的发展提供强大的后劲，这是辩证统一的。'"（陈至立，2000）韩国学者李龙兑说："我们每日每夜地踏着别人走过的足迹前进，就永远也不会超越别人。如果将计算机增设为高中教学中的一个必修科目，我们就有希望在信息化社会领先于日本等几个发达国家。信息化的革命时代需要有革命化的思想。信息化不是未来加之于我们的威胁，而是上苍赐给我们的良机。这种革命化的思想、智慧的头脑是社会发展的客观需要。"（李龙兑，2000）[139]信息技术课程在社会转型时期应该具有相应的价值。所以，本研究就是在基于从工业社会向信息社会转型的时代背景下所产生的必然要求。

2. 信息技术课程价值确认——纠正极端认识

信息技术课程价值，从本质上讲，是指它对于人和社会的效用和意义。在信息技术课程发展过程中，出现了信息技术课程价值认识上的极端，即"极端乐观主义论"和"无用论"等极端认识。对信息技术课程的极端认识构成了对于信息技术课程价值的两种对立认识，这都是非科学的评价。

极端乐观主义论，又称唯信息技术课程主义，从信息技术课程价值已经取得的成就出发，推演出信息技术课程是万能的，能够带给个人和社会许多益处，能够解决社会从工业社会向信息社会转型的一切问题。这种关于信息技术课程价值的认识，对于信息技术课程过于乐观，导致理论上的绝对化，必然引发信息技术课程价值内容的泛化，从而导致信息技术课程失去其独特性，不能够彰显其独有的价值。

"无用论"认为信息技术课程是无用的。从 20 世纪 80 年代到今天，认为信息技术课程无用的观点就一直在社会上存在着，许多信息技术教师在担心"信息技术课程这面大旗到底还能够扛多久"。出现质疑的原因主要是信息技术课程价值不明确，人们不了解信息技术课程"为什么"开设，从而导致教育决策者以及教育实践者没有明确信息技术课程在学校中的地位。李艺曾说："有人说，整合以后就不用单独开设信息技术课了，今天开信息技术课程就是为了将来不开信息技术课。我对这个观点是不认同的。整合和信息技术课程建设不是一回事，是顶替不了的。那么主要问题是，信息技术课程有没有独特的价值？假设说它有独特的文化价值的话，那它靠整合是整合不了的，它就有存在的意义。假设它的独特价值找不到的话，就应该整合掉。"（王世军，2006）

要走出信息技术课程价值认识的误区，就必须辩证地看待信息技术课程价值，真正地厘清信息技术课程价值。因此，信息技术课程价值研究迫在眉睫。

3. 信息技术课程价值的确认——来源于信息技术课程实践

在信息技术课程实践深入发展的同时，对于课程价值确认的诉求越来越显得急切。从信息技术课程实践方面来看，主要有两个原因使得课程价值确认非常急迫。

第一个原因就是关于信息技术课程内容选择的争议。从最初的程序设计到信息技术工具论，再到信息素养论，信息技术课程的内容选择一直存在着很大的争议，同时也在不断地变化着，没有哪个学科的课程内容像信息技术课程这样如此频繁变化。出现这个争议的根本原因就在于人们没有明了信息技术课程价值，即信息技术到底能够带给学生什么，能够满足社会的什么需求。

第二个原因就是信息技术课程实践过程中出现的偏差。在实践中，由于课程价值的不明确而导致人们不能深刻、全面地认识到信息技术课程的价值，从而仅仅理解为技术工具的教授，从而导致了过度的技术化倾向。董玉琦总结了信息技术课程的教学实践，认为信息技术教学实践普遍存在着"只见技术不见人"的现象（董玉琦，2003）。在信息技术课程教学实践中，人们只关注技能化操作的训练，而较少关注信息技术课程对于学生身心成长的培育工作。

可见，随着信息技术课程的逐渐发展，信息技术课程价值的研究关系着信息技术课程实践的方向。

4. 理论体系的完善——信息技术课程价值研究的理论地位

从信息技术课程理论研究方面来看，虽然经历了三十多年的发展，信息技术课程的理论研究逐渐丰富起来，但是研究者们更加注重信息技术课程应用层面的研究。例如，关于信息技术课程实施层面的研究就有很多，有解月光的博士论文《普通高中技术课程实施个案研究——学校水平的特征与归因》和钱旭升的博士论文《信息技术课程实施的文化取向研究》等。但是，关于信息技术课程原理层面的研究则相对比较欠缺。信息技术课程研究体系仍然没有全面、系统地建立起来。黑格尔说："哲学若没有体系，就不能成为科学。没有体系的哲学理论，只能表示个人主观的特殊心情，它的内容必定是偶然性的。"（黑格尔，1980）信息技术课程同样如此。不成体系的信息技术课程理论，必然注定其草根地位，而只有具有了完整体系的信息技术课程理论才能够具有整体效应。信息技术课程理论体系研究包括了理论基础研究和实际应用研究等部分。信息技术课程的理论基础研究中包含着哲学研究、文化研究、社会研究等。信息技术课程研究要关注两个方面的研究，一个就是价值研究，即为什么的研究；还有一个就是事实研究，即是什么的研究。所以，信息技术课程理论研究体系中的重要部分就是信息技术课程的价值研究，甚至可以说，信息技术课程价值研究是信息技术课程理论研究的逻辑起点。由此，从理论层面来说，信息技术课程价值需要得到更多的关注和深入的研究。

基于以上研究背景，我们认为信息技术课程价值是一个亟待解决的研究课题。我们需要研究信息技术课程到底应该具有哪些价值，信息技术课程实施主体对信息技术课程的价值是如何认识的，以及如何实现信息技术课程价值等问题。

二、研究的基本框架

根据本研究所要研究的基本问题，我们形成了以下研究思路和基本框架，如图 1 - 1 所示。

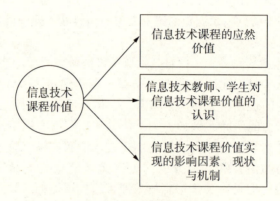

图 1 - 1　研究的基本框架

本研究主要从信息技术课程价值的应然价值体系、信息技术课程价值的认识状况以及信息技术课程价值实现的影响因素与机制等三大方面展开研究。

三、研究方法的确定——质化与量化的融合

信息技术课程研究的方法丰富多样，选择什么样的研究方法需要根据研究的具体问题、目的、对象和研究的时空情境等各种因素来确定。研究方法本身只是一个手段，应该服务于特定的目的。所以，在考虑用什么方法进行研究时，必须以回答研究的问题为主要前提，而不是为了方法本身而选择方法。"我们可以有意识地寻找研究问题与方法之间的相互匹配关系。"（陈向明，2002）[94] 因此，本研究主要采用以下三种研究方法。

1. 文献法

信息技术课程价值研究的重点包括信息技术课程价值的本体论、认识论和实现论。信息技术文件课程规定了信息技术课程的理念、目标、内容等。信息技术课程目标是信息技术课程价值的重要承载体，所以对于信息技术文件课程的研究是信息技术课程价值研究的组成部分之一。本研究主要通过对有关信息技术课程文本的分析，梳理信息技术课程的理念、目标、结构、内容等方面的价值表现，从而认识信息技术新课程的一些价值表现。本研究做出分析的国内大陆地区的文件如表1-1所示，国外和我国台湾地区的文件如表1-2所示。

表1-1 我国大陆地区主要的信息技术课程内容指导性文件

时 间	我国大陆地区主要的信息技术课程内容指导性文件
1984 年	《中学电子计算机选修课教学纲要（试行)》
1987 年	《普通中学电子计算机选修课教学纲要（试行)》
1994 年 10 月	《中小学计算机课程指导纲要（试行)》
1997 年 10 月	《中小学计算机课程指导纲要（修订稿)》
2000 年 10 月	《中小学信息技术课程指导纲要（试行)》
2004 年	《普通高中技术课程标准（实验)》（信息技术部分）

表1-2 国外和我国台湾地区的信息技术课程内容指导性文件

国家和地区	时 间	信息技术课程内容指导性文件
日本	2008 年	高中"信息"学习指导要领
英国	2007 年	学段3、学段4信息通信技术课程学习计划（ICT Programme of Study for Key Stage 3、ICT Programme of Study for Key Stage 4）
美国	2006 年	计算机协会K-12阶段计算机科学课程模型（ACMK-12 Task Force Curriculum Committee A Model Curriculum for K-12）
我国台湾地区	2008 年	普通高级中学必修科目"资讯科技概论"课程纲要

2. 质性研究方法

质性研究作为一种与量化研究有明显差别的研究范式，自 20 世纪 60 年代以来，在国外的教育研究领域越来越得到重视。质性研究在国内也得到了有效的应用。通过质性研究可以深入地了解复杂事物的深层次的特征，了解事物表面上未能表现出的内涵。质性研究应用现象学的研究范式，"用质化自然探究法，以归纳的和整体的方式了解在各种特定情境中的人类经验"。

本研究主要研究信息技术课程价值应该是什么，实际是什么样的，还有人们（校长、信息技术教研员、教师、学生等）是怎么看的。实际如何和怎么认识等问题，都是在真实的情境中才能够了解，所以需要通过访谈和观察，才能确定被研究者是如何想的以及如何做的。质性研究能够适应信息技术课程价值研究的实际需要，有利于深入地了解信息技术课程实施中价值实现的现状与机制等问题。应该如何认识信息技术课程价值，是需要通过被研究者的描述来呈现的，被研究者通过访谈等描述其对于信息技术课程价值及其实现的认识和实践，使得本研究具有了"描述性"。同时，本研究具有归纳的研究取向。从目前关于信息技术课程的文献来看，关于价值研究的文献少之又少，所以关于价值研究的一些假设只能从其他学科的研究中得出，也需要在实际中总结一些基本特征。被研究者通过访谈表述了一些自己的观点和实践，本研究要了解的是在实际事物中发现了什么、具有什么样的共性特征等。本研究的实际特点使其具有了归纳的特性。

3. 量化研究方法

量化研究方法一直是课程研究领域非常重要的研究方法，甚至可以说，曾经在课程研究领域独霸天下。量化研究作为一种研究方法，有其独特的优势与价值。量化研究具有客观性、准确性、广泛性、深刻性、普及性和现实性等特点。客观性：用数字描述事物比用语言描述更客观、更具说服力。准确性：用数字"刻画"事物比用语言描述事物更准确。广泛性：量化研究往往是建立在大量抽样统计的基础上的，同个案分析相比较，量化研究得出的结论更具广泛性，更具说服力。深刻性：在科学研究的四项主要研究目的中，描述、解释是基础，预测和控制才是科学研究的最终目的，而要达到这一研究目的，往往需要借助量化研究方法。

从本研究的角度来看，为了更加广泛地、准确地了解信息技术课程价值的认识现状以及实现状况，本研究特别采用了问卷调查法。问卷调查是量化研究方法的运用。在本研究中，为了真实地了解更多的信息技术教师与学生对于信息技术价值及其实现的看法和实践，研究者特别设计了"信息技术价值及其实现"教师问卷和学生问卷。

本研究综合采用的研究方法已经超越了单独的质与量研究方法的对立，而是试图通过量化研究与质性研究相融合，超越已有研究方法上的局限性，从实际需要的角度来探讨信息技术课程价值。在课程研究领域，不可能存在着一种具有绝对适用性的研究范式。无论质性研究方法，还是量化研究方法，都无法独立地承担起课程研究的重任。根据不同的研究目的，合理地综合应用质性研究方法和量化研究方法才是最为合理的选择。可以认为，21 世纪课程研究方法将是质性研究与量化研究并存、互补，共同探索课程领域中不同层面、不同特质的问题。（马云鹏等，2002）[55-59]

本研究采取的就是质性与量化相融合的研究方法。在试图了解信息技术教师和学生对于信息技术课程价值认识的时候，采取质性研究方法，即访谈和观察法，获得信息技术课程价值认识的一些描述性意见，从而归纳总结出信息技术课程价值认识和实现的一些共性特征。为了了解更加广泛的人群对于信息技术课程价值及其实现的认识时，研究者采取了问卷调查的方法。同时，在对问卷调查进行统计分析的时候，结合访谈和观察的结果，找出数据背后的一些深层次原因，使得数据不单单是生硬的数据，而是充满了个性化特征的数据。

四、研究对象的选择

1. 访谈对象的选择

在个案选取时主要采用的是"目的性抽样"，即按照研究目的抽取能够为研究问题提供最大信息量的研究对象。塔克认为，个案研究中样本选择的"首要标准是我们能从中得到最多的东西。根据我们的目标，确定哪些个案便于我们理解，使我们做出结论，甚至能得出概括性的结论。我们进入实地工作的时间总是有限的，如果可以的话，我们需要那些能够更容易进行研究的个案"。所以在选择具体的研究对象时，我们充分考虑了如何使研究对象能够提供最大的信息量。

（1）访谈的信息技术教师的选择。

本研究共在全国抽取了5个城市的20所中小学校的信息技术教师，总共访谈了20位信息技术教师，如表1－3所示。这5个城市中包括南方的1个城市，还包括1个直辖市，剩下的3个城市为东北的3个城市。我们选择访谈的城市时，主要考虑到了区域的划分。一般来说，不同区域的社会、经济和文化等因素都会影响到研究对象的认识。另外，抽取的信息技术教师来自各种类型的学校。首先，按照学段来区分，抽取的学校包括小学、初中和高中，小学和高中的数量大于初中，这也符合目前信息技术教师的分布情况。从各个学校的级别来看，有省级重点学校，也有一般的学校，也有个别学校属于落后学校，甚至是属于即将撤并的学校。例如，CT3老师所在学校就是一个即将撤并的学校。

而所访谈的信息技术教师，也是不同的。比如，从学段来看，高中信息技术教师8位、初中信息技术教师5位、小学信息技术教师7位。从性别来看，男信息技术教师9位、女信息技术教师11位。从工作年限来看，信息技术教师的平均工作年限为13.25年，其中，工作年限最长的为23年，工作年限最短的为4年。从所学专业来看，计算机专业毕业的教师为12位，一些信息技术教师所学的专业为体育、中文等。为了获取更多有用的信息，相对来说，本研究所访谈的信息技术教师都对信息技术课程价值有自己的独特见解。从职称来说就可以看出，其中特级教师一位，职称为中学高级、小学高级的信息技术教师占了绝大多数，所访谈的信息技术教师基本上都可以算是信息技术教师里的"熟手"教师，可以给本研究提供更加丰富的信息量。

本研究对于信息技术教师的访谈采用的是半结构式的访谈，主要包括信息技术教师对信息技术课程价值的认识、信息技术课程的实施状况与问题以及信息技术课程价值实现等内容。对每位信息技术教师的访谈时间大约为50分钟。

表 1-3　"信息技术课程价值及其实现"访谈信息技术教师详细情况

城市	教师编码	性别	学段	所学专业	职称	工作年限	职　务	特征描述
W市	WT1	男	初中	计算机	中学一级	12年	信息中心主任、区初中学段兼职教研员	健谈，对信息技术课程充满了热情与思考
	WT2	男	高中	数学	中学高级	16年	信息技术教研组组长	不善言谈，对信息技术课程认识不深，主要以技术见长
	WT3	男	小学	计算机	小学高级	12年	副校长	干脆利落，倡导本校的校本信息技术课程开发
T市	TT1	女	高中	计算机	中学一级	16年	信息技术教师	普通的信息技术教师，对本职工作尽心尽力
	TT2	女	高中	计算机	中学一级	11年	信息技术教师	说话干脆利落，表达清楚，有想法
	TT3	女	高中	计算机	特级	18年	信息技术教研组组长	身材中等，稍胖，很健谈。参与过多次国家级培训活动，对信息技术课程有热情，并有自己独特的见解
J市	JT1	男	高中	计算机	中学高级	23年	信息技术教师、市兼职教研员	个子不高，稍胖，不善言谈，是一名老资格的信息技术教师
	JT2	女	高中	计算机	中学二级	4年	信息技术教师	年轻教师，很健谈

续表

城市	教师编码	性别	学段	所学专业	职称	工作年限	职务	特征描述
J市	JT3	女	初中	计算机	中学二级	9年	信息技术教师	年轻教师，个子不高，稍胖，对信息技术课程并无太深认识
	JT4	男	小学	美术	小学高级	23年	信息技术教研组组长	个子很高，穿着时尚，学美术出身
	JT5	男	高中	计算机	中学二级	6年	信息技术教研组组长	个子不高，非常健谈
S市	ST1	女	初中	计算机	中学二级	7年	信息技术教师	参加过全国的优质课比赛，说话抱怨较多，长相清秀
	ST2	女	小学	中文	小学高级	13年	信息技术教师	瘦高，说话有条理，很有亲和力
	ST3	女	初中	教育技术	中学二级	8年	信息技术教师	说话有条理，有亲和力，个子不高，稍胖
	ST4	男	小学	体育	小学高级	10年	信息技术教研组组长	个子稍高，很健壮，体育专业出身
	ST5	女	高中	计算机	中学高级	18年	信息技术教研组组长	个子不高，说话有条理，是一名老资格的信息技术教师
C市	CT1	女	初中	计算机	中学高级	11年	副校长	很健谈，说话有条理，参与过多次国家级别的信息技术课程改革课题

信
息
技
术
课
程
价
值
研
究

续表

城市	教师编码	性别	学段	所学专业	职称	工作年限	职务	特征描述
C市	CT2	男	小学	中师（不分专业）	小学高级	11年	信息技术教师	个子很高，说话很有条理，中师毕业
	CT3	女	小学	科学与技术	小学高级	11年	信息技术教师	个子不高，说话有条理，每周只有2课时信息技术课，还上数学课
	CT4	男	小学	现代教育技术	小学高级	8年	信息技术教研组组长	个子高，不善言谈，擅长技术

（2）访谈的信息技术教研员的选择。

为了了解不同类型和层级的信息技术教研员的认识，本研究共在全国抽取了4个城市的7位信息技术教研员，包括省级教研员2名，市级教研员3名，区级教研员2名。其中3名是男教研员，4名是女教研员。访谈的信息技术教研员具体情况如表1-4所示。对于信息技术教研员的访谈主要采用半结构式的访谈，访谈内容主要包括信息技术教研员对信息技术课程价值的认识、信息技术课程的实施状况与问题以及信息技术课程价值实现等。每位信息技术教研员的访谈时间大约为1小时。

表1-4　"信息技术课程价值及其实现"访谈信息技术教研员详细情况

教研员编码	性别	负责学段	专业	职称	工作年限	职务	特征描述
LJ1	男	高中	计算机	中学高级	20年	省信息技术研训中心副主任	个子挺高，说话语速慢，对于信息技术课程评价有研究

续表

教研员编码	性别	负责学段	专业	职称	工作年限	职　务	特征描述
BJ1	男	高中	计算机	中学高级	15年	直辖市信息技术教研室主任、高中信息技术教研员	稍胖，说话条理清楚，对于教研工作的主动性和创造性不强
JJ1	女	小学	教育技术	小学高级	13年	区小学信息技术教研员	曾经担任过小学信息技术教师，说话干脆利落，是研究者同校同专业的上一届同学
JJ2	女	小学、初中	电子	中学高级	20年	区信息技术教研员	说话很慢，是区教师进修学校电教部的人员
JJ3	女	中学	电子	中学高级	20年	市中学信息技术教研员	说话干脆利落，但是条理不清楚，对信息技术教育工作有热情
LJ2	女	小学	计算机	小学高级	12年	市小学信息技术教研员	很健谈，说话有条理，对信息技术教育工作有热情，曾经担任多年的小学信息技术教师
WJ1	男	小学、初中、高中	计算机	中学高级	16年	市信息技术教研员	很健谈，对于信息技术课程有深刻的认识，参与过多次国家级信息技术教师远程培训

（3）访谈的学生的选择。

本研究共在全国抽取了2个城市的8位学生进行访谈，包括小学2名、初中3名、高中3名。访谈的学生的具体情况如表1-5所示。学生所在学校的类型是不同的，有省级重点学校，也有一般的学校。对于学生的访谈主要采用半结构式的访谈，主要包括学生对信息技术课程价值的认识、信息技术课程的实施状况与问题以及信息技术课程价值实现等内容。每位学生的访谈时间大约为40分钟。

表 1 - 5 "信息技术课程价值及其实现"访谈学生详细情况

学生编码	性别	所在年级	年龄	家中是否有电脑	特征描述
JGX1	男	高一	17 岁	有	个子很高,表述清楚,参加了学校的信息学奥林匹克竞赛辅导
JGX2	男	高一	17 岁	无	个人爱好服装设计,曾经去过网吧
JXX1	女	小五	12 岁	有	喜欢文学,经常上网查资料、看小说
JCX1	男	初一	14 岁	有	喜欢信息技术,QQ 上有 300 多个好友
SGX1	男	高一	17 岁	无	说话清楚,是学校学生会的学生干部
SCX1	男	初一	15 岁	有	说话清楚,是学生干部
SCX2	男	初二	15 岁	有	说话比较腼腆,对于信息技术有很强的兴趣
SXX1	女	小五	11 岁	有	表达清楚,说话风趣

2. 问卷调查对象的选择

另外,本研究还对信息技术教师和学生进行了问卷调查,共在 6 个地区发放问卷。这 6 个地区分布在辽宁省、安徽省、云南省、上海市、山东省和浙江省等 6 个省市,每个省参与问卷调查的地区都是地市一级的地区。为了能够充分地了解全国各地的实际情况,特别在实际发放问卷方面选择遍布全国的 6 个地区,力图能够在区域分布上涵盖所有的区域。表 1 - 6 是"信息技术课程价值及其实现"调查问卷的发放情况。

各个地区的问卷发放的具体要求是每个地区选取 15 名小学信息技术教师、15 名初中信息技术教师、15 名高中信息技术教师作为问卷调查的对象。另外,每个地区在小学、初中、高中各选择 4 所学校。每所学校各选择一个班级发放问卷,要求是小学选择 5 年级、初中选择初二年级、高中选择高一年级,每个班级只向 10 名学生发放问卷。在一个地区选择 4 所学校,就是希望扩大不同类型学校的覆盖面,从而了解更多的不同类型学校学生的实际情况。

本研究中总共发放教师问卷 270 份、学生问卷 720 份。回收学生问

651 份，回收率为 90%，其中有效学生问卷 595 份；回收教师问卷 265 份，回收率为 98%，其中有效教师问卷 251 份。

表 1-6　"信息技术课程价值及其实现"调查问卷发放情况

地区	辽宁省的 A 地区	安徽省的 B 地区	云南省的 C 地区	上海市的 D 区	山东省的 E 地区	浙江省的 F 地区
发放问卷数	教师：45 份 学生：120 份	教师：45 份 学生：120 份	教师：45 份 学生：120 份	教师：45 份 学生：120 份	教师：45 份 学生：120 份	教师：45 份 学生：120 份
回收问卷数	教师：44 份 学生：112 份	教师：45 份 学生：108 份	教师：44 份 学生：113 份	教师：45 份 学生：105 份	教师：44 份 学生：107 份	教师：43 份 学生：106 份
回收有效问卷数	教师：43 份 学生：101 份	教师：42 份 学生：93 份	教师：41 份 学生：110 份	教师：43 份 学生：92 份	教师：42 份 学生：99 份	教师：40 份 学生：100 份

表 1-7 与表 1-8 是"信息技术课程价值及其实现"问卷调查的学生与信息技术教师的基本情况表。

表 1-7　"信息技术课程价值及其实现"调查学生基本情况

	类别	男	女	—
性　别	人数	264	331	—
	比例（%）	44.4	55.6	—
	类别	小学	初中	高中
学　段	人数	210	171	214
	比例（%）	35.3	28.7	36.0
	类别	农村	乡镇	城市
家庭所在地	人数	145	72	378
	比例（%）	24.4	12.1	63.5

表1-8　"信息技术课程价值及其实现"调查教师基本情况

性别	类　别	男	女			
	人　数	133	118			
	比例（%）	53	47			
学段	类　别	小学	初中	高中		
	人　数	79	101	71		
	比例（%）	31.5	40.2	28.3		
年龄	类　别	≤30 岁	30~40 岁	40~50 岁	50 岁以上	
	人　数	59	164	25	3	
	比例（%）	23.5	65.3	10.0	1.2	
职称	类　别	特级	高级	一级	二级	三级	无
	人　数	0	44	112	90	2	3
	比例（%）	0	17.5	44.6	35.9	0.8	1.2

第二节　信息技术课程价值研究文献综述

自从有了教育，就有了教育价值问题，有了教育价值问题，就有了课程价值问题。课程价值问题原本就是一个重要的问题。从性质上说，课程价值属于课程问题的哲学层面，而课程实际的设计、编制、实施、评价都无一不受到课程价值取向的制约。随着新一轮课程改革的推进，课程价值问题成为改革关注的焦点。人们越来越清晰地认识到不解决价值问题，就难以解决课程实践的诸多问题。无论是课程标准、教学大纲，还是教材，其问题背后的根源都在于价值以及价值取向的转变。

一、课程价值研究综述

1. 课程价值的内涵

课程价值在早期与教育价值并不是分离的，因为教育的基本问题还是课程。斯宾塞最早提出了"什么知识最有价值"的问题。他认为，在能够制定一个合理的课程之前，我们必须确定最需要知道些什么东西"或是用培根那句不幸已经过时的话说，我们必须弄清楚各项知识的比较价值"（斯宾塞，1962）[6]。斯宾塞认为科学知识最有价值，他衡量知识的价值尺度是"是否有利于完满人的生活"。在美国和德国也有一些学者探究了课程价值问题。在美国，具有代表性的人物是杜威。杜威将价值分为"内在的价值"和"外在的价值"。在总结了西方关于课程价值的有关研究后，国内有关学者总结认为，西方的课程价值理论基本上是围绕着以下问题展开的：第一，什么学习领域是最有价值或较有价值的？第二，这些学习领域都有什么价值？第三，它们是对谁有价值的？第四，它们为何是有价值的？（黄向阳，1996）[196-215]第一个问题涉及课程内容的选择问题，第二个问题、第三个问题是与内容选择密切相关联、紧接着内容选择之后就要回答的问题。第四个问题涉及的则是基于取向或选择做辩护的具体论证。

在确定课程价值概念内涵时，首先要明确价值概念的内涵。价值是一个运用十分广泛的概念。我们还是比较倾向于目前公认的关系说的价值定义，即"价值主体和客体之间的一种相互满足的关系"。在界定了价值的概念以后，作为研究对象，我们把价值理论应用于课程领域中，即产生了课程价值问题，课程价值也就是课程主体与课程客体的一种相互满足关系。

近些年来，国内也陆续有一些学者研究课程价值问题，对课程价值的概念加以界定。陆志远认为："所谓课程的价值，是指课程能满足主体（人——教育者、受教育者和社会）的一定需要，亦即课程的存在、作用及其变化对一定主体需要及其发展的适应，通俗地说，课程的价值，就是课程对人和社会的意义。"（陆志远，1994）[99-104]王燕认为："课程价值是课程对个体（教师与学生）和社会发展的意义，是对个体和社会一定需要的满足。"（王燕，2000）从以上定义我们可以看出，课程价值的定义延续的都是价值定义在课程领域的具体应用，主要强调的是作为客体的课程对于作为主体的人和社会的需要的满足。

课程的客观属性与作为主体的不同的"人"的需要的相互满足关系就可以称为课程价值。课程价值的主体可以包括学生、教师、国家（包括集团、阶级）、社会等不同层次的主体，所以课程价值就自然有了对于学生、对于教师和对于国家以及对于社会等不同的价值。课程价值由于主体的不同，自然也就存在着不同的课程价值形态。应该说，课程价值具有引导课程实践，纠正人们错误的价值认识偏差等功能，所以课程价值研究是课程哲学研究中的重要组成部分。目前，课程研究体系仍然没有全面、系统地建立起来。黑格尔说："哲学若没有体系，就不能成为科学。没有体系的哲学理论，只能表示个人主观的特殊心情，它的内容必定是偶然性的。"对于课程理论研究同样如此。课程理论研究要关注两个方面的研究，一个就是价值研究，即为什么的研究，还有一个就是事实研究，即是什么的研究。所以，课程理论研究体系中的重要组成部分就是课程价值研究，甚至可以说，课程价值研究就是课程理论研究的逻辑起点。课程价值需要得到更多的关注和深入的研究。

2. 我国课程价值研究的现状

自从教育产生以来，课程价值就作为教育价值的一个有机组成部分，受到了研究者的关注。从目前来看，我国课程价值已经积累了许多研究成果。可以说，我国在课程价值研究方面取得了深入的进展。在收集了大量资料的基础上，我们认为已有的课程价值研究主要分为以下几类。

（1）教育价值研究中所包含的课程价值研究。

从教育开始产生之时起，教育价值问题就成为教育学家关注的热点话题。教育价值则主要是需要通过课程与教学来实现的。从这个意义上来说，课程价值是从属于教育价值的，是教育价值的具体表现形式之一。教育价值的许多方面都是通过课程价值得以表现和实现的。人们在探讨教育价值时，必然会提及课程价值。教育价值研究的专著不多，目前比较有影响的是王坤庆的《现代教育价值论探寻》《教育哲学——一种哲学价值论视角的研究》，以及尚凤祥的《现代教学价值体系论》等。此外，还有一些教育哲学专著中论述了教育价值问题。在教育价值研究中，都对课程价值有所涉及。例如，早在20世纪90年代初，我国学者王坤庆就曾在《现代教育价值论探寻》一书中对西方的课程价值理论做了一定的探讨。

（2）各种类型的课程价值研究。

不同类型的教育中也有一些相关的课程价值研究。例如，对于高等教育、职业教育、学前教育课程等不同类型的课程价值，都有相关的研究。但是每种类型的课程价值研究成果主要是集中于期刊论文或者学位论文，真正形成系统的专著形式的课程价值研究成果则比较缺乏。其中，南京师范大学虞永平教授的专著《学前课程价值论》是这方面比较全面系统的研究著作。该书主要采取思辨的方式，把对学前课程价值的层面分析与学前课程的实践进程分析结合起来，系统地阐释了学前课程价值的体系以及学前课程价值实现的问题与对策等。

（3）某一学科的课程价值研究。

近年来，我国的课程价值方面的理论与实践研究逐渐具体化、实际化，特别是最近开展的一系列研究，就开始尝试着将课程价值与具体学科相结合，就某门具体学科来考察其特有的课程价值。我们查阅了相关的研究专著、期刊论文以及学位论文，可以看出目前国内在具体课程价值研究方面已经逐渐取得了比较深入的研究成果，如表 1-9 所示。针对地理、数学、思想政治、历史以及学前课程等学科课程，都有学者出版了课程价值研究方面的著作。例如，天津师范大学的仲小敏在她的博士论文中比较全面而系统地对我国现代中学地理课程的价值与实现进行了研究。她从价值的主客体关系出发，提出了从微观、中观、宏观三个层次进行分析，构建了开放的当代地理课程价值内容系统并提出了地理课程价值目标层次系统。此外，从"课程价值活动"出发，对影响地理课程价值实现的学生的"价值认识取向"及教师的"价值行为倾向"进行调查研究，探讨影响地理课程价值的因素及对策。另外，我们还能够看到一些研究具体学科课程价值的博士、硕士论文。研究数学课程价值取向的博士论文有 2 篇，分别是南京师范大学顾继玲的《现代数学课程的价值取向研究》和西南大学宋宝和的《高中数学课程价值取向研究》；研究音乐教育价值的博士论文有华中师范大学张业茂的《走向和谐：音乐教育的价值追寻》；还有 1 篇研究体育教学价值问题的博士论文，是南京师范大学张文静的《体育教学价值研究》。此外，相关的硕士论文则更多。总结这些研究成果发现，在研究方法上，逐渐从纯粹的思辨研究走向了实证研究；在研究内容上，也逐渐变得更加丰富和完善；在研究的理论基础上，以上研究基本上采用的都是近年来我国发展起来的基于马克思主义的价值论，从关系论的视角来审视学科课程的价值关系，强调从社会需要和个人需要的角度来理解学科课程价值。

表1-9 国内学科课程价值相关研究成果

作者	书名或论文题目	出版社或所在学校	时间
仲小敏	我国现代中学地理课程价值与实现	东北师范大学出版社	2007 年 7 月
虞永平	学前课程价值论	江苏教育出版社	2002 年 12 月
黄翔	数学教育的价值	高等教育出版社	2004 年 8 月
齐健,赵亚夫	历史教育价值论	高等教育出版社	2003 年 9 月
项久雨	思想政治教育价值论	中国社会科学出版社	2003 年 11 月
顾继玲	现代数学课程的价值取向研究	南京师范大学	2005 年
宋宝和	高中数学课程价值取向研究	西南大学	2004 年
张业茂	走向和谐:音乐教育的价值追寻	华中师范大学	2010 年
张文静	体育教学价值研究	南京师范大学	2007 年

(4)课程价值取向研究。

课程价值取向研究是课程价值研究的重要内容。课程价值问题是一个复杂的问题,涉及多种因素的交互作用,从每个因素、每个角度出发,都可以形成不同的价值倾向。由于人们对于价值、课程价值等尚无统一的认识和看法,所以在课程价值取向的认识上,人们的意见也并不统一。对于课程价值取向的研究,有广义和狭义的理解和认识,广义的课程价值取向就是人们的课程观的不同,即人们理解和实施课程时的不同倾向。狭义的课程价值取向,就是课程主体在进行课程活动时做出价值选择时所带有的倾向性。刘志军教授认为:"课程价值取向是人们基于对课程总的看法和认识,在制订和选择课程方案以及实施课程计划时所表现出的一种倾向性。课程价值取向的不同不仅会影响人们对课程的整体认识,它对课程开发过程的各个环节如课程目标的确定、课程内容的选择、课程实施以及课程评价等都有着至关重要的作用。课程价值取向随着时代的变迁,会有很大的差异。"（刘志军，2004）要从本质上揭示课程价值取向的含义，依照对价值取向的相关理解和认识，我们可以认为，课程价值取向就是指课程价值主体按照当前认识水平，以一定客观价值标准为依据，在课程价值实践过程中表现出的心理倾向与行为趋向。

我们目前看到的西方关于课程价值的研究，主要是强调价值取向（value orientations）研究。不同学者具有不同的课程价值观，从而会产生不同的价值取向。课程价值取向的一个重要研究领域，就是研究教师的课程价值取向问题。艾斯纳（Eisner）和麦克尼尔（McNeil）的研究中归纳出了五种基本的课程价值取向，即学术理性主义的取向、认知过程的取向、人本主义的取向、社会重建主义取向和技术学的取向。我们查阅了国外一些关于课程价值取向研究的文献发现，比较有影响的是体育课程价值取向的研究。朱厄特（Jewett）等人（1995年）提出了体育课程的五大价值取向，分别是学科精熟（Disciplinary Mastery，简称 DM）、自我实现（Self-Actualization，简称 SA）、社会重建（Social Reconstruction，简称 SR）、学习过程（Learning Process，简称 LP）和生态整合（Ecological Integration，简称 EI）。恩尼斯则开发了体育课程价值取向量表（Value Orientations Inventory，简称 VOI），并且开展了教师价值取向的调查，而国外已经有一些研究者对 VOI 量表进行了重新修订。自此，国内有关价值取向的研究很多以此作为一个理论根据。

最近几年，国内一些研究者逐渐关注课程价值取向的研究，并先后取得了一些研究成果。例如，李广进行了《中日小学语文课程价值取向跨文化研究》的博士论文研究，以中日小学语文课程作为研究对象；顾继玲的《现代数学课程的价值取向研究》以及宋宝和的《高中数学课程价值取向研究》则是将数学课程作为研究对象。目前，课程价值取向研究是课程价值研究领域中最为活跃，也是研究成果最为丰富的一个领域。

3. 课程价值分析维度研究

课程价值是一个复杂的系统，不是单一的解答。从不同的理论视角出发，就有不同的课程价值分析维度。从目前课程研究现状看来，我国研究者关于课程价值分析的维度不尽相同，总结起来有以下三种课程价值分析维度。

第一种课程价值分析维度是基于课程满足课程主体需要来进行分析

的，即根据学科课程主客体的需要满足关系进行分析。例如，有的研究者将课程主体认定为学生个体和社会主体来分析的，课程价值就可以区分为社会价值和个人价值两个维度。持课程价值分析两分法观点的学者比较多。例如，陆志远认为，按照课程价值的客体承担者划分，课程价值大致可以分为社会发展价值和人的发展价值两大类；从主体需要与课程（客体）属性的种种排列组合来看，可以把课程的社会发展价值分为社会经济价值、精神文化价值、政治价值；把课程的人的发展价值分为个性发展价值和谋生价值。事实上课程价值的主体是多层次、多方面的，从层次上来说，价值的主体是"人"，而主体"人"的存在方式则可以分为人类、群体和个体。从类别来说，课程价值的主体也包括多个方面的人。

第二种课程价值分析维度是具体学科课程独有的价值和所有课程共有的价值。此种分析维度是指学科课程的价值除了自己的独特价值外，还需要兼顾一般课程所需要具备的价值。例如，郑长龙、梁佩君认为，理科课程的价值主要体现在两个方面：一个方面是内在的，即理科课程本身所固有的、其他课程所不具备的，也可称为"本体论"意义上的价值；另一个方面是外在的，即理科课程作为学校课程的一个组成部分，在反映和落实学校课程总目标的过程中所表现出来的价值。（郑长龙等，2000）[9-10]此外，顾建军则按照核心价值和共通价值来区分通用技术课程的价值。他认为，需要注意的是，在通用技术课程中，提高技术素养体现了课程的主体价值，而其他诸如实践能力、创新意识等是课程的共通价值，是诸多课程都可以实现、并需要共同实现的价值。因此，无论在理论上还是在实践上，对通用技术课程的价值认识都必须从结构上进行把握。（顾建军，2009）

第三种课程价值分析维度是从学科特点直接进行课程价值分析。具体到各个学科则不是简单地从社会价值与个人价值两个维度来确定课程价值，而是每个学科都根据自己的学科课程特点，在综合社会价值和个人价值的基础上，得出各个学科自己独特的价值。例如，仲小敏认为，地理课程价值体系包括可持续发展教育、国际教育、生活教育、公民教育、认识教育五大方面。每个大方面下面则又包括了更加详细的分析，比如生活教育下面则包括生命教育、生存教育和生活教育。给出这样的分类，则主要是基于地理知识、社会需要和学生需要三个方面的考虑（仲小敏，

2007)[139-140]。江宇则从体育的本质出发，论述了体育课程本源价值，包括生物改造价值、运动技能价值、体育文化价值和情感适应价值。她认为，体育课程被修饰成为"全能型"的课程，但是泛化的体育课程价值观，必然会导致体育课程本源价值的淡化。（江宇，2009)[68-72]

从以上课程价值分析维度的不同类型来看，课程价值分析其实仍然需要综合考虑主体（社会和个人）的不同要求，然后从具体课程的属性出发，综合考虑后确立一个价值体系，它是一个综合的、复杂的系统。课程价值其实就是课程对于社会发展和学生发展的作用和影响。分析课程价值，可以从其满足社会发展的需要和学生个人发展需要两个角度出发来分析。我们要从深入研究学科知识能够带给人类社会和学生个人的益处出发，从学生的认知视角出发，架构系统的学科课程价值体系。课程价值研究则要追究课程的核心价值或者说本源价值，因而要相对忽略其他衍生的价值。

4. 我国课程价值研究的困境与出路

目前，我国基础教育课程改革走过了最初的繁荣时期，正进入深入和反思的阶段。随着人们对于课程实践的困惑越来越多，自然也就有了课程价值研究的需求。综上所述，我国的课程价值研究虽然呈现出繁荣的态势，但是仍然面临许多困境，在克服困难的基础上，才能够真正地为课程价值研究寻求出路。

（1）实践需求与理论贫乏的矛盾困境与出路。

随着我国课程改革的开展，实践层面上出现了许许多多的困惑，研究性学习、综合实践以及经验课程等新的课程形态走入中小学，通用技术等新的学科纳入必修课程，但是实践过程中教育者却仍然面临着价值认识的偏差和价值选择的误区。在强大实践需求的背后，是对于实践所追问的价值命题研究的薄弱。无论是教育行政人员，还是教育研究人员，尚没有全面、系统地对课程价值问题进行理论研究，更没有对于课程的宏观社会价值和微观个人价值的内部诸多要素进行深入研究。所以，面对如此困境，就需要课程研究者关注课程价值理论研究。任何理论研究只有根植于实践才能够真正具有生命的魅力，所以课程价值研究也必须适应时代的呼唤，迎合课程改革的困惑深入展开，不仅注重具体学科课程价值研究，同时也注重课程价值取向研究，引导课程改革实践路向。

（2）科学逻辑性缺失的困境与出路。

虽然每个学科课程中都有相关的课程价值研究，但是目前的课程价值研究似乎还未摆脱以政治纲领、领导口号、大众取向为出发点的研究模式，为口号论说，为潮流论说是其重大弊病。在目前的课程价值研究中，存在着研究方法单一的弊病，且科学逻辑性的缺失也严重地影响了课程价值理论研究成果与实践的对接。从课程价值研究出路来说，我们需要拓展课程价值研究思维，打破以往只注重思辨的研究思维，注意在研究中灌入科学逻辑性思维，采用多样化的研究方法，从而使我国的课程价值研究具有科学逻辑性。

从无到有，从借鉴到创新，我国课程价值研究已经走出了一条具有特色的路。在时代快速发展的背景下，我国的课程价值研究仍然需要更多的关注和投入，以及更多的思维与方法，只有如此，才能够真正地建立起具有中国研究特色的课程价值研究体系。

二、信息技术课程价值研究综述

我国的中小学信息技术课程自 20 世纪 80 年代开始起步，至今已有 30 余年了。虽然，有学者将 1999 年作为信息技术课程的起点，从而将信息技术课程的发展时间缩小为十多年，但是我们仍然认为，我国的信息技术课程是从 20 世纪 80 年代开始起步的计算机选修课开始启程的，由此可以将 1982 年作为我国的信息技术课程的元年。信息技术课程发展至今，其间经历了几个阶段。比如有的学者将其分为计算机文化论阶段、计算机工具论阶段、信息素养论阶段，也有的学者将其分为起步阶段（1982—1990 年）、逐步发展阶段（1991—1999 年）、全面发展阶段（2000 年）。此处，我们不再对我国信息技术课程的发展历史做进一步的阐释。

信息技术课程价值研究在国内外都是非系统、不全面的。对我国信息技术课程价值的研究可以通过研究信息技术课程 30 多年的演变史来展开。

1. 信息技术课程研究现状

信息技术课程的研究工作自从信息技术课程开始起步时就已经存在了。在 30 多年间，信息技术课程研究取得了非常多的成就。研究工作也直接推动了我国的信息技术课程实践发展。从研究团体和人员来看，20 世纪 80 年代成立的"全国中小学计算机课程研究中心"一直是我国信息技术课程研究的重要基地。以"全国中小学计算机课程研究中心"为依托，成立了中国教育学会中小学计算机教育专业委员会（现改名为中国教育学会中小学信息技术教育专业委员会）。从最初只是单纯引入国外的经验，到如今的本土实证研究的盛行，都说明了信息技术课程研究的繁荣。从最初的很少量的研究成果，到目前每年数量庞大的研究论文的发表、专著的出版，再到目前有专门的信息技术课程博士研究论文，这一切都说明了信息技术课程研究状况的繁荣。

然而，在繁荣的背后，我们不能不承认信息技术课程研究的一些不足。董玉琦就曾指出，当前信息技术课程研究中的几点不足为信息技术课程研究系统性不强、信息技术课程研究方法不够规范、信息技术课程研究共同体尚未建立、信息技术课程研究策略不够完善、信息技术课程发展的方向尚不明确。（董玉琦，2007）[8-12]

总结我国的信息技术课程发展历史，可以看出信息技术课程自从产生之日起，就在谋求与文化之间的联系。李艺认为，在从计算机教育向信息技术教育转型的过程中，在课程内容的认识上，我们始终在探讨如何坚持信息技术课程"技术"的特点并揭示其丰富的文化内涵，同时在"技术—文化"的对偶上寻求最佳平衡。（李艺，2009）信息技术课程经历了从早期的计算机文化论到目前的信息文化论。

自20世纪90年代末开始，在计算机工具论盛行了一段时间以后，人们似乎认识到了单纯的技术观念带来了技术倾向明显、只见技术不见人，以及信息技术课程成了"微软培训班"、信息技术课堂成了软件说明式的教学等问题。基于对以上问题的反思，人们也逐渐开始接受国外的信息素养（information literacy）理论，从而逐渐开始信息教育研究。这种观点也是一种信息文化的观点。王吉庆编著的《信息素养论》是较全面介绍信息素养的著作，比较详细系统地论述了"信息学科课程与信息素养的培养"。再后来是祝智庭主编的《信息教育展望》一书比较客观地审视了信息教育（包括课程）领域的发展动态，为信息教育在我国的未来发展提供了有价值的启示。比较有影响的论文是董玉琦等人的《日本中小学信息教育的现状与课题》[《中国电化教育》，1999（1）]《信息教育的概念与课题》[《中小学电教》，1999（1）]、祝智庭的《世界各国的教育信息化进程》[《外国教育资料》，1999（2）]、黎加厚的《学校兴起信息教育》[《教师博览》，1999（4）]。在课题研究方面，上海师范大学黎加厚主持的"现代信息课"在上海市闵行区部分学校展开了实验研究，此外还有1999年年初由董玉琦主持的"中小学信息教育的实证研究"课题。以上这些研究都推动了2000年全国中小学信息技术教育工作会议的召开，以及计算机课程向信息技术课程的转型。南京师范大学朱彩兰的博士论文《文化教育视野下的信息技术课程建构》（2005年）算是国内比较全面论述信息文化论视野下的信息技术课程建设的论文。

2. 信息技术课程价值研究

随着2000年全国中小学信息技术教育工作会议的召开，特别是信息技术课程的迅猛发展，有关信息技术课程的价值问题越来越为人们所重视。信息技术课程正处在发展的十字路口上，一方面，作为必修课程，信息技术在新一轮高中新课程改革中已经确立了地位，但是在义务教育阶段，信息技术课程却仍然作为综合实践活动课程的组成部分，没有确定的课程内容体系。另一方面，信息技术课程的实施面临着很多问题。高中信息技术新课程面临着诸多的困难，而小学、初中、高中信息技术课程的不连贯也正阻碍着信息技术课程的正常发展。同时，时代需要信息技术课程能够进一步发展。在这样的背景下，一个更为本质，也更为本原的问题就不可避免地摆在我们面前：我们为什么要学信息技术课程？这也是对信息技术课程的价值追问。其实，信息技术课程自产生之日起，就自然含着价值的问题，因为任何课程内容的判断、选择必然有着一定的价值取向。所以，信息技术课程价值问题其实一直跟随着信息技术课程的成长。

国内有关信息技术课程价值的研究一直没有得到应有的重视，而是散落于一些研究之中，没有独立成为重点的研究命题。从国内目前的研究现状来看，很多研究是零散的、非系统的，有关课程价值的表述更多是关于信息技术课程价值取向的。

（1）目前的研究都是零散的、非系统的。

虽然从实践层面来说，人们对信息技术课程价值的诉求很强烈，但是我国的信息技术课程研究人员对于信息技术课程价值问题的研究仍然不够，或者说仍然没有系统的信息技术课程价值研究。已有的信息技术课程价值研究主要集中在对课程目标的研究上，或者在信息技术课程价值取向研究上。在研究方法上，主要以思辨、论述为主，极少采用科学、系统的研究方法。

从搜集的文献来看，解月光从实施的角度对信息技术课程价值进行了探索性研究，她通过问卷调查以及实地访谈后得出："教师、教研员、校长和学生在谈对信息技术课程价值的认识时，主要涉及的关键词有4个方面，依照频度的次序是：'处理与交流''创造''思维方式'。使用频度最高的关键词是'处理与交流'和'创造'。其中'处理与交流'和'创造'是师生共同使用的最多的价值关键词，'思维方式'是教师、教研员等都提到的关键词。"（解月光，2007）[77-78]解月光是将课程价值认识作为实施信息技术课程的一个角度来进行研究的，算是国内系统研究信息技术课程价值的先行者。

此外，解月光也提出："学生对学科课程价值的认识是以其自身体验到的实际课程的感受为基础的，与其自身需要和教师实施的课程活动密切相关；校长和教研员对学科课程价值的认识则主要基于其对文件课程的理解、对实际课程的观察和个人的教育信念；教师对规定的学科课程价值的理解就是他对学科知识的传授过程应该体现的价值的感悟，是以他个人实际运作的课程和个人的学科信念为前提的。"（解月光，2007）

目前虽然有一些关于信息技术课程价值的零散论述，却仍然没有系统的研究。已有的研究都没有从价值的基本概念出发，从信息技术课程对于个人发展需要和社会发展需要的作用角度出发，系统、全面地阐释信息技术课程的价值。

（2）泛化的信息技术课程价值观——信息素养是否是信息技术课程核心价值之争。

目前很多有关信息技术课程价值的论述，都将信息技术课程价值泛化，信息技术课程逐渐被修饰成为一门"全能型"的课程。泛化的信息技术课程价值观，必然会导致信息技术课程本原价值的淡化。例如，对信息技术课程的核心价值的讨论，即是对到底能否把信息素养作为信息技术课程目标的争论。

自20世纪90年代末，我国信息技术课程研究者将信息素养理论引进国内以后，信息技术课程研究者逐渐将培养和提升学生的信息素养作为信息技术课程的核心价值。例如，《普通高中技术课程标准（实验）》中就明确提出："普通高中信息技术课程的总目标是提升学生的信息素养。学生的信息素养表现在：对信息的获取、加工、管理、表达与交流的能力；对信息及信息活动的过程、方法、结果进行评价的能力；发表观点、交流思想、开展合作并解决学习和生活中实际问题的能力；遵守相关的伦理道德与法律法规，形成与信息社会相适应的价值观和责任感。"但是，一些信息技术课程实践者与研究者却对此有所疑议，例如，一线信息技术教师就提出过信息技术课程应该重信息还是重技术的疑问。苗逢春提出："信息技术课程目标机械套用舶来的'信息素养'，致使课程目标的骨架不坚实、课程核心价值弱化模糊，进而导致该课程在可有可无的计算机扫盲课和早晚会被取消的临时课程的尴尬境地痛苦求索。"他认为应该把培养和提升学生的信息通信技术（ICT）素养作为信息技术课程的核心价值。祝智庭也提出："信息技术课程的技术味要浓一些。"

为什么会出现如此的争论呢？其实质就是人们对于信息技术课程价值的认识不同。一些学者认为信息技术课程应该注重技术应用的方法，体现对学习者自我价值的关注，注重锻炼学生的思维。另外一些学者则从社会的需要出发，强调学习者搜集、处理和发布信息的能力，注重学生的社会伦理道德教育。用信息通信技术素养代替信息素养可能在某种程度上消除人们对此字眼的争论，但是不能消除人们对信息技术课程价值的不同意见。只有进一步明确信息技术课程价值，才能够真正指导实践，促进信息技术课程理论与实践的发展。

（3）信息技术课程价值取向研究。

信息技术课程的价值必然会涉及价值取向问题。许多信息技术课程价值研究其实都是研究价值取向的。2005年董玉琦在他的博士论文中提出了信息技术课程的价值取向。董玉琦提出的观点也是我国较早出现的有关信息技术课程价值取向的论述。

关于信息技术课程的文化价值，国内的相关研究则更少。目前能够看到的关于信息技术课程文化的表述是朱彩兰在她的博士论文中提出的："信息技术课程的文化价值分为两个层面。在社会层面上，一方面体现为对信息文化的建构。这一点在信息技术课程对信息文化的作用中已有描述，此处不再讨论。另一方面，就基础教育阶段的课程而言，对中华民族优秀文化的传承也是课程的文化价值之一。所以于社会层面，此部分只讨论对中华文明的体现。在个人层面上则具体体现为信息素养的培养。"

（朱彩兰，2005）[59] 以上研究仅仅是简单论述式的，没有对信息技术课程文化价值进行系统全面的研究。

（4）国外关于信息技术课程价值的表述。

国外对信息技术课程价值的表述，也与国内类似，主要是见于一些论述中，而很少有专门阐释信息技术课程价值的系统性研究成果。国外对信息技术课程价值的表述可以通过对课程目标的分析来得到。例如，美国计算机教师协会认为，计算机科学是一个科学学科，而不是一项为其他课程的学习简单提供支持的"技术"。计算机科学不是简单的字符大小与点击的技能。它是有一套核心科学原理体系的学科，它可以用于解决复杂的、现实世界的问题，并能引发高级思维。总之，当今教育中的计算机科学知识是很重要的，和任何传统科学知识一样，是必不可少的。

美国全国研究委员会（National Research Council）于 1999 年公布了一份报告，报告题目为"信息技术通晓"（Being Fluent with Information Technology），提出了信息技术通晓（Fluency with Information Technology，简称 FITness）这一新的概念说法，这个文件用通晓（Fluency）代替了基本能力（Literacy）。该文件认为，信息技术通晓超出了计算机基本能力的传统概念，信息技术基本技能一般指的是对一些技术工具的最低水平的了解，如字处理工具、电子邮件、网络浏览器等；相反，信息技术通晓要求人们能够广泛地理解信息技术，从而能够在工作和日常生活中富有成效地运用，能够认识到信息技术既能促进，也能阻碍目标的实现，并能不断地调整自己适应信息技术的发展。因此，与传统的信息技术基本技能相比，信息技术通晓需要对信息技术处理信息、交流和解决问题有更深刻、更本质性的掌握和理解。信息技术通晓由三个层次的概念、技能和能力组成，包括信息技术技能、信息技术概念和智力性能力。信息技术技能（Information Technology Skills），是指使用现在的计算机设备的技能，能够使人们立即应用信息技术。在当前的劳动力市场上，技能是一个工作的最基本组成部分。更加重要的是，技能提供了建立新的能力的基础。信息技术概念（Information Technology Concepts），是指用来支持技术的计算机、网络和信息的原则和概念。概念是理解新信息技术的原始资料，能够指出信息技术所提供的机会及其局限性。智力性能力（Intellectual Capabilities），是指在复杂和支撑性环境中应用信息技术，在信息技术环境中促进高级思维。能力能使人们控制媒介以得到利益，并且能够处理未曾预想到的问题。智力性能力加强了信息和信息控制方面的抽象思维。

日本教育工学学会会长永野和男则指出信息技术教育主要包括：A. 使用信息的实践能力；B. 对于信息的科学理解；C. 积极参与信息社会的态度。

从以上两个国家的有关论述来看，信息技术课程价值主要可以分为三个层次：一是操作性技能层次；二是方法层次；三是社会参与层次。

第三节   价值哲学视野下的信息技术课程价值体系构建

信息技术课程价值是一个亟待解决的研究课题。我们需要研究信息技术课程到底应该具有哪些方面的价值，特别是从价值主体需求出发，在价值哲学视野下构建我国的信息技术课程价值体系。

一、价值哲学视野下的信息技术课程价值结构

对于信息技术课程价值来说，从信息技术课程价值客体的属性出发，满足信息技术课程的价值主体需要，从而产生了信息技术课程的价值。信息技术课程的价值并非是一个单一的描述，而是复杂的价值体系。因为根据价值哲学的原理，价值不是单一的主体需要或者单一的客体属性，而是价值主体和价值客体的相互关系。价值既受到价值主体的需要影响，也受到价值客体的属性制约。就主体而言，主体的状态以及需要是影响主体参与价值活动的关键性因素。而客体方面，客体的性质、特点、功能等也影响着其参与主客体活动的过程。所以信息技术课程价值体系是一个复杂的系统。

人的需要是多种多样的，与之相对应的价值也是多种多样的，表现出不同的形态。从需要的主体来说，有个人的需要、集体的需要、社会的需要和人类的需要。就信息技术课程而言，主体主要有两种形态，一种是社会主体，另一种是个人主体。图 1－2 就是信息技术课程价值主体的需要。由于信息技术的飞速发展以及由此带来的信息总量爆炸，产生了信息技术课程主体（社会主体、个人主体）的需要。信息技术课程的社会主体需要主要是信息社会、数字文化、数字鸿沟、信息伦理问题以及知识社会、

全球化时代等产生的需要。信息技术课程的个人主体需要主要是学会学习、核心技能以及数字化成长等产生的需要。

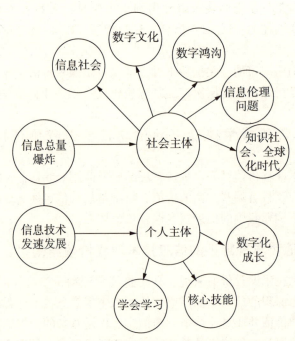

图1-2 信息技术课程价值主体的需要

在信息技术课程价值关系中，价值的主体是多重的，客体也是多样的。所以信息技术课程价值也是复杂的体系。从不同主体来区分，信息技术课程价值体系可以简单地区分为社会价值和个体价值。从价值主体的需要内容分类来看，信息技术课程价值体系可以区分为政治价值、经济价值、社会价值等。从价值表现形式来看，可以包括两种最具有代表性的价值取向，分别是理性价值和工具价值。复杂的信息技术课程价值体系分类方式，需要我们做出自己的选择。我们倾向于从信息技术课程价值主体来区分，采用个体价值和社会价值的分类体系。信息技术课程个体价值又可以区分为内在价值和工具价值。信息技术课程的个体内在价值就是提升学习者个体的信息素养。个体工具价值就是信息技术课程所带给个体的外在的工具价值，就是个体接受了教学内容后所起的变化或者作用。在价值哲学视野下，在考察了其他学科课程价值体系之后，我们将信息技术课程价值分为三个层级，分别是个体内在价值、个体工具价值以及社会价值等，如图1-3所示。个体内在价值包括信息技术知识与操作、信息处理的方法与技能、能力培养、社会责任以及情感与态度等。个体工具价值包括生存的价值、发展的价值、享受的价值等。社会价值包括实现信息公平、构建信息文化、适应知识社会等。

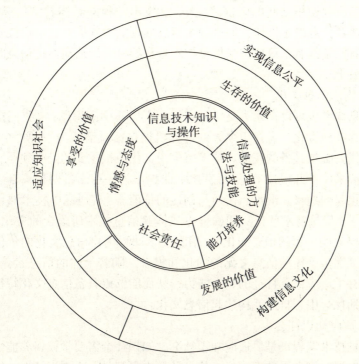

图1-3　价值哲学视野下的信息技术课程价值体系

二、信息技术课程的社会价值

信息技术课程的社会价值就是在社会大系统中信息技术课程对于社会的其他子系统的作用与功能。如果将信息技术课程的社会价值具体化，我们认为主要可以体现在三大方面：实现信息公平、构建信息文化和适应知识社会。

1. 实现信息公平

信息技术课程的社会价值之一就是实现信息公平。公平是社会追求的目标之一。信息技术课程应该追求信息公平。麻省理工学院媒体实验室的米切尔·雷斯尼克说："上网差距将缩小，但是有意义地利用网络技术的差距可能更大。"雷斯尼克把这种情况比作学外语："这就像有一本短语书同真正流利使用之间的区别。"从信息技术课程的具体教学目标来说，就是要普及信息技术操作，促进学生信息处理能力的提升。信息技术课程使得所有儿童都有平等地接受信息技术教育的机会，从而促进信息时代的平等与公平。

2. 构建信息文化

信息技术也可以被认为是一种文化。正如韩小谦所说："我们把信息技术视为一种文化，还在于今天的计算机操作已日渐成为一种社会职业，一个现代人必须具备的技能。技术衍生为文化，很重要的是必须要有一定的社会群来操作此项技术。"信息技术课程作为一种学科课程，自然会对信息文化起到选择、继承、传播与创造的价值。《普通高中技术课程标准（实验）》（信息技术部分）明确提出"体验信息技术所蕴含的文化内涵"和"共同建构健康的信息文化"。信息技术课程构建信息文化的价值，主要是促进学生个体的信息文化的内化和提升。随着个体的信息素养提升，学生具有了适应信息社会的基本能力，从而能够以具备信息文化特征的个体参与到社会中，自然就构建起信息文化。

3. 适应知识社会

信息技术课程正是要适应知识社会。知识社会需要学校培养能够适应和促进知识经济发展的下一代。信息社会本身就是一个知识社会，知识社会首先就是一个信息爆炸的社会。信息技术课程在创造一个信息社会的同时也在创造一个知识社会。知识社会所强调的批判性思维、创新性思维，正是信息技术课程所关注的重点。信息技术课程要培养学生的团队合作、集体精神等，正符合知识社会的基本社会要求。在信息技术课程教学中应培养学生的灵活性和独创性，使学生具备创造力和解决问题的能力，并形成集体合作、专业诚信、敢于冒险、勤于提高的优良品质。信息技术课程通过培养适应知识社会的人才来适应知识社会。

三、信息技术课程对于个体的工具价值

信息技术课程之所以具有社会价值，其根本原因在于信息技术课程满足了社会对于个体的某种需要，即信息技术课程对于个体具有价值。脱离了有生命的个体和每个具体的个人对自身发展目标的追求，信息技术课程的社会价值就根本无从谈起。这也正如马克思、恩格斯所说的，"任何人类历史上的第一个前提无疑是有生命的个人的存在"。信息技术课程对于个体的工具价值主要是指通过学习信息技术课程的教学内容之后，个体所呈现出来的外在表现。信息技术课程对于个体的工具价值，主要表现为对于个体的生存价值、发展价值和享受价值。

1. 生存价值

人要在社会上生存，就必须要掌握基本的生存本领和手段。若没有教育赋予人的知识和技能，人类或者个体是不可能生存的，或者不可能生存得如此好。在信息社会中，掌握一定的信息技术能力是每一个信息社会公民必须具备的基本能力。《21 世纪技能、教育和竞争力报告》中已将信息技术技能作为必须要达成的三大核心目标之一。信息技术能力是每一个信息时代的公民必不可少的基本能力，必须从小开始进行学习。信息技术课程对于个体来说，最为重要的是满足了个体在信息社会中的生存需要，从而具有对于个体的生存价值。

2. 发展价值

人类在具备基本的生存条件以后，自然而然地就会去追求更高层次的发展。信息技术课程使得个体在满足生存的需要以后，就必然要追求作为社会的个体的精神生活，追求参与到社会生活中去，而信息技术课程所强调的表达、交流与合作能力，使得个体能够很好地参与到社会中，形成良好的人格品质。信息技术课程所强调的批判性思维以及问题解决能力，也使得个体的认知方面得到良好的发展。信息技术课程主要是从社会性和认知发展两个方面对于个体具有发展价值，通过对个体信息技术能力的培养，使得个体具有进一步发展的能力和空间。

3. 享受价值

信息技术课程其实对于学生来说具有享受的价值。除了生产、学习以外，人也有娱乐、休闲的权利，对于中小学生来说也是如此。学生可以利

用信息技术来收听歌曲、进行网络交流等，从而放松心情，娱乐休闲。信息技术课程对于学生的享受价值，就是使得学生能够在生存和发展之外，也有自由地享受生活、享受人际关系、享受娱乐等的能力和意识，珍惜美好的生活，放松紧张的学习心理，调整身心状态。

四、信息技术课程对于个体的内在价值

个体的内在价值，其实是将课程内容、教学活动等作为客体，强调其满足个人在各个方面的需要。个体的内在价值应该是信息技术课程价值体系的最核心一环，因为只有通过信息技术课程内容与个体的相互满足，才能够使个体得以生存与发展，自然就会使得信息技术课程的社会价值得以外显。

根据《普通高中技术课程标准（实验）》（信息技术部分）对课程目标的具体规定，结合信息素养概念与内涵的综合分析，我们认为信息技术课程对于个体的内在价值，就是提升学生的信息素养，主要包含以下五个方面：信息技术知识与操作、信息处理的方法与技能、能力培养、情感与态度以及社会责任等。能力培养又具体分为交流、合作、问题解决，以及批判性思维等。我们将个体的内在价值所有的内容综合以后，将其图示化后如图 1-4 所示。

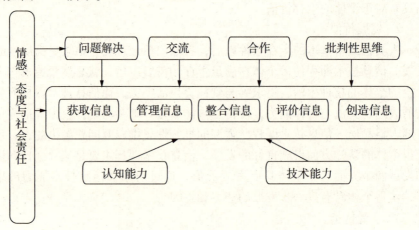

图 1-4　个体内在价值的具体内容

1. 信息处理能力

信息处理能力包括信息技术知识与操作以及信息处理的方法与技能。信息处理的过程包括获取信息、管理信息、整合信息、评价信息和创造信息五大部分。信息处理能力不仅是一个单纯的技术能力，而且还具有认知层面的能力。技术能力其实指向的是个体使用信息技术设备的操作能力。认知能力则是认知方面的能力，如综合能力、分析能力、决策能力等。

2. 高层次能力培养

信息技术课程对于个体的内在价值不仅局限于信息处理能力，还有一些高层次能力，如交流能力、合作能力、问题解决能力和批判性思维能力等。

交流能力是指通过信息的交流来实现人与人之间的互动沟通和理解。交流能力不仅仅是会使用信息技术工具，还包括更高层次的智慧性能力。交流，首先是要学会倾听，倾听别人的意见；其次是要学会表达，使自己的观点能够清晰、准确和符合听众特征地传达出去。信息技术使得表达的方式更加多样化，如 PowerPoint 等演示工具使得表达的方式更加精彩和准确。

合作能力就是能够与人协同完成某项任务的能力。在竞争激烈的现代信息社会中，学会合作是社会发展的需要、时代的需要。合作能力不仅包含合作的技能和技巧，还包括合作的意识和能力。信息技术课程所培养的合作能力，是希望学生掌握使用信息技术进行合作的能力，包括采取恰当的信息技术工具。

问题解决能力就是要能够识别问题、分析问题以及解决问题。问题解决能力不仅仅在信息技术课程中得到了重视，数学课程中就曾经掀起了一场问题解决浪潮。信息技术课程中非常重视问题解决能力的培养。《普通高中技术课程标准（实验）》（信息技术部分）明确提出："高中信息技术课程强调结合高中学生的生活和学习实际设计问题，让学生在活动过程中掌握应用信息技术解决问题的思想和方法。"

批判性思维能力是信息技术课程重点关注的思维能力。进入信息时代，信息大量涌现，良莠并存，真伪并现，在纷繁复杂的信息面前，人们必须用自己的头脑决定取舍，做出正确的选择和判断。批判性思维被认为是面对做什么或相信什么而做出合理性决定的一系列思考技能和策略。批判性思维关注的焦点是做出合理、明智的决定。批判性思维是形成选择决策加工能力的基础，批判性思维能力的高低将影响人们对信息的选择、判断和辨别的能力。

当然，信息技术课程涉及的高层次思维能力不仅仅是以上四种，但是以上四种能力是与信息技术课程关联最为紧密的，也是信息技术课程中需要重点培养的。

3. 情感、态度与社会责任

情感与态度部分强调学习者喜欢使用信息技术、积极主动地使用信息技术，指学习者能够了解信息技术在社会上的地位和作用，以积极主动的心态参与到信息活动中去。《普通高中技术课程标准（实验）》（信息技术部分）就明确地提出："激发和保持对信息技术的求知欲，形成积极主动地学习和使用信息技术、参与信息活动的态度。"情感与态度部分不是一个孤立的组成部分，它更多地融合在信息处理能力等部分之中。

社会责任部分强调学习者必须要负责任地使用信息技术，强调信息社会中信息技术开发者和使用者的责任感。信息技术不仅能够给人类带来好处，同时也能够给人类带来危害。黑客就是一个典型的例子。信息伦理道德教育重要性的彰显突出了社会责任部分的重要性。社会责任部分包括信息伦理、知识产权等。社会责任不仅仅是价值观层面的内容，同时也包含着一定的知识。

第四节　对信息技术课程价值的认识

信息技术课程价值命题从信息技术课程诞生之日起就存在着，信息技术课程价值随着信息技术课程的发展变化而不断变化。信息技术课程价值不仅仅是被动地产生，其也在引导着信息技术课程内容选择和信息技术课程实践的走向。只有每个群体都能够认识到信息技术课程价值，充分发挥其作用，紧密协调，才有可能真正地实现信息技术课程应有的价值。

一、信息技术教师对信息技术课程价值认识的现状

在信息技术课程价值研究体系中，信息技术教师对于课程价值的认识和取向直接关系着他们的实践取向。了解信息技术教师对信息技术课程价值的认识状况，了解影响信息技术教师对信息技术课程价值认识的因素，

直接关系着信息技术课程价值能否够得到实现。本研究以对 20 位中小学信息技术教师的访谈作为分析对象，试图了解信息技术教师对于信息技术课程价值的认识现状。

1. 研究过程

本研究主要是先确立信息技术课程价值理论分析框架，按照理论分析框架确立访谈提纲，在 2010 年年初对访谈对象进行预访谈，然后修改了访谈提纲。按照研究的时间安排，从 2010 年 4 月至 6 月，总共对 5 个城市的 20 位中小学信息技术教师进行了实地访谈。在 2010 年 4 月至 7 月进行了信息技术教师访谈录音资料整理，在 2010 年 7 月对信息技术教师访谈录音文本进行了编码分析，得出了相应的结论。

2. 理论分析框架与编码

根据价值学理论，我们在考察了其他学科的课程价值体系后，借鉴了王坤庆有关教育价值的分类方式，将信息技术课程价值体系分为三个层级，分别是个体内在价值、个体工具价值以及社会价值。

我们将每位信息技术教师的访谈内容按照意义分成数个片段，然后进行分类。结合我们预先设计的结构与具体的访谈数据中新出现的类别最终生成各个类别的主题。通过多次阅读整理出的访谈录音的文字内容，将有意义的访谈片段进行编码，并初步建立一个编码系统。在编码过程中，我们通过讨论不断地修正这个编码系统。根据访谈录音的片段，我们进行了分级登录，最后根据理论框架和实地访谈内容确定了 4 类共包括 18 个小主题的编码系统。4 类访谈编码系统分别为个体内在价值、个体工具价值、社会价值以及信息技术课程价值实现的影响因素。最终的编码系统分类如表 1 - 10 所示，各个小主题的频次如图 1 - 5 所示。

表 1 - 10　信息技术教师访谈编码系统

分　　类	定　　义	编码	频次
1. 个体内在价值	1.1　教师认为信息技术知识与技能重要	GI01	17
	1.2　教师认为信息处理的方法与技能重要	GI02	12
	1.3　教师认为能力培养重要	GI03	11
	1.4　教师认为社会责任重要	GI04	5
	1.5　教师认为情感与态度重要	GI05	15

分　类	定　义	编码	频次
2. 个体工具价值	2.1　教师认为生存的价值重要	GO01	7
	2.2　教师认为发展的价值重要	GO02	0
	2.3　教师认为享受的价值重要	GO03	3
3. 社会价值	3.1　实现信息公平	SC01	13
	3.2　构建信息文化	SC02	3
	3.3　适应知识社会	SC03	0
4. 信息技术课程价值实现的影响因素	4.1　课程政策	TM01	13
	4.2　教材	TM02	11
	4.3　评价	TM03	5
	4.4　教学方法	TM04	3
	4.5　硬件条件	TM05	2
	4.6　领导重视	TM06	7
	4.7　学生水平参差不齐	TM07	10

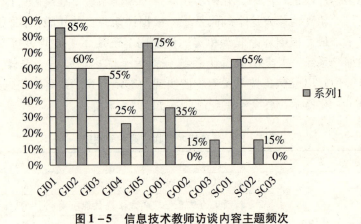

图 1-5　信息技术教师访谈内容主题频次

3. 研究发现与结论

根据我们对信息技术教师访谈内容主题频次的统计数据，结合具体访谈内容，可以得到信息技术教师对信息技术课程价值的认识呈现出以下一些特征。

（1）信息技术教师对信息技术课程价值普遍持有肯定的取向。

从对信息技术教师的访谈中可以看出，信息技术教师对信息技术课程的认同感很强。TT2 老师是一位有十年左右工作经历的信息技术教师，她在访谈中充满激情地讲述了下面的话。从她的言语中可以深切地感受到她对信息技术课程价值的肯定，她的言语中也充满了作为信息技术教师的自豪感。

> 我印象特别深的是我第一年教的是 QBASIC。四年之后学校有次校庆，有个学生见到我后跟我说："孟老师，你那时候讲的算法，我上大学的时候特别有用。"当时我就觉得这种东西是对学生有价值的东西。还有个学生，他从来没接触过电脑，敲键盘手指都是僵硬的，我就一点点地教，最后考完试之后他给我说："老师，我特别高兴，我会用电脑了。"这种时候我就觉得我教的课对学生是有价值的。（TT2）

而另外一些信息技术教师主要从信息技术课程的独特作用方面来肯定信息技术课程的价值，就如 TT1 老师所说的："应该有咱学科的东西，这个肯定还是别的学科替代不了的，不然的话咱们学科肯定就亡了。"从她简短的话语中可以看出，她肯定了信息技术课程的独特价值。还有的信息技术教师甚至将信息技术与数学、语文两个学科课程进行了类比，认为信息技术课程具有独特的价值。

从访谈结果来看，信息技术教师对信息技术课程的价值，普遍是非常认可的，他们教师普遍认为信息技术课程具有独特的区别于其他学科课程的价值。信息技术教师不认同信息技术课程作为独立学科最终将会走向消亡的说法，而是强调信息技术课程对于学生具有个人和社会两个方面的发展价值。

（2）"只管低头干活，不管抬头看路"——信息技术教师对信息技术课程价值的认识普遍不够深入。

　　作为信息技术课程的一线实践者，许多信息技术教师对信息技术课程价值的认识普遍不够深入，很多信息技术教师根本没有深入思考过信息技术课程的价值。他们只是根据教材或者自身的教学经验进行信息技术课程教学实践，很少思考为什么要开设信息技术课程或者信息技术课程能够给学生个体以及整个社会带来哪些方面的价值。信息技术教师关于信息技术课程价值的认识很多是来自于自身的教学经验，以及有关专家的培训或者教科研主管部门的指导。从访谈的主题频率上可以看出，信息技术教师只关注信息技术课程对于学生的内在价值，而不关注信息技术课程对于学生所带来的工具价值和社会价值。例如，对于社会价值中的构建信息社会的价值方面，则没有一个接受访谈的信息技术教师谈起，而适应知识社会的价值也只有 3 人次谈起过。信息技术教师由于天天接触学生，所以思考的也大多是信息技术课程要教给学生什么内容等具体问题，很少甚至根本没有思考过从长远来看信息技术课程到底能够带给学生什么。所以，从对信息技术课程价值的认识现状来看，信息技术教师的典型特征是"只管低头干活，不管抬头看路"，即并不关心信息技术课程的核心价值是什么，只关心具体的教学实践问题，关注教什么以及怎么教。

　　(3) 信息技术教师对信息技术课程价值的认识具有功利主义取向。

　　针对什么知识最有价值的问题，英国的思想家、教育家斯宾塞早在 1859 年于《什么知识最有价值》一文中给出的是一种十足功利的教育主张。美国的教育家杜威的知识价值取向也具有经典的功利主义。在对信息技术课程价值的认识方面，许多信息技术教师存在着比较明显的功利主义取向。从对信息技术教师的访谈来看，许多信息技术教师都强调信息技术课程要教授一些实用的信息技术技能操作，他们认为信息技术知识与技能重要的频次达到了 17 次，甚至有的教师很明确地提出了"什么有用就教什么"。这是一种明显的功利主义的表现，以下是一些典型认识。

　　　　技术是为你的需要服务的。我觉得咱们的课程设计也是往这方面走。学生需要什么，咱们就教什么。教技术我也赞同。调查学生的需求，拿电脑干什么，而且是能对学习有帮助的，或者对以后都有用的。为什么讲 Office 软件？Office 软件确实有用。(TT1)

我就讲应用。我觉得什么有用我就给他们讲什么。(JT3)

从对信息技术教师的访谈可以看出，信息技术教师强调在日常生活中应用的是信息技术知识与操作，认为操作是学生能够学以致用的，是学生需要的。功利主义的信息技术课程价值认识过于短视和不全面。短视主要是没有站在学生的人生发展的高度来看待信息技术课程所应有的价值，而仅仅着眼于眼前的日常生活和学习中的应用。不全面就是仅仅强调知识与技能的作用，而忽略了情感态度以及方法过程的作用，不能够站在学生全面、可持续发展的角度来看待信息技术课程的价值。有的信息技术教师明确提出了"什么有用就教什么"，但是教育是一项长周期的活动，当考虑什么知识对学生最有价值时，我们要从学生未来发展的角度来预测。另一方面是，确定有用的标准是什么？所谓的"有用"，是针对学生今后的就业？还是学生日后的公民生活？还是学生和谐地健康发展？所以，有的信息技术教师提出的"什么有用就教什么"只能说是一种典型的功利主义认识。

(4) 信息技术教师对信息技术课程价值的认识具有技术化倾向。

由于脱胎于计算机课程的信息技术课程自身的历史发展背景与技术特性，信息技术教师对于信息技术课程价值的认识，始终停留于简单理解的技术化倾向层面。技术理性膨胀导致信息技术课程仍然仅仅停留在"什么实用教什么"的技能培训层面，而不能达到技术与人文融合、技能培养与素养养成共生。技术化倾向还体现为许多信息技术教师只关注技术操作的细微处，或者关注信息技术学习的一些方法与策略，而仍然不能站在信息处理的高度来认识信息技术课程的价值，他们普遍缺少对信息的批判性使用等能力的培养的认识。以下是一些典型的说法。

操作的东西不是没有必要，有些东西还是要讲，因为咱们毕竟是技术的课程。(TT2)

我感觉以后无论发展到哪一步，技术肯定是少不了的。(JT5)

如果落实到学生的个体来说，他必须要掌握信息技术所必备的知识与技能，这是最重要的。(CT3)

咱们的关注点当然还是技术的价值。(TT3)

技术化倾向的信息技术课程价值认识，很大程度上源于信息技术课程的发展历史。从 20 世纪 80 年代开始发展的信息技术课程，从最初的程序设计教学开始，就强调它对于学生的思维训练功能，20 世纪 90 年代的信息技术课程则强调计算机课程的工具论。在工具论视野中人们更加关注的是技能与操作的掌握，信息技术课程价值自然带有明显的技术痕迹。可以说，信息技术课程是以技术为本的学科课程，自然带有技术的痕迹，但是如何使得技术取向与文化取向相调和，则是信息技术课程价值的一个亟待解决的课题。

（5）不同学段的信息技术教师对信息技术课程价值的认识有所不同。

从对信息技术教师的访谈情况来看，不同学段的信息技术教师对信息技术课程价值的认识有所不同。小学、初中、高中的信息技术教师由于自身的专业、工作经历以及实践经验等不同，对信息技术课程价值的认识呈现出一些差异性。首先，在认识层次上，高中信息技术教师比小学信息技术教师的认识更有深度一些。高中信息技术教师普遍都是科班出身，大部分教师都是计算机专业或者教育技术学专业毕业，从而对信息技术课程的认同感也相对比较强，再加上学历也普遍高于小学和初中信息技术教师，所以对信息技术课程价值的认识更有深度，所思考的问题也更深入一些。其次，在认识内容上，高中信息技术教师由于科班出身的较多，所以学科本位更为明显，他们更加强调技术取向，强调编程。相对而言，小学信息技术教师则更加强调综合应用，强调学生的兴趣。

（6）课程政策与教材成为影响信息技术课程价值实现的最关键因素。

从对信息技术教师的访谈来看，课程政策和教材已经成为信息技术课程价值实现的最关键因素。以下是一些典型看法。

> 重视程度，最关键的就是省里的指挥棒。（JT1）
> 我感觉最起码要有一套标准教材。（CT4）
> 教材整体化衔接问题，就是从小学、初中到高中，应该是有一条核心价值来贯穿我们的教学的，我觉得目前可能还不够统一。（WT1）

在对信息技术教师的访谈中，我们普遍感受到课程政策直接制约着教师的课程积极性。由于各省的高中信息技术课程评价体制不同，导致高中的信息技术教学也出现了一些问题。由于会考（学业水平）考试的存在，各地都在一定程度上出现了应试的倾向。对于义务教育阶段，则由于国家在此阶段课程指导文件的缺失，直接导致了各地的信息技术课程开设的差异性，有的市小学信息技术课程的课时急剧压缩，信息技术教师队伍重新洗牌。义务教育阶段信息技术课程指导性文件的缺失，也导致了小学、初中、高中内容体系的不连贯，导致了初中、高中也许是零起点的尴尬局面。课程指导性文件的缺失，最为直接的影响是没有信息技术教材或者缺少好的信息技术教材，信息技术教师对于信息技术教材的需求在某种程度上呼唤体系化的小学、初中、高中信息技术课程体系。在信息技术课程价值实现的影响因素中，由于国家和地方教育行政部门逐渐加大了教育投入，硬件设备逐渐成为并不是最关键的影响因素。

二、学生对信息技术课程价值认识的现状与分析

在信息技术课程价值研究体系中，学生是信息技术课程价值的主要主体，学生对于信息技术课程价值的认识直接关系着他们在价值实践活动中的积极性。了解学生对信息技术课程价值的认识状况以及影响因素，直接关系着信息技术课程价值是否能够得到实现。本研究对 8 位中小学生进行了实地访谈，并对 595 名中小学生进行了问卷调查，以了解和分析学生对信息技术课程价值的认识现状。

1. 研究过程

本研究主要采取了质性与量化相结合的研究方法。采用访谈和观察法，了解学生对信息技术课程价值的一些描述性意见。为了了解学生对信息技术课程价值更加广泛的认识，采取了问卷调查的方法。在对调查问卷进行统计分析的时候，从质性的访谈和观察中寻找出数据背后的一些深层次原因，使得数据不单单是生硬的数据，而是充满了个性特征的数据。

在质性研究中按照理论分析框架确立了访谈提纲，在 2010 年年初对访谈学生对象进行预访谈，然后根据预访谈情况修改访谈提纲。按照研究的时间安排，从 2010 年 4 月至 6 月，对 2 个城市的 8 名学生进行了实地访谈。根据研究问题的需要，我们设计了有关信息技术课程价值认识的学生问卷。问卷内容包括结构性问题、半结构性问题和开放性问题三类。在

2010 年 6 月发放了调查问卷，对全国的 6 个地区的学生进行了问卷调查，在数据收集录入后，采用 SPSS 软件进行了统计分析。

2. 研究结果

我们对实地访谈和问卷调查得到的数据进行处理之后，可以得到以下几个方面的研究结果。

（1）学生对信息技术课程喜欢程度的差异检验。

喜欢程度是学生是否认可信息技术课程价值最直接的表现。一个不喜欢信息技术课程的学生，对信息技术课程价值的认同必然不高。反之，一个真正喜欢信息技术课程的学生，对信息技术课程价值的认同程度必然是高的。从学生对信息技术课程喜欢程度的调查来看，学生普遍对信息技术课程持有喜欢的态度，有 43.9% 的学生非常喜欢信息技术课程，30.4% 的学生很喜欢信息技术课程，对信息技术课程感觉一般的学生占 24.0%，有 0.8% 的学生不喜欢信息技术课程，还有 0.8% 的学生非常不喜欢信息技术课程。

针对学生对信息技术课程的喜欢程度，我们分别根据性别、学段、家庭所在地、家中是否有电脑四种情况进行了差异检验，结果如表 1 – 11 所示。

表 1 – 11　学生对信息技术课程喜欢程度的差异性分析

学　　生		满分值	均值	标准差	标准误	差异检验
性别	男（n = 264）	5	4.22	0.872	0.054	t = 1.665 Sig. = 0.096 > 0.05
	女（n = 331）	5	4.10	0.885	0.049	
学段	小学（n = 210）	5	4.49	0.772	0.053	F = 31.811 Sig. = 0.000 < 0.05 LSD 法多重比较结果：小学与初中、初中与高中、高中与小学之间的 Sig. = 0.000 < 0.05
	初中（n = 171）	5	4.15	0.826	0.063	
	高中（n = 214）	5	3.84	0.907	0.062	

续表

学 生		满分值	均值	标准差	标准误	差异检验
家庭所在地	农村（n=145）	5	4.06	0.896	0.074	F=2.061 Sig. =0.128>0.05
	城镇（n=72）	5	4.07	0.811	0.096	
	城市（n=378）	5	4.21	0.885	0.046	
家中是否有电脑	有（n=475）	5	4.18	0.870	0.040	t=1.482 Sig. =0.139>0.05
	没有（n=120）	5	4.05	0.915	0.084	

学生在性别、家庭所在地、家中是否有电脑三个方面没有呈现出显著性差异。Sig. =0.096>0.05 表明学生对信息技术课程的喜欢程度在性别之间没有显著性差异。从均值方面来看，男生的均值是 4.22，大于女生的均值 4.10。F=2.061，Sig. =0.128>0.05 表明农村、城镇、城市三个地域的学生对信息技术课程的喜欢程度没有显著性差异。t=1.482，Sig. =0.139>0.05 表明学生对信息技术课程的喜欢程度在家中是否有电脑方面也没有呈现出显著性差异。

学生对信息技术课程的喜欢程度在学段方面呈现出显著性差异。F=31.811，Sig. =0.000<0.05 表明小学、初中、高中三个学段之间存在着显著性差异。LSD 法多重比较结果：小学与初中、初中与高中、高中与小学之间的 Sig. =0.000<0.05，表示小学与初中、初中与高中、高中与小学三组之间也存在着显著性差异。从均值来看，小学的 4.49 大于初中的 4.15，又大于高中的 3.84。可见，随着学段的升高，学生喜欢信息技术课程的程度随之降低。

（2）学生学习信息技术课程的目的。

学生对信息技术课程价值的认识，直接表现为其学习信息技术课程的目的。学生所认为的学习信息技术课程的目的就是某种程度的对信息技术课程价值的认识。研究者对学生学习信息技术课的目的进行了问卷调查。其中，持为了扩展自己的知识观点的学生所占的比重是最大的，占到了 60.50%，此外，对信息技术感兴趣的占到了 13.61%。这也说明学生学习信息技术课程的目的是比较正面的，主要是为了获得知识。但是也有一些功利性的目的，比如为了能通过考试，占到了 15.46%。这一点主要是在高中阶段体现得比较明显，因为高中面临着学业水平考试等评价要求，也就必然使得学生学习信息技术课的目的变得更加功利一些。

从学生对信息技术感兴趣与不感兴趣的原因，也可以看出学生学习信息技术课程的目的。表 1－12 所示是学生对于信息技术课程感兴趣与不感兴趣的原因。

表1－12   学生对信息技术课程感兴趣与不感兴趣的原因

对信息技术课程感兴趣			对信息技术课程不感兴趣		
原　　因	人数	百分比（%）	原　　因	人数	百分比（%）
要升学	70	12	学了没有用	20	15
有趣味	396	72	信息技术难学	42	30
要玩游戏	47	8	学习成绩不好	16	12
教师教得好	40	7	上课听不懂	26	19
受父母家庭等影响	8	1	不会上机操作	32	24
总　　计	561	100	总计	136	100

学生对信息技术课程感兴趣的最大原因是有趣味，占到总人数的 72%，可见，信息技术课程能够提供一些有趣味的内容，这一点还是很吸引学生的。另外，要升学也成了一个很重要的学习原因，主要在高中学生方面体现得比较明显，因为高中学生面临着学业水平考试要考信息技术的局面。学生对信息技术课程不感兴趣的原因则比较分散。信息技术难学（30%）、上课听不懂（19%）、不会上机操作（24%）等信息技术教学方面的原因成为学生不感兴趣的主要因素，而学生真正感觉学了没有用的只占了 15%。可见，不是学生对信息技术课程自身不感兴趣，而是由于未能很好地进行信息技术教学而抹杀了学生的兴趣。

（3）学生对信息技术课程价值具体内容的认识。

为了了解学生对实际信息技术课程价值的认识，我们特别选定了 8 个具体的信息技术课程价值内容，包括掌握信息科学知识、提高信息技术能

信息技术课程价值研究

力、培养实践能力、开发创造潜能、解决现实中的问题、丰富学习方式、培养协同解决问题能力、培养信息伦理道德，将每个具体内容分成了最主要、比较主要、一般、不太主要、不主要五个程度，并分别赋值5、4、3、2、1。表1-13所列的就是学生对信息技术课程价值具体内容的认识。

表1-13　学生对信息技术课程价值具体内容的认识

学　　　段		掌握信息科学知识	提高信息技术能力	培养实践能力	开发创造潜能	解决现实中的问题	丰富学习方式	培养协同解决问题能力	培养信息伦理道德
小学	Mean	4.46	4.51	4.41	4.29	4.46	4.47	4.27	4.31
	N	210	210	210	210	210	210	210	210
初中	Mean	4.36	4.46	4.25	4.06	4.14	4.25	3.96	4.25
	N	171	171	171	171	171	171	171	171
高中	Mean	4.06	4.16	4.07	3.74	3.95	3.70	3.48	3.39
	N	214	214	214	214	214	214	214	214
Total	Mean	4.29	4.37	4.25	4.03	4.18	4.13	3.89	3.85
	N	595	595	595	595	595	595	595	595

通过总体平均值以及分学段的平均值的比较可以看出，学生对提高信息技术能力的认可度是最高的，此外，学生对解决现实中的问题的认同度也很高，由此可以得出学生对信息技术课程的实用性价值更为认可。在开发创造潜能、培养协同解决问题能力、培养信息伦理道德三个方面相对来说分值比较低，说明学生对这三个方面不太认可。

就学段方面来说，随着年龄的增大，学生对信息技术课程价值具体内容的认同度逐渐降低。原因可能主要有两个方面：一是学生自身的原因，二是信息技术课程的原因。对于学生来说，随着年龄的增加，理性思维更加强大，更加喜欢一些抽象的内容，而低学段的学生，则更喜欢一些直观、形象的内容。信息技术所带来的新鲜和形象感等在低年级更加有吸引力，而高学段的学生更喜欢一些理性和抽象的课程。对于信息技术课程来说，其自身的薄弱也必然影响学生对其喜欢的程度。由于各个学段多采取零起点的教学内容设置，学生经常重复学习某些内容，导致其对学生的吸引力下降，学生从而丧失学习兴趣。当然，不同学段的学生对信息技术课程的喜欢程度的差异原因是多方面、多维度的，并非只是某个因素起绝对作用。

3. 研究结论

如何认识信息技术课程的价值，其实就是经典问题"什么知识最有价值?"的延伸。学生对信息技术课程价值的认识，很大程度上仍然停留在功利主义层面。功利主义强调眼前的实用主义取向，强调能对生活和学习立即有用。学生认识信息技术课程价值的功利主义倾向主要表现在应用化认识倾向和应试化认识倾向两个方面。

（1）应用化认识倾向。

学生对信息技术课程价值认识的功利主义倾向的一个突出表现就是学生认为信息技术课程只能够带给他们一些具体的在实际生活和学习中的应用。学生强调信息技术课程能够帮助解决生活中的困难与问题。从下面学生对信息技术课程价值的认识来看，学生更倾向于学习能够直接带来益处的眼前的东西，强调一些实际有用的操作和方法。

> 一方面为了考试，另一方面应用在生活中，在日常生活中如果电脑出现一些小问题，可以自己解决，也可以应用到日常工作中。（问卷开放性题目回答）
>
> 可以帮助我以后的工作以及生活，以后不用费那么大的劲儿去学电脑，还可以获得知识，还有和别人交流，发 E-mail。（问卷开放性题目回答）
>
> 因为现在我们的生活离不开电脑，肯定要接触这些东西。学了以后对这些东西更了解更掌握，应用起来更熟练。如果没有学这个东西，我们在写个材料、写个稿、看成绩单的时候就不会，挺麻烦的。（JGX1）

应用化倾向使得学生普遍认为，信息技术知识与操作仍然是信息技术课程内容中最重要的。因为学生比较愿意使用信息技术来搜索资料、上网交流等。对于具体的操作来说，学生更加喜欢直观、形象、所见即所得的制作技术，比如 PowerPoint、Flash 等制作软件。

（2）应试化认识倾向。

对异化的信息技术课程价值认识，表现得比较突出的观点就是学生学习信息技术课程是为了"通过考试"。"通过考试"的课程价值认识在高中学生群体中尤为明显。无论是从问卷调查，还是从实地访谈来看，许多高中学生都选择了"升学、通过考试"作为学习信息技术课程的目的。学生功利地将应试认定为信息技术课程的价值，是由于信息技术课程也受到社会上应试倾向的影响。

由于受到功利主义倾向的影响，许多学生未能正确地认识到信息技术课程的价值。功利主义的价值取向必然会导致学生产生注重实际应用的认识。从当前的信息技术课程价值实现层面来看，技术化倾向很大程度是为了迎合学生的短期需求，但是不能够满足学生终身发展的需要和社会发展的需要。学生对信息技术课程价值的认识仍然存在着偏差，需要信息技术课程研究者和实践者在价值实现时不断地注意与改进，努力纠正学生的错误认识，通过宣讲以及实际课堂教学，使学生充分认识到信息技术课程价值不仅仅体现为短期的功利价值，还直接关系着学生长远、未来的发展价值。

第五节　信息技术课程价值实现的困境与机制

信息技术课程价值不能仅仅停留在理论层面，而是需要在实践中得到实现。目前信息技术课程价值的实现面临着诸多困境，若想实现信息技术课程价值，必须要处理好社会价值和个人价值、科学价值和人文价值的平衡。

一、信息技术课程价值实现的内涵

研究信息技术课程的价值，只是停留在分析信息技术课程价值的一般理论和基础内容上是远远不够的。信息技术课程价值研究必须要突破单纯的静态研究，不能够仅仅从应然角度对价值进行分析，简单地揭示它的可能性，而是要进一步深入探讨信息技术课程价值实现的课题，将信息技术课程的潜在价值付诸实践。王智认为："价值不同于价值实现，人们活动的最终归宿不在于价值而在于价值的实现。人们活动的最终目的不是认识价值，同样也不是创造价值，而是实现价值或享用价值。"　　（王智，2005）³¹⁴⁻³¹⁶信息技术课程价值实现研究是将信息技术课程的价值研究从应然范围转入实然领域，从静态分析进入动态观察。信息技术课程价值的实现，是指由于信息技术课程的认识和实践活动，使得信息技术课程现实地满足信息技术课程价值主体的需要。

信息技术课程的潜在价值就是指信息技术课程的预设价值。但是预设的信息技术课程价值必须要经历信息技术课程的有效教学，在教师与学生具有目的性的有效对话与交流之后，学生掌握信息技术知识与技能，在智力、能力等诸多方面得到全面的发展，情感态度与价值观得到发展，预设的潜在价值才真正转化为现实的信息技术课程价值，从而才真正地达到我们所要追求的信息技术课程价值的实现。在整个信息技术课程活动当中，信息技术课程价值实现既是信息技术课程活动的一个结果，一个终点，同时它又是信息技术课程进一步实践的起点，是对信息技术课程价值新的需要满足的开始。

二、信息技术课程价值实现的困境

在现实世界里，信息技术课程价值却并非能很顺利地得以实现。信息技术课程价值体系应该注重社会价值与个人价值、科学价值与人文价值的并重，但由于人们认识的偏差以及现实条件的限制，信息技术课程价值实现却面临着严重失衡的困境，如社会价值压倒个体价值，科学价值覆盖了人文价值应有的地位等现象。"只见技术不见人"现象是信息技术课程价值实现的最大困境表现，功利主义、过度技术化倾向比较明显。目前信息技术教师对信息技术课程价值存在着许多认识上的偏差。"什么实用教什么"就是目前信息技术教师认识上的最大偏差。

"只见技术不见人"的现象主要是指我国的信息技术课程价值实现中，存在着过度的技术化取向问题。"只见技术不见人"是一种明显的"技能化倾向"，主要表现为崇尚"工具主义""技术至上"，以简单技术的掌握为第一要义，重视离散的、孤立的技能训练，相对忽视学生的能力发展与提高及健康的情感态度的养成等。"只见技术不见人"就如同是软件培训班，信息技术教师按照如何操作详细地介绍某一款应用软件，将软件的功能从头到尾予以详细介绍、演示，然后再要求学生仔仔细细从头到尾操练一遍。

"什么实用教什么"的信息技术教师价值认知偏差，导致了"学生喜欢上机但不喜欢信息技术课程"的现象。信息技术教师强调在日常生活中应用的信息技术知识与操作，认为操作是学生马上能够学以致用的。

"只见技术不见人"的困境以及"什么实用教什么"的认识偏差都表明了信息技术课程价值实现中出现了价值主体的失落。在信息技术课程价值实现的实践中本应该作为核心的主体却被边缘化了。信息技术本身应该是为人服务的，信息技术课程价值体系中"人"才是一切活动的主体。但是在信息技术课程价值实现的实践中，信息技术却反客为主，成为了信息技术课程价值活动的主体。信息技术课程中的功利主义思想盛行，使得人们迷失在技术的训练之中。信息技术课程在将人训练成技术的附属，而不是回归人的世界和人的价值。在信息技术课程价值实现过程中，受教育者成了被加工和改造的对象，被信息技术的知识和技能奴化了。信息技术课程价值活动中的主体与客体既是对立的，也是统一的，它们同时产生、同步发展，有时也是相互转化的。如果一味强调信息技术知识与技能训练，则会使学生处于客体地位，成为实践的对象，信息技术则成为用来改造学生的工具；教育就沦落为一种手段，学生的发展就变成一种知识或技能上的量的积累，信息技术教育就成为一种信息技术培训。

三、信息技术课程价值实现的宏观机制

为了突破"只见技术不见人"的困境，我们需要相应的机制来保证信息技术课程价值的实现。我们要把握价值实现的基本机制，这对于促进信息技术课程价值实现是至关重要的。就信息技术课程价值实现的机制而言，我们可以从宏观机制和微观机制两个方面来把握。

从宏观机制来看，从价值的平衡角度出发，信息技术课程价值实现的机制主要是社会价值和个人价值、科学价值和人文价值的平衡。

1. 社会价值和个人价值的同轴强化

其实，一直以来，信息技术课程都有社会价值和个人价值之争。所谓个人的自我价值是指发展了的"个人作为客体对于主体的自我需要的满足"，而个人的社会价值是指"个人作为客体对生活于其中的社会需要的

满足"。信息技术课程的社会价值是指把信息技术课程放在社会大系统中，看其与其他社会子系统的相互关系，体现为它在促进社会政治、经济、人文、道德等方面的巨大价值。信息技术课程的个人价值主要体现为个人的生存价值、发展价值和享受价值等，强调信息技术课程对于个人的作用。对于信息技术课程来说，关键的是社会与个人两极性价值目标的同轴强化。

从人类生存和发展的终极意义上看，信息技术课程的社会价值和个人价值二者应当是指向一致、没有根本冲突的。然而，就某个具体的社会历史时期而言，从社会角度出发看待的社会进步与从个体出发看待的个人进步却呈现"二律背反"现象。总的来说，面对特定的信息技术课程和信息技术课程活动，具体的个人的需要和社会的一般需要之间总是存在着冲突和不一致的地方。比如，在最初的程序设计教学阶段，由于当时的经济条件、技术条件等限制，人们将信息技术课程价值的着重点放在培养学生的程序思维上，主要是侧重程序文化对于人的发展价值，可以说该阶段的信息技术课程价值的侧重点在于个人价值。而随着社会的发展，以及个人计算机的普及与应用，人们认识到了信息技术对于社会的作用。同时，也认识到了信息技术课程在推动信息社会前进，最终达到社会转型方面的作用。可以说，该阶段信息技术课程的价值是基于社会价值的角度来进行选择的。

信息技术课程的社会价值与个人价值其实是可以调和的。任何信息技术课程社会价值的实现，都需要个体的个人价值的实现，所以人为地将社会价值和个人价值强行对立开来是不对的。信息技术课程的社会价值和个人价值其实是同一个轴心的，只是体现在不同的主体上。从个人价值的强化角度来说，信息技术课程个人价值的完善和发展，自然会带动其社会价值的呈现。

那么，如何实现信息技术课程的社会价值与个人价值的同轴强化呢？这就需要从信息技术课程实践中各个影响因素的角度出发进行调控。个人价值与社会价值的同轴强化最重要的就是各种因素的调控，可以从主体需要和客体状况两个方面进行调控。第一种是主体需要调控，即社会主体和个人主体的需要能够趋向和谐。信息技术课程个人需要与社会需要协调的核心或者说是基石应该是学生的身心发展规律。只有符合了学生的身心发展规律，我们才能够真正在此基础上进行个人需要和社会需要的平衡和调控，否则就将成为无源之水，是不可能长久的。信息技术课程的个体需要应该是社会需要的重要组成部分。个体的需要一定是从社会现实出发而产生的需要。第二是客体状况调控。当信息技术课程的社会价值和个人价值产生矛盾和冲突，不能够达到平衡的时候，我们就需要对信息技术课程的目标、内容、结构以及实施因素等加以调控。只有使这些客体状况趋向合理，才能够真正使得信息技术课程的社会价值和个人价值得以实现。

2. 科学价值与人文价值的和谐共生

应该说，自从信息技术课程诞生之日起，科学价值与人文价值就是一对相互有关系的名词。科学价值就是科学文化知识对于人和社会的价值。人文价值说到底强调对于人的精神层面的价值。信息技术课程的科学价值与人文价值存在着严重的失衡状态，这也必然影响了信息技术课程作为一个成熟的学科课程体系的地位。"科学在学校的地位不仅比以往更加稳固而且还在上升，并且越来越盛气凌人"。（唐斌，1997）[17-19]目前，信息技术课程中科学价值占据了主导地位，实用主义、功利主义使得人们只关注技术、技能和操作，强调"什么实用教什么"的思想。信息技术课程价值的科学价值独大使得其备受质疑。技能化倾向、缺少人文精神，使得信息技术课程就如同一个没有灵魂的机器，只是在盲动。信息技术课程缺乏人文价值，也使得信息技术课程越来越受到学生们的质疑。家长质疑信息技术课程"教学生上网"，会导致学生产生网瘾，也正是由于信息技术课程的人文价值不凸显的结果。

信息技术课程的科学价值与人文价值是可以相融共生的。科学精神背后总是具有人文精神的影子，正如爱因斯坦所感受的那样，科学本身蕴有"思想领域最高的音乐神韵"（贝华纳，1982）。绝对不能仅仅因为科学的负面作用而抛弃科学精神而只谈人文精神。科学价值与人文价值是信息技术课程价值组成的两个必要条件，缺一不可。

那么，如何实现信息技术课程的科学价值与人文价值的相融共生呢？第一，就是对社会需要和个人需要的调控。科学价值与人文价值的产生还在于满足人的需要，取舍之间都在于我们确定信息技术课程目标的出发点，即个人和社会对于信息技术课程的需要。所以，要实现科学价值和人文价值的和谐，最主要的是要确定信息技术课程的主体需要，特别是个人

的发展需要，因为发展阶段不同，自然就会有不同的科学与人文需要。第
二，就是要厘清信息技术课程中科学内容和人文内容的比重，我们并无意
否定科学内容在信息技术课程中的重要性，只是在目前的信息技术课程内
容体系上，需要进一步加大人文内容的比重。这主要是因为目前信息技术
课程正面临着操作弱化的时代背景，信息技术课程目标正在发生改变，人
们需要充分地认识到仅仅依靠"微软培训班"式的操作训练，是不能够
撑起信息技术课程大旗的，必须深度地挖掘信息技术科学与技术背后的人
文内容，并且在信息技术课程中增加应有的人文内容比重。第三，要实现
科学价值与人文价值的共生，就需要从现实的课程出发，对社会需要、学
生个人发展需要以及课程结构等进行调控。由于信息技术课程方案特有的
结构，包括目标结构和内容结构等，自然就会将科学知识和人文知识人为
地割裂开来。采用综合式、主题式课程结构，将有利于加强科学与人文的
相互渗透，要在传授科学知识时领悟人文精神，在进行人文教育时具有科
学理性。

四、信息技术课程价值实现的微观机制

要想真正能够使信息技术课程实现其应有的价值，保障信息技术课程
顺利从文件课程到经验课程的实施，就需要从以下几方面进一步努力。

1. 信息技术课程政策的制定与规范

信息技术课程作为一门"小学科""新学科"，其所受到政策层面的
影响较其他课程更为明显。行政权力下的课程政策的一举一动直接影响着
信息技术课程价值的选择与实现。目前信息技术课程政策仍然面临着混乱
和缺失的困境。义务教育阶段信息技术课程标准问题至今仍然悬而未决。
文件课程的缺失令实施课程的定位模糊，课程实施者的趋同度降低，一方
面导致课程实施者对义务教育阶段信息技术课程目标理解不到位，另一方
面导致信息技术课程的教材不尽如人意。各地的义务教育阶段信息技术课
程实施状况千差万别。有的城市甚至急剧压缩小学信息技术课程的课时。
从信息技术课程来说，国家需要出台义务教育阶段信息技术课程标准，从
而引导和规范义务教育阶段的信息技术课程现状。国家应该进一步研究小
学、初中、高中十二年一贯制课程政策的出台，从而能够进一步引导义务
教育阶段信息技术课程的发展，规范高中信息技术课程的实施。国家出台

强制性的信息技术课程政策，并不是说一切状况都是"一刀切"，我们倡导在国家规范化的要求下，地方与学校制定自己更具有特色的课程政策。地方与学校的课程需要在满足国家课程最低要求的状况下，可以有自己独特的发展方式。

2. 信息技术课程内容的体系化

信息技术课程内容的体系化问题一直是一个在信息技术课程价值实现中备受关注的问题。由于一直没有系统的课程内容建设规划，所以小学、初中、高中三个学段大多都是零起点，而各个学段的课程内容都面临着重复的尴尬局面。某位信息技术教师就认为目前小学信息技术教学："最大的问题还是缺一个框架，缺少一个体系。"很多学生在小学、初中和高中学习的内容雷同，所以导致学习兴趣丧失，从而导致信息技术课程的应有价值难以实现。总结信息技术课程内容的有关意见后，我们认为小学、初中、高中应该着力于以下方面的内容建设。小学：使用信息技术的意识和爱好；简单的信息技术操作。初中：深入的信息技术操作；综合的信息技术应用；信息处理的意识和方法。高中：深入的信息处理方法；信息技术科学方面的知识与应用。

3. 提升信息技术教师专业化水平

与发展相对成熟的课程相比，信息技术教师专业发展对新兴的、处于不断变革中的信息技术课程有更深入的影响。目前，信息技术教师专业发展仍然不尽如人意。某省的信息技术教研员如此评价信息技术教师："信息技术老师的教学技能和素质都很弱。他就钻研如何教学生具体的软件，这个软件教完以后，学生能否进行有效的迁移，他不考虑这个。"目前，信息技术教师队伍主要存在以下三个方面问题：一是信息技术教师起点低；二是信息技术教师承担着繁重的工作任务；三是信息技术教师的整体素质仍然偏低。基于信息技术教师的专业化发展现状，可以从以下两个方面提升信息技术教师的素质：一是加强在职信息技术教师的专业化水平，满足各层次教师的专业发展需要，确保各种培训和认证活动的有效性；二是加快建设信息技术教育专业，系统培养优质教师队伍。

4. 构建有效的信息技术课程评价体系与方法

信息技术课程的评价一直以来都是信息技术课程实施的软肋。如何使得评价方式更为有效，使得信息技术课程的过程性评价和总结性评价相得益彰，一直困扰着信息技术课程研究者和实践者。目前信息技术课程评价存在着缺失与无效的现象，所以我们要在小学、初中、高中分别建立有效的总结性评价体系。实现信息技术课程参加高考的目标，虽然有利有弊，但是这种总结性评价会对确立课程地位起到很好的导向作用。而过程性评价直接关系到日常的课堂教学。要提高信息技术课程过程性评价的有效性，首先需要提升信息技术教师的素质，使其能够真正有效地实施过程性评价；其次，要推进信息技术课程过程性评价的研究，进一步研究信息技术课程过程性评价的方式和方法。

信息技术课程价值的全面实现，是一个复杂的运行系统。信息技术课程研究者、教育行政人员、信息技术教研员、信息技术教师、家长和学生，都是信息技术课程价值实现的重要参与者。只有每个群体都能够认识到信息技术课程价值，充分发挥其作用，紧密协调，才有可能真正地实现信息技术课程应有的价值。

第二章　信息科学课程化研究

　　STS 的研究揭示了科学、技术和社会三者之间的复杂关系。研究科学、技术对社会产生的正负效应，其目的是要改变科学和技术分离，科学、技术和社会脱节的状态。如果按照 STS 视角，我们就可以从信息科学、信息技术和信息社会三个角度重新审视信息技术课程，从中会发现目前信息技术课程中信息科学部分显得不足。信息科学课程化研究，就是从信息科学课程的必要性以及信息科学课程开发等方面进行系统研究。

第一节　信息科学课程化概述

　　信息科学课程化是当前信息技术课程研究的热点话题。本节主要是概述信息科学课程化研究的必要性、含义以及意义。

一、信息科学课程化的必要性

　　课程是一个不断发展的过程，课程发展的每一阶段都受到学科发展、社会需求、学生发展的相互作用与影响。我们要进行信息科学课程化研究，首先需要对信息科学课程化的必要性进行客观分析。

1. 学科发展

20 世纪后期，随着信息化教育的推进与开展，信息技术课程的开设已成为全球性基础教育课程改革的重要内容之一。综观世界主要国家的信息教育发展历程可以看到，信息技术课程的学科体系是不断演进的，学校信息教育正是经历着从计算机教育、信息技术教育走向信息教育的发展变化历程（董玉琦，2005），如图 2－1 所示。

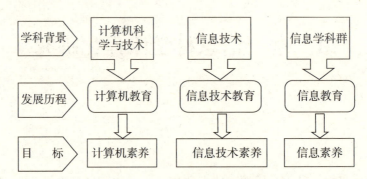

图 2－1 学校信息教育发展历程

信息科学技术发展迅猛，信息技术课程需要迎接挑战并做相应调整，信息技术课程发展研究由此显得十分必要。在学校信息教育发展过程中，学科背景体系对课程目标起着严格的制约作用。具体而言，计算机教育以计算机科学与技术为其学科背景，课程目标为培养学生的计算机素养；信息技术教育以信息技术为其学科背景，课程目标是培养学生的信息技术素养；而被人们提及最多的信息素养的培养，与之对应的实际上是以信息学科群为其学科背景的信息教育的目标。

2. 社会需求

自从 2000 年全国中小学信息技术教育工作会议召开以来，国家相继出台了《关于在中小学大力普及信息技术教育的通知》《中小学信息技术课程指导纲要（试行）》等文件，2003 年教育部又出台了《普通高中技术课程标准（实验）》。在这些纲领性的文件中，都把信息技术的学习及信息技术素养的培养作为义务教育阶段和高中教育阶段的首要目标和任务。信息技术课程内容多集中在信息技术的基础知识和基本操作技能、对信息技术过程与结果的评价、信息技术在学习和生活中的应用以及相关法律法规等。可以说，这种以"大众化的信息技术"为主线的课程是符合当时社会需求的。

随着全球信息化的高度显现和信息科学与技术的高度发展，促进了在世界范围内普遍形成信息社会，我国已经进入信息社会并面临着信息时代的挑战。经过十余年的发展，我国无论是在信息技术的普及方面，还是信息技术基础设施方面，社会条件已经具备。客观上要求原有的以培养学生信息技术素养为目标的"大众化的信息技术"教育让位于以培养学生全面的信息素养为目标的信息教育。

3. 学生发展

我国现阶段的信息技术课程正处于从信息技术教育向信息教育的过渡阶段，主要是以信息技术为学科背景，以信息技术素养的培养为主要目标。与快速发展的技术相比，我国当前中小学信息技术课程难以适应新的需求，尤其体现为信息科学教育内容未能有效地融入基础教育课程中去。从信息技术教育发展历程不难看出，以信息学科群为其学科背景的信息教育的课程目标，将是全面的信息素养。如果信息技术课程还仅仅停留在围绕信息技术知识、技能的学习阶段，势必限制并阻碍学生信息素养的发展与提升。

综上所述，信息教育以信息学科群为其背景，而信息素养的培养也必须借助具体的学科课程内容及其培养方式来实现。着眼于信息时代发展潮流，重构我国中小学信息技术课程，设计和开发信息科学教育内容及其资源显得十分必要。

二、信息科学课程化的含义

一门科学与作为中小学课程的学科是不同的。作为一门科学，信息科学有其自身的发展规律，而作为中小学信息科学课程的学科，需要考虑学生的认知能力，考虑到课程和教学的设计、开发、组织、评价、管理等方方面面的因素，因此要更为复杂。从信息科学到信息科学学科课程，即信息科学课程化，实际上包含两个知识转化过程：一是完成从科学知识向学科课程知识的转化，需要借助学科开发和课程开发的努力；二是完成从学科课程知识向学生知识的转化，需要借助教育科学和心理学。上述两个知识转化过程，也充分体现了信息科学课程化研究的两方面问题：第一，如何将信息科学的教育内容融入基础教育课程中去？第二，如何有效学习信息科学的教育内容？其中，第一个问题是要解决信息科学课程"学什么"的问题，第二个问题是要解决信息科学课程"怎么学"的问题。

我们还特别注意到，信息科学有其自身的学科知识体系，是高等教育及专门学术机构所涉及的领域，较少与基础教育融合。有学者就曾质疑信息科学的内容能否在中小学实施。除了仰仗教育科学的知识之外（如课程设计当中根据学生身心发展特点选取适当内容），还要求"课程化"的过程特别注意在结构、问题域、术语学上寻求信息科学知识与中小学信息教育课程知识的衔接与一致。信息科学"课程化"首先就是要在信息技术课程中建立课程研究"科学化"的概念，即要用信息科学的思路来设计信息技术课程。

三、信息科学课程化研究的意义

信息时代的到来以及信息社会的普遍形成，使得以培养信息素养为主要目标的信息教育已日趋成为主流。依据我国学生信息素养现状，开发培养学生信息素养的课程资源以及研究培养学生信息素养的策略将是一项具有重要意义的工作，而这项工作又必须以具体的信息科学教育内容作为其载体和实现手段。

课程改革本身就是一个调试的过程。由于信息技术学科及其领域的特殊性，其教育和课程的内容及形式也需要进行及时的调整。因此，课程改革特别是信息技术课程改革中更加需要研究人员的跟进研究，甚至是前瞻性的研究。通过信息科学课程化研究，有助于发现并构建信息科学课程的价值和内涵，提炼并归纳信息科学课程的内容和体系，探寻并适时选取信息科学课程的实施方式和有效策略，从而推动基础教育信息技术课程改革向纵深发展。

第二节　国外信息科学课程述评

信息科学课程化研究必须借鉴国外有关经验，这样才有助于进一步提炼出适应我国实际情况的信息科学课程。本节主要是对俄罗斯、英国、日本等国家的信息科学课程进行研究。

一、俄罗斯中小学信息学课程

俄罗斯从 20 世纪 60 年代就开始了信息学课程实践。1960 年，由瓦季姆、谢苗诺维奇倡导的信息学（当时被称为"基础控制论学科"）首次作为独立课程在俄罗斯第 101 学校进行实验。1964 年，苏联国家教育部委托当时的专家进行实验研究，根据三年的实验结果，将这门课程定名为"控制论及自动化技术原理"，并作为推荐给普通教育学校学生的基础课程。

1981 年 8 月，苏联计算机教育学家伊尔肖夫在瑞士洛桑举行的第三届计算机教育应用大会上做了重要报告"程序设计——第二文化"，他在报告中提出了人类生活在一个"程序设计的世界"的看法。从 1985 年至20 世纪末，信息学获得了正式的名称并且在稳步发展，《信息技术和计算技术原理》成为高年级学生的必修课程内容，当时出版的教科书都将重点放在了讲授算法和编程原理上。

1998 年 2 月，俄罗斯教育部第 322 号令颁布的基础教育计划，将信息学列入了义务教育学校高年级课程，即作为 10～11 年级的一门独立课程。受到西方教育思想的影响，1999 年俄罗斯开始了苏联解体后的首次大规模教育改革。俄罗斯联邦政府教育部推出了六项"信息学教育必须且最基本的内容"，分别是：① 信息过程；② 信息的概念；③ 计算机和软件；④ 算法和程序设计；⑤ 模拟和模型设计；⑥ 信息技术。在改革中，信息学课程被分别置于数学领域和技术领域；除此之外，信息学课程的目标、内容较多体现人文主义教育的思想以及重视技术、实践的倾向。为了使基础科学和中小学教育一体化，在把信息学明确为基础自然科学的前提下，俄罗斯教育部委托俄罗斯科学院信息学问题学院制定了信息学的结构与内容，如表 2 - 1 所示。

表 2 - 1   信息学的结构与内容

理论信息学	• 信息学的哲学基础 • 一般信息理论的开端 • 信息学的数学基础、信息学的语义基础、信息模拟的基础 • 智力信息体系、信息和知识

续表

信息化手段	● 信息化的技术手段 ● 信息化的程序手段 ● 信息保证手段
信息工艺	● 信息工艺的理论基础 ● 基础信息工艺 ● 应用信息工艺
社会信息学	● 社会发展中信息的作用 ● 社会的信息资源、社会的信息潜力 ● 信息社会

2002 年年初，俄罗斯联邦政府通过了《2010 年前俄罗斯实现教育现代化构想》法案。根据该法案，俄罗斯教育科学研究院制定了相应的信息学课程标准，并为教师提供"学校信息学"课程选题计划。其中，7 ~ 9 年级的课程选题计划如表 2 - 2 所示。

表 2 - 2   "学校信息学" 7 ~ 9 年级课程选题计划

7 年级教学时间选题计划（34 学时）				
教材章节	题 目	总学时	理论	实践
1	1. 学科导论 2. 信息与知识、信息与语言、信息化进程 3. 信息转换（按字母排列的途径）、信息转换单位 4. 信息学史、数字历史和计数法	1 2 2 3	1 2 1 2	— — 1 1
2	1. 计算机建构的初级知识（了解计算机基本构成、计算机内外存储器的原理） 2. 应用软件、系统（操作系统、文件系统、建构操作系统）、使用者分界面	4 7	3 3	1 4
3	1. 计算机记忆文本、符号编码、文本文件 2. 文本编辑及其实践	2 7	1 2	1 5

续表

7 年级教学时间选题计划（34 学时）				
教材章节	题　目	总学时	理论	实践
4	1. 计算机书写法：使用领域、技术手段、描述编码原则	2	2	—
	2. 书写法编辑及其实践	4	1	3
8 年级教学时间选题计划（34 学时）				
教材章节	题　目	总学时	理论	实践
5	1. 计算机网络、类型、构建、功能原则、技术构成	2	2	—
	2. 信息化服务：电子信箱、电视会议、互联网、互联网应用实践	9	4	5
6	信息化模式理解、信息化构建、信息表格组织	2	2	
7	1. 数据基础：基本概念、数据类型、数据操作系统及其原则	2	2	
	2. 信息选择条件、逻辑操作、记录的剔除与筛选	5	2	3
8	1. 表格计算与电子表格。电子表格构建，表格最小单位中的信息：文本、数字、公式	3	2	1
	2. 相对与绝对的地址和功能、逻辑操作与条件功能、表格筛选	5	2	3
	3. 借助电子表格的书写与图标制作	2	1	1
9 年级教学时间选题计划（34 学时）				
教材章节	题　目	总学时	理论	实践
第一章补充	1. 信息使用的内容途径、概率和信息	3	3	2 (4)
	2. 计算机组装技术（补充文献）	4	—	4

续表

9 年级教学时间选题计划（34 学时）				
教材章节	题　目	总学时	理论	实践
9	1. 控制论、操作模式、计算机使用操作系统	1	1	—
	2. 计算方法及其属性的概念、书写法的教学执行者、命令执行系统、执行环境	2	1	1
	3. 计算机语言（结构—图式语言、计算方法语言），线形的、分支的、循环的计算方法，辅助计算方法，逐步细化方法	8	4	4
10	1. 二进位制计算法、二进位制统计数字和数据法	3	2	1
	2. 教学计算机的建构、计算机程序操作方法、教学计算机机器命令语言	6	3	3
	3. 计算机发展史	1	1	—
11	知识与人工智能模式、知识基础与鉴定系统	2	2	—

俄罗斯中小学信息学课程设置的主要原则是在基础教育阶段重点掌握信息学的基本原理和方法，而不是学习具体技术。

二、英国中小学信息通信技术课程

英国中小学信息通信技术课程（Information and Communication Technology，简称 ICT）的发展是与信息学理论研究的发展密切相关的，英国在信息学方面的研究成果直接推动了信息技术教育的发展。

1988 年，英国颁布了《教育改革法》，规定了中小学的教育内容。依据该法，信息技术成为技术科目中新的附加课程。1995 年信息技术从技术科目中分离出来，作为一门独立的课程，正式列入国家基础课程之中。信息技术课成为英国 5～16 岁儿童必修的基本课程，并规定了十个级别的能力目标，提出了不同层次的要求：5～7 岁的儿童达到 1～3 级，7～11 岁的儿童达到 2～5 级，11～14 岁的儿童达到 3～7 级，14～16 岁的儿童达到 4～10 级。该能力目标反映了当时信息学理论研究的成果，侧重培养学生对信息技术科学的学习能力。本节仅选取与信息科学相关的能力目标加以呈现，举例如下。

第3级：能给出连续的直接命令来控制某个运动。如控制计算机屏幕上小龟图像的移动。

第4级：能开发一套命令来控制屏幕图像或机器人的运动，能理解计算机程序或计算机过程实质上就是一系列预先确定好次序的指令；能利用计算机模型去调查一些典型事物及其关系，并了解那些规则是如何支配模型工作的。如可利用一个程序来模拟拖网船寻找鱼群的过程。

第5级：懂得计算机可以通过一系列命令来控制各种装置，并在编写程序时能考虑到对精确度的要求。例如，调查自动门的控制系统，或制作一套由计算机控制的交通信号灯。

第6级：能利用信息技术来探索某些事物与关系，并能形成和测试一些简单的假说。如利用计算机模拟，调查食肉动物和被食动物数量的变化情况，提出关于什么时候食肉动物最活跃的想法。

第7级：懂得利用数据记录仪器可以获得时间长短不同或相隔一定距离的实验结果。如利用信息技术测量一个下坡的汽车模型的加速度，或对气象卫星所传输的数据给出解释。

第8级：能设计一些成功地被计算机加工而收集信息的方法；能选择和使用软件来捕捉和储存信息，如挑选并利用数据库或视图数据库软件来提供有关当地环境的资料。能建立一个对传感器数据响应的装置，并能对在将监视与控制结合成完整系统的过程中如何利用反馈进行解释。

第9级：能评价某个软件或复杂的计算机模型，如对技术课上使用的某个计算机辅助绘画程序给予评价。能设计、完成一个为他人所用的系统，如为制造和销售快餐食品的某公司设计一个系统，以对生产进度和储存策略进行调查。能理解不精确数据对个人资料文件的影响，如对一些数据不精确而导致不便的事例进行研究。

第10级：能决定如何模拟一个系统，设计、完成并测试这个模型，如开发一个计算机系统来监视中央供暖系统的情况。

20世纪90年代后期，网络技术的应用使第二层次的信息技术与信息文化得以普及，ICT理念深入人心。进入21世纪，人们对于ICT能力内涵的认识不断加深，ICT能力被认为是参加与参与现代社会的基础。1999年英国教育部制定了《国家课程手册》，并于2000年实施新的国家课程，信息课程的名称由"信息技术"（IT）改为"信息通信技术"（ICT）。该《国家课程手册》沿用至今，最新版本于 2007 年修订。英国中小学信息通信技术课程的基本理念是培养学生的信息技术能力。信息技术能力是指有效地分析、处理与呈现信息和模拟、检测与控制事件的能力，包括：使用信息资源和信息工具解决问题；使用信息资源与信息工具支持各种背景下的学习；理解信息技术对工作、生活和社会的影响。不难看出，IT 作为信息技术科学是一个广泛的概念，其自身构成庞大的学科体系；ICT 则侧重于 IT 在信息处理与传播方面的应用。

三、日本中小学信息教育课程

信息教育在日本起步较早，早在 1984 年日本社会教育审议会广播教育分会就发表了"微型计算机教育应用进修课程标准"，1985 年又总结为"关于微型计算机在教育中的应用"，并将其作为普通学校计算机教育的基本方针。1991 年，日本文部省公布了《信息教育指南》，并推进中小学信息教育快速发展。1998 年 12 月，日本文部省颁布了日本小学、初中新的学习指导要领；1999 年 4 月，颁布了高中新的学习指导要领，明确了中小学信息教育课程的设置。在新的学习指导要领中，在小学明确了在"综合学习时间"中学习"信息"内容。初中阶段的信息教育的内容置于"技术与家庭"科的"技术领域"中，为"信息与计算机"，占"技术领域"课时的一半。高中阶段设置了普通学科"信息"，并在综合学习时间中赋予了重要的位置，如图 2 - 2 所示。

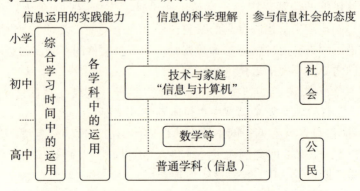

图 2 - 2　信息教育的体系（日本文部省，2000 年 3 月）

　　"信息的科学理解"是高中毕业之前所有学生学习的内容和范围，其中包括信息的表现方法、信息处理的方法、统计的观点和思想以及模型化的方法、模拟实验方法、人类认知的特征、身边信息技术的结构、有代表性的信息手段的特征和机能等。"信息的科学理解"的重点是，理解作为"有效利用信息的基础"的"信息手段的特征"，理解"为适切地处理信息，自主地评价和改善信息利用"的学术性原理性的"基础理论和方法"。信息教育绝不是培养信息技术的专家。

　　2008 年 12 月，日本文部科学省公布了新的高中学习指导要领，以"参与信息社会的态度"和"对信息的科学理解"为中心对高中"信息"课程内容进行了革新。其目标为让学生掌握运用信息及信息技术的知识与技能，培养关于信息的科学观点与方法，理解信息与信息技术在社会中发挥的作用与影响，培养在社会的信息化发展中能够自主应对的能力和态度。其中，"信息科学"科目的目标是理解支撑信息社会的信息技术的作用和影响，学习在发现和解决问题中有效运用信息和信息技术的科学方法，培养学生在信息社会发展中的自主能力与态度。其内容构成如表 2－3 所示。

表 2－3　　"信息科学"科目的内容构成

计算机和信息通信网络	● 计算机和信息处理 ● 信息通信网络的构成 ● 信息系统的机能和提供的服务
解决问题和运用计算机	● 解决问题的基本方法 ● 问题的解决和处理程序的自动化 ● 模型化和模拟
信息的管理和问题解决	● 信息通信网络和问题解决 ● 信息的存储、管理和数据库 ● 对问题解决的评价和完善
信息技术的发展和信息伦理	● 社会信息化和人类 ● 信息社会的安全和信息技术 ● 信息社会的发展和信息技术

第三节　　信息科学课程化研究设计

　　信息科学课程化研究设计主要是基于 STS 视角进行的，本节主要是对信息科学课程化研究进行系统的设计，确立信息科学课程化研究框架。

一、基于 STS 视角的研究范式

1. STS 研究综述

STS 产生于 20 世纪 60 年代末 70 年代初，它是一个旨在研究科学、技术、社会三者相互关系的学术研究领域。在教育中，STS 成为一种旨在培养科学素养，能参与科技决策，促进公民全面发展的新型公民教育观。

当前，STS 教育已引起世界各国科学教育改革的广泛关注，被认为是当前国际科学教育改革的新理念。然而不同的 STS 课程所追求的具体目标有所不同，它们的教学内容也相差甚远。例如，有的侧重科学内容的理解，有的侧重技术在社会中的应用，有的侧重社会问题等。一般来说，人们将 STS 课程划分为科学定向课程、技术定向课程和社会定向课程等类型（Fensham，1988）。

2. 基于 STS 视角的信息学科群划分

信息技术课程的学科体系在从计算机教育，经由信息技术教育走向信息教育的过程中其实是不断扩展的过程，即信息技术教育对应的信息技术包含了计算机科学与技术，而信息教育对应的信息学科群包含了信息技术。那么，如何对信息学科群进行划分呢？我们做了这样的考虑，即根据科学、技术和社会（STS）的观点，将信息学科群划分为信息科学、信息技术和信息社会三个方面，如图 2 - 3 所示。

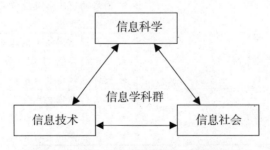

图 2 - 3　基于 STS 视角的信息学科群划分

信息科学是以信息为主要研究对象、以信息的运动规律为主要研究内容、以信息科学方法为主要研究方法、以扩展人的信息功能（特别是其

中的智力功能）为主要研究目标的一门科学。（钟义信，2002）

信息技术是研究信息的获取、传输和处理的技术，由计算机技术、通信技术、微电子技术结合而成。信息技术是利用计算机进行信息处理，利用现代电子通信技术从事信息采集、存储、加工、利用以及相关产品制造、技术开发、信息服务的新学科。（钟义信，2002）

信息社会学是研究信息社会流通以及信息与社会变化的相互关系和信息化社会结构的一门学科，也是研究信息学与社会学的一门横断学科。它以信息学理论为基础，探讨信息社会化的特点与发展规律和信息化社会结构的基本模式，以及信息对推动社会进步的作用与影响，即信息的广泛应用所引起的整个社会经济结构、就业结构的变化等基本问题。（符福桓，2000）

基于 STS 视角进行信息学科群划分，有两点需要明确：第一，信息教育课程内容将由与信息科学、信息技术与信息社会相关的内容构成，可能在不同时期三者的比重会有所不同，但三者中任何一部分都不可或缺；第二，与信息科学、信息技术和信息社会相关的内容之间是联系起来的，不可以分割、断裂。

3. 基于 STS 视角的信息素养结构

以 STS 视角构建信息素养的内涵，就是要把信息素养作为学习者认识信息科学、信息技术、信息社会相互作用的出发点和落脚点，使学习者能够掌握与三者相关的信息科学知识、信息技术运用技能以及信息价值、伦理方面的知识。董玉琦在"农村初中学生信息素养发展策略研究"中，设计了 STS 下的信息素养评价框架，如表 2-4 所示。

表 2-4　信息素养的评价框架

课程内容的三个角度	目标层次		
	概念原理	基本应用	问题解决
信息科学（S）			
信息技术（T）			
信息社会（S）			

以这三个维度构建信息素养的教育及课程内容，为我们全面分析和研

究信息素养提供了可能。信息素养必须在信息科学、信息技术和信息社会三个方面加以考虑。我国现阶段的信息技术课程以"信息处理能力"为主线，突出了信息采集、信息加工和信息发布能力的培养，内容包括信息技术的基础知识、信息技术的基本操作、应用信息技术解决问题的方法、对信息技术过程与结果的评价。然而，这样的信息技术课程过分强调信息技术技能的培养，忽略了信息科学以及信息社会学方面的相关内容。STS理念支持的信息技术课程就需要加强信息科学以及信息社会学的课程内容，同时应该基于STS的理念来把握信息教育阶段课程内容的建构。

综上所述，从STS的视角展开信息学科背景体系，并进一步发展到信息科学课程化的内容体系，是我们研究和探讨问题的基本范式。

二、信息科学课程化研究内容

基于STS的研究范式，信息科学课程化研究设计框架如图2-4所示。

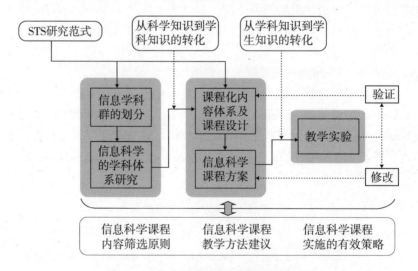

图2-4 信息科学课程化研究设计框架

基于上述研究框架和设计思路，信息科学课程化研究的主要内容如下。

1. 信息科学本体论及其学科体系研究

在前期理论研究中，将采用文献研究对国内外信息科学本体论及其学科体系进行梳理和分析，提炼并归纳适合基础教育的信息科学教育内容，完成从科学知识向学科知识的转化。

2. 信息科学课程的内容体系框架研究

通过实证研究，揭示当前信息技术教育的现状和问题，论证与检验信息科学课程开发的必要性与可行性。通过理论研究，构建信息科学课程的内容和体系，探索信息素养培养方式。

3. 信息科学课程设计与教材开发研究

通过课程设计形成信息教育课程方案，纵向考虑小学、初中、高中课程内容的螺旋上升结构，横向考虑课程内容在基本概念与原理、一般应用、问题解决方面的贯通，选取若干横向与纵向交叉点进行实验教材的开发。

4. 信息科学课程教学实验与分析

开展教学实验，通过教学实验完成从学科知识向学生知识的转化。利用教学实验前测与后测的对比、教师与学生问卷、课堂观察、座谈等方法获得信息教育知识转化过程中的师生认知与情绪变化信息，并对"课程化"的内容及理论假设进行检验。

5. 信息科学课程实施的有效策略及评估框架研究

对教学实验进行反思和总结，逐步完善信息科学课程开发的理论与内容；形成诸如信息科学课程内容筛选原则、信息科学课程教学方法建议、信息科学课程实施的有效策略等原理性内容。提出信息科学课程的实施方式和有效策略，为信息技术课程改革向纵深发展提供依据。

三、信息科学课程化研究方法

本研究遵循从理论到实践再到理论的研究思路。在基本理论问题研究的基础上，开展实证研究，对理论假设进行检验。根据对反馈信息的分析结果与基础理论研究结果，构建立足于时代背景的信息科学课程的内容与策略。

具体来讲，主要通过文献研究、实验研究、调查研究、行动研究等方法展开研究。文献研究主要是对信息科学本体论相关内容进行梳理和把握；在教学实验阶段，进行现场教学与课堂观察，对教学效果进行跟踪评价；对于信息科学课程化实施中的问题与成效等方面的内容，对教师、学生及有关人员进行问卷调查、访谈。信息科学课程化的研究尚属前沿，需要研究者同一线教师合作，一起展开行动研究，形成"科研—教学—科研"的良性循环。

第四节　信息科学课程开发

信息科学课程开发要考虑信息科学课程设计的取向和模式，同时要考虑信息科学课程内容的体系。

一、信息科学本体论及其学科体系

1. 信息科学本体论

从本体论出发，要回答信息科学是什么这一问题，需要对信息科学的定义和属性等进行考察。关于信息科学的定义前面已有讨论，这里需要说明的是，以信息作为主要研究对象，这是信息科学区别于其他科学的最根本的特点之一，也是信息科学之所以能够成为一门独立学科的最根本前提。这里，已经隐含着信息科学的两个属性：科学属性和学科属性。此外，信息科学还有学科群等属性。

（1）信息科学的科学属性。

科学是一个抽象的理论知识体系，是关于所研究对象的本质及其运动规律的理论描述体系。信息科学是研究信息现象及其运动规律的科学。

（2）信息科学的学科属性。

学科是相对独立的知识体系。信息科学是指以信息为主要研究对象，以信息的运动规律和应用方法为主要研究内容，以扩展人类的信息功能为主要目标的一门新兴的综合性学科，由信息论、控制论、计算机科学、仿生学、系统工程与人工智能等学科互相渗透、互相结合而形成。

（3）信息科学的学科群属性。

学科群是具有某一共同属性的一组学科。每个学科群包含了若干个分支学科。"对信息的研究"是信息科学学科群中各分支学科的共同属性。信息科学学科群中的分支学科包括电子信息科学、地理信息科学、影像信息科学、空间信息科学、医疗信息学、生物信息学、物理信息学、生态信息学、商务信息学、信息哲学、信息力学、信息管理学、信息社会学、信息经济学等。

2. 信息科学的学科体系

按照学科抽象程度的高低，可以把信息科学分为不同的层次。国内外很多学者都根据自己的研究提出了信息科学的学科体系。

苏联学者科林提出了信息学知识论谱系。欧洲学者之所以习惯使用"信息学"来指代"信息科学"，是为了强调学科的信息本质。在科林勾勒出的信息学体系中，理论信息学是基础，四门分类信息学（技术信息学、社会信息学、生物信息学、地矿信息学）是支柱，而屋顶是广泛的社会生活应用（他称之为信息工艺），如图 2 - 5 所示。

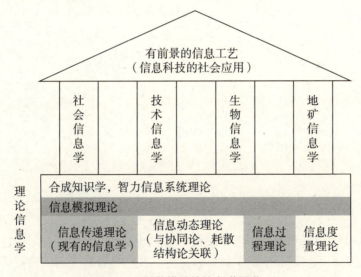

图 2 - 5　科林描绘的信息学图谱

我国学者闫学杉归纳了信息科学体系，提出了一个"1 + 3"结构。"1"指一般信息科学，"3"指在它之下的三组基本信息学科群，包括工程信息科学、自然信息科学和社会信息科学，再往下是更为具体的应用信息学科，如图 2 - 6 所示。

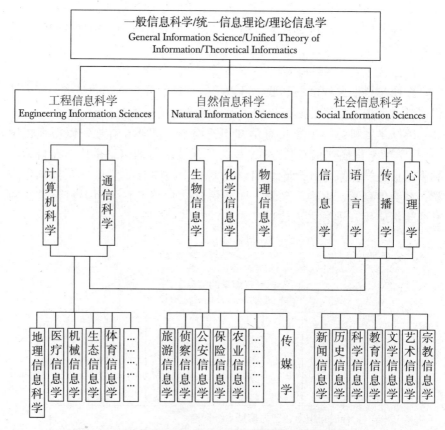

图2-6 信息科学体系（闫学杉，1997）

由于信息概念的深刻性，触及哲学的基本范畴，因而有必要将信息的哲学也纳入到信息科学的学科体系之中。我国学者钟义信明确指出，信息科学的基本学科体系或层次是：信息科学的哲学研究，或称之为信息哲学；信息科学的基础理论研究，或称为信息科学原理；信息科学的技术应用研究。也有学者将信息知识体系分为信息哲学、理论信息学和领域信息学三个层次，如图2-7所示。

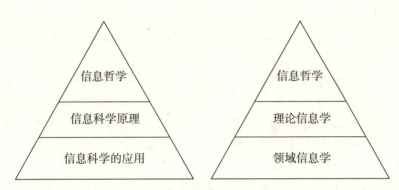

图2-7 信息科学的学科体系或层次

信息哲学提供本体论支持，探讨信息的存在和对它的认识，以及关于信息的价值判断。信息科学原理（亦即理论信息学）是对一切信息现象、对每一门信息学科都适用的公共理论，它通用于解决每一个具体领域的信息问题，是整个信息科学的基础和核心。各门应用信息学（亦即领域信息学）各自面向特定的学科，都只在某个具体的信息领域中起作用，而且主要是对相关领域信息技术的综合。

二、信息科学课程设计的取向与模式

课程设计是课程理论研究的重要问题，它包含两个层次的问题，一是价值层面上的课程设计，二是具体技术层面上的课程设计。前者主要解决的是课程设计取向上的选择，后者主要解决课程基本要素的组织和安排。要做好信息科学课程开发工作，首先应定位好信息科学课程设计的取向与模式。

1. 信息科学课程设计的取向

课程设计取向是课程设计在价值层面的决策，它对整个课程设计活动起到定向和统摄的作用。一般认为，课程的三大来源为学科内容、学生需要和社会需求。由此，课程设计取向可分为知识中心取向、学生中心取向、社会中心取向三种类型。本章第一节已经从学科发展、学生发展、社会需求作为信息科学课程的必要性加以论述。在课程设计阶段，应进一步考虑三者作为信息科学课程设计的取向对课程设计所发挥的作用。

（1）学科发展取向。

学科发展取向的课程设计，又被称为学术理性主义取向，是历史最久、影响最大的一种课程设计取向。它注重学科内容，通常以逻辑组织严密的分科课程的面貌出现。学习被视为对学科基础知识和基本技能的掌握。在信息科学课程化研究中，学科发展取向的课程设计价值在于为信息科学课程的知识体系提供组织框架。以布鲁纳为代表的学科结构课程设计，强调由学科的基本原理、概念、方法等构成课程。俄罗斯中小学信息学课程秉持这种学术理性主义取向，在基础教育阶段重点掌握信息学基本原理和方法。同时，我们对学科背景体系演进历程的考察，对信息教育发展方向的预测，进一步说明了信息科学课程化研究的必要性。

（2）学生发展取向。

学生发展取向的课程设计，通过有效智力过程发展学生用于更为广阔背景下的认知技能。现阶段这一课程取向融入了人本主义思想，注重学生的需要和兴趣，认为课程是为了帮助学生发现自我而提供的内容和工具。学生发展取向是信息科学课程化研究的重要依据。在从信息科学知识到学科课程知识、从学科课程知识到学生知识的两次知识转化的过程中，无论是对于学科知识的筛选，还是课程内容的组织、教学活动的安排，都本着立足学生需要、学生发展的课程设计取向。例如，在课程内容方面，基于STS下的信息素养目标框架，从信息科学、信息技术和信息社会等方面全面发展学生的信息素养。再如，在信息科学课程的教学活动设计中，将科学探究既作为学习方式，也作为学习内容，使学生在学习科学知识、发展科学探究能力、创新意识的过程中，获得满足感和愉悦的学习体验。

（3）社会需求取向。

社会需求取向的课程设计又称为社会重建取向，要求在课程中表现社会需要、社会问题、现实的理想和未来的憧憬。针对社会及教育问题，日本将高中信息教育设置成"社会与信息"和"信息科学"两个科目。其中"信息科学"课程目标定位于理解支撑信息社会的信息技术的作用和影响，学习在发现和解决问题中有效运用信息和信息技术的科学方法，培养学生在信息社会发展中的自主能力与态度。如前文所述，我国以"大众化的信息技术"为主线的信息技术课程普及了十余年。随着我国步入信息社会，对原有的信息技术课程提出了新的需求。在信息科学课程化的研究中，应充分关照我国信息社会对于人才培养的要求，在科学知识原理学习的基础上，兼顾技术应用和社会需求。例如，在本章第五节的"信息加密"单元，学习目标为：第一，掌握信息加密、解密过程的原理；第二，掌握网络通信过程中数字签名及加密的具体机制；第三，能够在学习和生活中运用信息加密原理和方法有效管理信息。

综上所述，在信息科学课程设计中，应采取整合或综合的取向，兼顾学科、学生、社会三者，使设计出的课程能够发挥更全面的功能。

2. 信息科学课程设计的模式

课程设计模式用于确定课程设计的程序和方式。典型的课程设计模式有目标模式、过程模式和集体审议模式。在目标模式的课程设计中，目标受到高度重视，在整个课程设计中起到统领和核心的作用。过程模式重视学生的主动学习，将重心放在教学的环境和经验的重组上。集体审议模式主张课程研究要从"理论"的模式转向"实践"的模式，根据实践的需要对相关理论进行抉择，指导课程的目标、内容、活动、评价四要素的组织。

信息科学课程化研究中，应注意吸取各种课程设计模式的优点和长处，以指导课程设计活动。首先，课程设计应建立在较为充分的理论研究和实证研究的基础上。其次，应充分发挥 STS 信息素养目标在课程设计的取向和模式上的课程引领作用。最后，应吸引学科专家、课程专家、心理专家、教学研究人员、中小学一线教师等多方参与，构建具有广泛参与性的课程开发共同体。

三、信息科学课程的内容体系

信息科学课程化研究在于开展信息技术课程基础研究与原理研究，探求信息技术课程研制方法。我们认为，信息科学课程的内容至少体现为以下三个方面。

第一，信息科学知识：重要的信息科学事实、概念、原则和理论。

第二，信息科学观念：能够运用信息科学知识和思维方法处理个人和社会问题，包括适当地处理信息、自主评价和改善有效利用信息方面的基础理论和方法。

第三，信息科学方法：确认科学问题、寻找证据、做出结论、与他人就结论进行交流的科学方法。

对于信息科学知识部分，本研究定位于信息科学的基本理论层次。当前学界较为认可的是钟义信提出的典型信息全过程模型以及基于该模型的信息运动基本子过程的原理，如图2-8和表2-5所示。

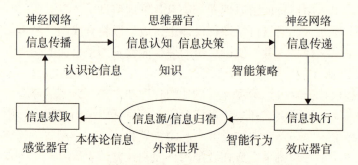

图2-8　典型信息全过程模型（钟义信，2002）

表2-5　信息运动基本子过程的原理（钟义信，2002）

本体论信息产生	外部世界的问题与环境——产生本体论信息
信息的获取原理	感知与识别——产生第一类认识论信息
信息的传递原理	通信与存储——传递第一类认识论信息
信息的认知原理	处理与计算——把第一类认识论信息转变为知识
信息的再生原理	综合决策——把知识激活为第二类认识论信息（智能策略）
信息的施效原理	控制与显示——把智能策略转化为智能行为
信息的组织原理	实施系统全过程的优化

根据典型信息全过程模型（钟义信，2002），可以提炼信息科学课程的内容和体系，拟定小学、初中、高中信息科学课程的内容。

1. 中小学信息科学课程知识体系

中小学信息科学课程知识由信息与信息技术、信息获取、信息传递、信息认知、信息综合、信息控制与显示、信息系统7个模块构成。对每一模块内容的考量，都将体现为STS即科学、技术与社会三者的互通性。借由信息科学课程知识体系，完成从信息科学知识到中小学信息科学课程知识的转化，如表2-6所示。

表 2 - 6 中小学信息科学课程知识体系

模 块	科学 (概念＋原理)	技术 (工艺学＝技术方法＋技术工具)	社 会
1. 信息与信息技术	信息、信息量、信息熵、信息结构、信息模型	信息的计测技术	人类的信息文化、信息社会。社会的信息资源、社会的信息潜力。处理日常生活学习中的问题、掌握问题解决过程和结果的基础性理论和方法。
2. 信息获取	机器感知、模式识别、信息检索	模式识别技术、信息检索技术、模型化的方法、模拟实验方法	
3. 信息传递	信号处理、通信网络、信息加密	通信技术、信息加密技术、计算机、媒体、网络	
4. 信息认知	信息表示、信息转换	程序设计、数据处理技术、数字信息加工技术、人类认知的特征和方法、统计分析的观点和思想	
5. 信息综合	综合决策、智能策略、人工智能	人工智能技术、管理信息系统、决策支持系统、专家系统	
6. 信息控制与显示	信息控制、信息显示、信息安全	控制技术、模拟信息设备、数字信息设备	
7. 信息系统	信息系统	公众信息系统、数据处理系统、管理信息系统、决策支持系统、专家系统	

2. 中小学信息科学课程的内容

基于上述中小学信息科学课程知识体系，具体到各门学科课程内容，初步拟定小学、初中、高中信息科学课程的内容。根据本章第一节所示的 STS 信息素养框架，每一模块的课程内容都应将概念原理、基本应用和问题解决作为基本的考量。对于小学、初中、高中不同的学习阶段，应在课程内容的安排上考虑到螺旋上升的结构，如表 2 - 7 所示。

表 2－7　中小学信息科学课程内容

模块	小学阶段（信息教育的准备阶段）	初中阶段	高中阶段
1. 信息与信息技术	**基本应用** 1. 感知生活中的信息，知道其作用。 2. 习惯、熟悉信息手段，体验信息手段的有效利用	**概念原理** 1. 信息：了解信息的概念、基本特征、性质及类型。 2. 信息技术：了解信息技术的概念、历史与发展趋势。 **基本应用** 结合需求辨别信息的有用性和时效性。 **问题解决** 结合激光、电视机、因特网等电子通信、信息技术与身边生活的课题，对科学技术与人类生活的关系进行科学探究与考察	**概念原理** 1. 信息量；2. 信息熵；3. 信息结构；4. 信息模型。 **基本应用** 1. 能够量化自然事物及其变化 2. 能够利用计算机进行计测和控制实验

续表

模　　块	小学阶段 （信息教育的准备阶段）	初中阶段	高中阶段
2. 信息获取	**基本应用** 尝试多渠道获取信息。 利用图书馆或博物馆获取资料，包括文字资料、图片资料；用录音笔、MP3 或其他语音设备记录访谈材料；利用数码相机、扫描仪等设备从实际操作和体验性活动中获取资料。	**概念原理** 机器感知。 **基本应用** 1. 知道几种传感器的功能、掌握其基本使用方法。 2. 能够使用搜索引擎进行信息搜索。 3. 能够根据信息资源类型选择相应的下载方法。 **问题解决** 通过因特网等信息通信网络收集信息，调查了解用于学习和生活所需的信息	**概念原理** 模式识别。 **基本应用** 1. 尝试使用搜索引擎的高级搜索功能，总结提高搜索效率的经验。 2. 能够有效根据实验目的模拟化的方法，把有关对象根据目的模拟化（模型化），能对结果可信性和范围有效性进行评价。 3. 了解多种传感器的工作原理，并能够综合使用各种传感器解决实际问题。 **问题解决** 利用软件对客观现象进行模拟化，利用模拟实验方法考察事物的因果关系。

续表

模块	小学阶段（信息教育的准备阶段）	初中阶段	高中阶段
3. 信息传递	**概念原理** 1. 计算机；2. 媒体；3. 网络。 **基本应用** 1. 能够说出计算机的输入、处理、输出几大部分的名称。 2. 熟悉使用键盘和鼠标对计算机进行基本操作的方法。 3. 能够创建文件夹存放文件。	**概念原理** 1. 通信网络。2. 通信模型。 **基本应用** 1. 掌握信息通信的要素、过程和模型。 2. 能够通过对文件和文件夹的操作管理文件，尝试在局域网内共享文件。 3. 能够使用典型信息技术工具，进行信息发布。 4. 养成及时备份文件的习惯。 5. 在文件复制、传递与共享中加强安全措施。 **问题解决** 在资料收集、处理发表、实验观察、实验等活动中，有效利用计算机和信息通信网络	**概念原理** 信息安全。 **基本应用** 1. 了解信息通信中的量化及信息编码方法。 2. 会使用工具对文件进行压缩和解压。 3. 会使用一般的信息加密技术与方法。 **问题解决** 根据一定的课题和目的有效利用信息手段，主体性地选择、判断、处理和创造所需的信息，并根据接收者的状况发送和传递信息

续表

模　块	小学阶段 （信息教育的准备阶段）	初中阶段	高中阶段
4. 信息认知	**基本应用** 1. 能用自然语言描述过程并结合生活问题的处理过程中的实例，举一反三。 2. 能够对文字进行简单编辑。 3. 能使用简单绘图工具创意绘图。 4. 通过数码相机、扫描仪获得数字化资料。 5. 以各种视觉经验为基础，把表现活动作为一种表现手段，培养创意设计、想象和创意能力	**概念原理** 1. 信息表示；2. 信息转换。 **基本应用** 1. 能够合理地对文件进行分类。 2. 掌握使用文字处理软件的基本方法能根据需求进行编辑。 3. 根据目的能收集资料，并利用计算机进行图表化整理。 4. 通过集成文字、图形、声音等素材创作简单的多媒体作品。 5. 理解人的知觉、记忆、思考的特征。 6. 体验算法思想及其意义，会使用流程图等至少一种方法描述算法。 **问题解决** 1. 结合生活中的具体问题，利用计算机工具如画图软件和计算机制图法等进行信息表示。	**基本应用** 1. 培养适切地利用信息手段的能力，能进一步解释人类的学习和思考，交流的特征。 2. 能应用电子数据表进行数据统计、处理与直观表达。 3. 能对音视频文件进行编辑，会使用一种动画制作软件尝试制作简单的动画。 4. 选择一种容易掌握的程序设计高级语言，掌握其基本的语法规则。 5. 掌握将算法转化为流程图的具体方法，明确"确定算法—程序实现"这一计算机解决问题的一般过程。 6. 理解关于文件整理、分析身边的资料，利用表计算软件能够把握资料所显示的倾向。

续表

模块	小学阶段（信息教育的准备阶段）	初中阶段	高中阶段
		2. 根据算法的多样性，有意识地设计与筛选算法，优化问题解决的方案。 3. 利用影像媒体（包括录像机和计算机），有效地、美观地进行信息的表现和传递交流。 4. 有效利用地图、统计、文字资料、影像资料、实物资料等各种资料表示信息。	**问题解决** 1. 综合多种素材制作简易网站或者其他多媒体作品。 2. 根据题目的正确地表现数据，利用计算机统计并分析事物的倾向。 3. 发现事物之间的数量关系，调查变化和对应的特征，并利用计算机进行地表现学习活动。 4. 结合生活中的简单问题，分析算法、选择程序结构，并尝试编写程序解决问题。
5. 信息综合		**基本应用** 1. 以合理的方式组织管理信息，进行文件的管理。 2. 在日常生活和学习中，利用信息技术辅助管理个人信息资料。 3. 能够根据数据需要，选取网站或者其他多种素材制作简易网站或者其他多媒体作品	**概念原理** 1. 人工智能。 **基本应用** 1. 能有效利用信息系统综合处理信息，并创造新信息。 2. 掌握机器人的应用与设计

续表

模　块	小学阶段（信息教育的准备阶段）	初中阶段	高中阶段
6. 信息控制与显示	**基本应用** 利用漫画、插图图例、照片、录像、计算机等影像媒体显示信息	**概念原理** 1. 信息控制；2. 信息显示。 **基本应用** 1. 能在模拟系统上编写程序并调试修改。 2. 能应用电子数据表进行数据统计、处理与直观表达。 3. 在利用数码相机和图画再生等媒体机器特性时，了解各种媒体的特性，从而能够有效地进行不同格式信息之间的转换	**基本应用** 1. 理解控制系统的构成和作用，会利用其控制各个功能模块。 2. 能根据信息源和产生此信息所用的方法评估科学信息的可靠程度。 3. 知道将程序写入控制系统的方法并根据运行效果做简单的调试修改。 **问题解决** 以自然现象为对象，采用模块化方法、将计算机作为观察、实验模拟实验的工具开展模拟实验，有效地进行信息控制与显示
7. 信息系统		**概念原理** 1. 信息系统；2. 数据处理系统；3. 管理信息系统。 **基本应用** 1. 了解信息系统及其构成。 2. 能够使用一些常见的信息系统。 **问题解决** 学会利用信息系统来解决日常生活问题的基本过程与方法	**概念原理** 1. 决策支持系统；2. 专家系统。 **基本应用** 能够有效利用因特网、地理信息系统、数字化地图、数据库。 **问题解决** 能够结合实例说明信息系统对社会生活的影响，鼓励学生想象未来

第五节　"信息加密"单元课程教学实验案例

本节以"信息加密"单元作为教学实验案例，通过对"信息加密"单元的课程设计与资源开发，并且进行实际班级授课，从而验证信息科学课程化的实际效果。

一、课程设计与资源开发

1. "信息加密"单元课程设计

根据本章第四节拟定的小学、初中、高中信息科学课程内容体系，信息加密属于"3　信息传递"模块的内容。根据学生的认知和思维发展水平，以及从信息科学、信息技术和信息社会三方面课程内容的角度出发，高中阶段"信息加密"单元的学习目标应定位于：（1）掌握信息加密、解密过程原理；（2）掌握网络通信过程中数字签名及加密的具体机制；（3）能够在学习和生活中运用信息加密原理和方法有效管理信息。

具体到 STS 信息素养的目标层次，"信息加密"单元在概念原理、基本应用和问题解决三个方面的安排为：（1）信息加密的概念、原理：信息加密、RSA 算法原理、数字签名、数字认证；（2）信息加密的基本应用：使用电子邮件收发信息、求余运算、申请并安装个人电子证书；（3）信息加密的问题解决：信息安全意识、电子邮件安全、电子商务安全。

2. "信息加密"单元教学设计

表 2-8　"信息加密"单元教学设计

	第 1 课时 第一节　电子邮件安全通信	第 2 课时 第二节　信息加密与解密	第 3 课时 第三节　通用加密方法
学习目标	1. 通过验证性实验，学生能够掌握在互联网上利用电子邮件进行安全通信的方法。 2. 通过使用邮件客户端软件和数字签名，识别"仿冒"邮件与带有数字签名邮件的区别	1. 掌握信息加密与解密的一般过程。 2. 对公开密钥加密算法 RSA 的基本原理形成初步认识	1. 掌握基于网络通信的通用加密方法的过程原理。 2. 了解数字签名及数字认证的具体机制。 3. 树立信息安全意识，能够在学习和生活中运用信息加密原理和方法有效管理信息

续表

	第 1 课时 第一节 电子邮件安全通信	第 2 课时 第二节 信息加密与解密	第 3 课时 第三节 通用加密方法
学习内容	1. 申请个人数字证书。个人数字证书申请网址：http：//www.myca.cn/myca/index.asp 2. 在 Outlook Express 或 Foxmail 中建立邮件账户。 3. 安装个人数字证书。 4. 发送和接收带有数字签名和信息加密的邮件，实现网络通信的安全	1. 信息加密与解密的一般过程。 概念：加密、解密、明文、密文、密钥。 2. 对称密钥加密算法。 概念：会话密钥。 原理：对称密钥加密算法的实现过程。 3. 公开密钥加密算法 RSA。 概念：RSA、公钥、私钥、非对称密钥加密算法。 原理：RSA 加密算法	1. 网络通信通用加密方法。 概念：数字信封。 原理：对称加密算法与公开加密算法比较。 2. 数字签名。 概念：数字签名。 原理：数字签名的实现原理。 3. 数字认证。 概念：数字认证。 原理：数字认证的实现原理、摘要算法
教学策略	课时 1 专门安排学生上机操作，亲身体验通过信息加密方法实现基于网络的安全通信过程。 预计难点： 1. 在互联网上申请个人数字证书； 2. 探索并使用 Outlook Express 或 Foxmail 客户端软件。 3. 数字证书的安装、导入导出和吊销	1. 以"邮件门"事件导入，创设问题情境，激发学生的学习动机。 2. 由于本课时内容多为信息加密的基本概念和原理部分，主要以教师讲授为主。 3. 精心制作多媒体教学课件，通过图片、漫画叙述等形式，激发学生积极动脑参与的热情	讲练结合。 1. 教师通过多媒体教学课件，讲授上述原理的实现机制和过程。 2. 进行数字签名与认证内容的教学时，教师边演示边辅导学生进行基于互联网的安全通信的实际操作

	第1课时 第一节　电子邮件安全通信	第2课时 第二节　信息加密与解密	第3课时 第三节　通用加密方法
教学评价	教学前测： 1. 获得学生的起点能力，用以确定以下教学起点。 （1）知识：信息加密、质数与和数、数字签名、数字认证。 （2）技能：使用电子邮件收发信息、求余运算、申请并安装个人电子证书。 （3）态度：信息安全意识。 （4）应用：电子邮件安全、电子商务安全。 2. 通过前测问题，激发学生学习的好奇心	教学后测 1. 概念和原理。 （1）信息加密、解密的一般过程； （2）网络通信通用加密方法； （3）数字签名与认证。 2. 基本应用。 在互联网上使用电子邮件进行安全通信。 3. 问题解决。 能够在学习和生活中运用信息加密原理和方法有效管理信息，树立信息安全意识	

3. "信息加密"单元教材开发

学习目标：（1）掌握信息加密、解密过程原理；（2）掌握网络通信过程中数字签名及邮件加密的具体机制；（3）树立信息安全意识，能够在学习和生活中运用信息加密原理和方法有效管理信息。

为了确保网络安全，仅安装防火墙是不够的，还需要采用其他技术，如用户验证、入侵检测、密码技术等，在这里我们主要介绍加密、解密技术。

替换法是一种常用的加密方法，例如，可以利用字母表中的位置号码替换相应字母。按照图2-9所示的对应关系，"turnleft"加密后为"20 21 18 14 12 05 06 20"。接收方收到这些数字后找到字母表中相应的字母，就可以知道对方传递的信息。

计算机时代的信息加密实际上是数学问题，所有的信息都是由0和1

A	B	C	D	E	F	G	H	I	J	K	L	M	N	O	P	Q	R	S	T	U	V	W	X	Y	Z
01	02	03	04	05	06	07	08	09	10	11	12	13	14	15	16	17	18	19	20	21	22	23	24	25	26

图 2 – 9　字母数字对应表

构成的一串数字。加密就是用被称为密钥的数和一个预先设计的公式将原来的信息打乱。原来的信息叫明文，打乱后的信息叫密文。解密则是相反的过程。如图 2 – 10 所示是加密与解密过程。

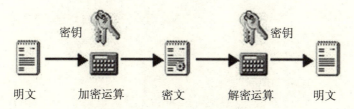

图 2 – 10　加密与解密过程

　　目前，使用计算机进行加密所使用的算法有对称密钥加密算法和公开密钥加密算法两类。对称密钥加密算法的加密和解密过程中使用同一密钥，也称为会话密钥，由发送者和接收者分别保存。公开密钥加密算法的加密和解密过程中使用两个不同的密钥，即公钥和私钥。公钥是公开的，用户只需要记住自己的私钥，要保密持有，如图 2 – 11 如示。

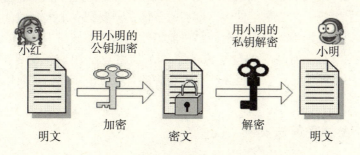

图 2 – 11　公开密钥加密算法的加密与解密过程

RSA 公开密钥加密算法

　　RSA 是第一个比较完善的公开密钥加密算法，也是目前最流行的公开密钥加密算法。RSA 以它的三个发明者 Ron Rivest、Adi Shamir、Leonard Adleman 名字的首字母命名，如图 2 – 12 所示。

图 2 – 12　RSA 的发明人（从左到右依次为 Ron Rivest、
Adi Shamir、Leonard Adleman，照片摄于 1978 年）

　　在公开密钥加密算法中，公钥、私钥都是一对一对的。这种用一个密钥加密，用另一个密钥解密的算法，一般又被形象地叫作非对称加密算法。其实，配对的这两把钥匙之间是有数学相关性的，它究竟是怎样一种相关性呢？RSA 加密算法利用了数论领域的一个事实，那就是把两个大质数相乘生成一个合数是件十分容易的事情，但要把一个大合数分解为两个质数却十分困难。合数分解问题目前仍然是数学领域尚未解决的一大难题，至今没有任何高效的分解方法。RSA 加密算法中两把钥匙的配置，正是运用了即使是计算机也无法有效解决的合数分解难题，从而保证了通信的安全。

RSA 加密算法实例

　　假设发送方需要将明文"key"通过 RSA 加密后传递给接收方，过程如图 2 – 13 所示。

第一步：配置密钥

1. 随机地选择两个质数 p 和 q，比如 3 和 11。

2. 密钥对的公共部分就是 n = p × q。

例：n = 3 × 11 = 33。

3. 算出一个中间数 f =（p−1）×（q−1）。

例：f =（3−1）×（11−1）= 2 × 10 = 20。

4. 选择一个小于 f，且与 f 互质的数 e，比如 e = 3。

5. 根据 d × e mod f = 1 算出 d，比如 d = 7（因为 7 × 3 mod 20 = 1），得到公钥（e，n），即（3，33），私钥（d，n），即（7，33）。

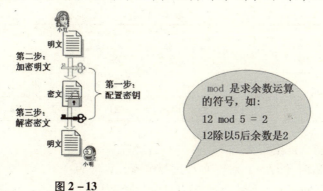

图 2 − 13

只保留这对密钥，烧掉钥匙配置的过程痕迹。

第二步：加密明文

将明文信息数字化，并将每块两个数字分组。假定明文英文字母编码表为按字母顺序排列数值，如表 2 −9 所示。

表 2 −9

字母	a	b	c	d	e	f	g	h	i	j	k	l	m
码值	01	02	03	04	05	06	07	08	09	10	11	12	13
字母	n	o	p	q	r	s	t	u	v	w	x	y	z
码值	14	15	16	17	18	19	20	21	22	23	24	25	26

得到分组后的明文"key"的信息为：11，05，25。

使用公钥（e，n）对明文进行加密，算法为：

$C = M^e \bmod n$，C 为密文，M 为明文。

"key"的数字化明文分组 $M_1 = 11$，$M_2 = 05$，$M_3 = 25$。

公钥（e，n）即（3，33），算法：$C = M^e \bmod n$，则：

$C_1 = 11^3 \bmod 33 = 1331 \bmod 33 = (33 \times 40 + 11) \bmod 33 = 11$；

$C_2 = 5^3 \bmod 33 = 125 \bmod 33 = (33 \times 3 + 26) \bmod 33 = 26$；

$C_3 = 25^3 \bmod 33 = 15625 \bmod 33 = (33 \times 473 + 16) \bmod 33 = 16$。

使用公钥（3，33）对明文"key"加密，得到的密文分组信息为：$C_1 = 11$，$C_2 = 26$，$C_3 = 16$。

明文"key"通过 RSA 加密后的密文为"kzp"，如表 2 – 10 所示。

表 2 – 10

字母	a	b	c	d	e	f	g	h	i	j	k	l	m
码值	01	02	03	04	05	06	07	08	09	10	11	12	13
字母	n	o	p	q	r	s	t	u	v	w	x	y	z
码值	14	15	16	17	18	19	20	21	22	23	24	25	26

第三步：解密密文

使用私钥（d，n）对密文 C 进行解密，算法为：

$M = C^d \bmod n$，求得的 M 即为对应于密文 C 的明文。

私钥（d，n）即（7，33），密文 $C_1 = 11$，$C_2 = 26$，$C_3 = 16$。

$M_1 = 11^7 \bmod 33 = 161051 \bmod 33 = (33 \times 4880 + 11) \bmod 33 = 11$；

$M_2 = 26^7 \bmod 33 = 8031810176 \bmod 33 = (33 \times 243388187 + 5) \bmod 33 = 5$；

$M_3 = 16^7 \bmod 33 = 268435456 \bmod 33 = (33 \times 8134407 + 25) \bmod 33 = 25$。

接收方得到的明文信息为：$M_1 = 11$，$M_2 = 5$，$M_3 = 25$。根据上面的编码表将其转换为英文，我们又得到了恢复后的明文"key"。

大家请看，它的算法过程就可以这么简单地实现。由于 RSA 算法的公钥、私钥的长度要到 1024 位甚至 2048 位才能保证安全，因此 p、q、e 的选取，公钥私钥的生成，加密解密运算都有一定的计算程序，需要仰仗计算机高速完成。

对称密钥加密算法和公开密钥加密算法比较

使用这两种算法对信息进行加密后，解密需要很大的计算量，加密强度较高（此处所说的加密强度是指在受到攻击时密文被破解的难易程度）。例如，采用 56 比特的密钥长度，密钥种类为 256 种，采用一般的穷举法进行试验，即使一台计算机在 1 秒钟内可试验 1000 个密钥，也需要计算 2 万年才能穷尽，可见加密的强度是很高的。再如 RSA 算法，它的密钥至少为 500 位长，现在一般推荐使用 1024 位，加密的强度可想而知。

两种加密技术各有特点，对称密钥加密算法运算量小、速度快，且安全强度高，但是一旦密钥丢失，密文将无密可保；公开密钥加密与对称密钥加密相比，其优势在于不需要一把共享的通用密钥，用于解密的私钥不发往任何地方，这样，即使公钥被截获，因为没有与其匹配的私钥，截获的公钥对入侵者来说也是没有任何用处的。同时，公开密钥加密算法的优点是密钥的管理较为简单，可以适应网络的开放性通信的要求。

采用对称密钥加密算法，加密、解密使用相同的密钥，必须由发送者和接收者分别保存。多人通信时密钥的组合数量往往很大，使得密钥的管理和分发变得十分困难。例如，4 个人两两通信时总共只需 6 把密钥，若 6 个人两两通信则总共需要 15 把密钥，n 个人两两通信共需要的密钥数为 n（n−1）/2 把；如果一个 100 多人的团体内部进行两两通信，则需要安全地分发近 5000 把密钥。如此庞大数量的密钥数量确实是一个难题，4 个用户使用对称密钥通信的过程如图 2−14 所示。

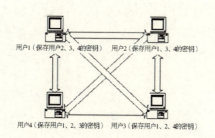

图 2−14　网络中 4 个用户使用
对称密钥通信

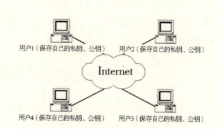

图 2−15　网络中 4 个用户使用
非对称密钥通信

公开密钥加密方法采用非对称密钥加密算法，加密和解密过程中使用两个不同的密钥。对于网上的大量用户，可以将加密公钥用电话簿的方式印出。如果某用户想与另一用户进行保密通信，只需查出对方的加密公钥，用它对所传送的信息加密发出即可。对方收到信息后，用仅为自己所知的私钥将信息解密。如此需要保存的密钥数量大大减少，用户只需要记住自己的私钥即可，还可满足不相识的人之间的保密通信。4 个用户使用非对称密钥通信的过程如图 2－15 所示。

在实际应用中，人们通常将两者结合在一起使用。例如，对称密钥加密系统用于存储大量数据信息；而公开密钥加密系统则用于加密密钥，尤其是可以方便地实现邮件加密和数字签名，如图 2－16 所示。

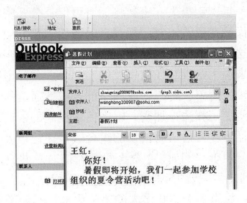

图 2－16

邮件加密

美国的保密增强邮件（PEM）就是采用了 RSA 方法，目前已成为 E-mail 保密通信标准。利用电子邮件客户端软件 Outlook Express 进行邮件加密通信的过程如图 2－17 所示。

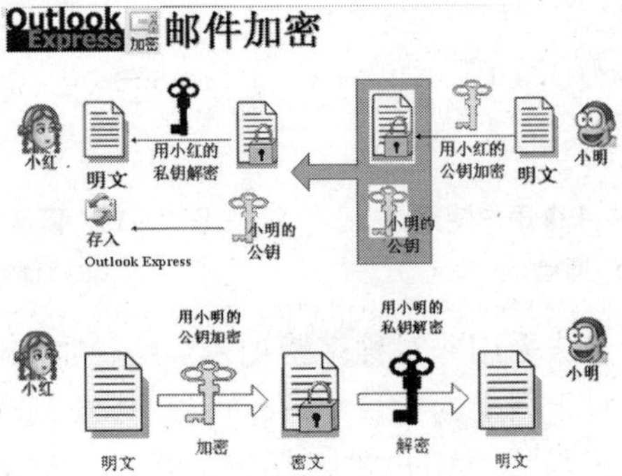

图 2－17 电子邮件加密通信过程

信息科学课程化研究

数字签名

所谓"数字签名"，就是通过加密算法生成一系列符号及代码，来代替书写签名或印章，起到与书写签名或印章同样的法律效用。利用电子邮件客户端软件 Outlook Express 进行邮件加密的过程如图 2-18 所示。

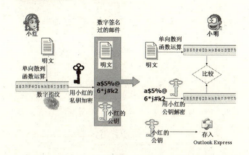

图 2-18　电子邮件数字签名和验证过程

二、教学实验

1. 教学实验对象和准备

2009 年 7 月 10 日上午 8：30—11：00，在长春市一汽三中进行了教学实验。教学对象为该校高一（一）班的 40 名学生，课堂教学在多媒体计算机实验室中进行。教学实验阶段，除上述课程资源之外，特别进行了教学实验准备，为学生、教师开发了课堂教学使用的相关材料，具体有（1）锦囊 1：邮件客户端设置的演示课件；（2）锦囊 2：注册获取数字证书的演示课件；（3）锦囊 3：添加个人数字证书的演示课件；（4）教师用 PowerPoint 讲义；（5）为每位学生申请搜狐邮箱；（6）冒名邮件群发预设；（7）学生破解密文小竞赛题签纸；（8）信息加密解密过程演示道具；（9）网络安全通信情景剧；（10）教学实验前测问卷；（11）教学实验后测问卷。

2. 教学活动设计

课时分配：第 1、2 课时为验证性实验，第 3 课时为原理部分。单元教学活动设计成科学探究活动，如图 2-19 所示。

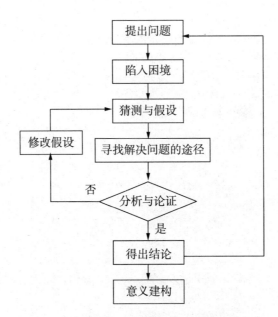

图 2 – 19   "信息加密"单元科学探究活动设计

（1）提出问题。从日常生活中选取与信息加密有关的问题如电子邮件安全通信。

（2）陷入困境。创设问题情境，学生登录邮箱、收到冒名邮件，激起学生的疑惑与好奇心；明确探究问题的重点，使学生通过思考和感知能顺利进入问题的核心。

（3）猜想与假设。给予多方面思考的发问，引导学生利用直觉的预测来提出合理的假设；建立具有决定性的雏形框架，教师提出"通过邮件客户端软件可以验证是否为冒名邮件的假设"。

（4）寻找解决问题的途径。学生创建 Outlook Express 账户，体验邮件客户端软件。

（5）分析与论证。教师提出问题："通过邮件客户端软件 Outlook Express 接收和发送电子邮件，能否辨别邮件真伪？"由于还没有采用数字证书验证功能，肯定无法辨别真伪，学生的情绪可能受到打击，进一步激发学生的认知冲突、需要和期望。

（6）修改假设。学生为个人电子邮件申请并添加数字证书。

（7）再分析与论证。通过发送和接收带有数字签名的邮件，学生观察、比较冒名邮件与带有"数字标示（一个红色小领结的标志）"的电子邮件，以区分、验证发信人的真伪。

（8）再提出问题。学生验证、区分"数字签名"与"邮件加密"功能实现的顺序及条件，教师指导学生注意观察实验现象，发现新的问题，抓住主要矛盾。

（9）意义建构。重实证，学生参与实验、体验过程，在此基础之上深刻理解探究到的结论和知识，达到科学抽象。科学抽象既包括表征性抽象，又包括原理性抽象。表征是有机体对外界信息进行加工（输入、编码转换、存储），以及客观事物在头脑中呈现的形式，包括语言表征、图表表征、实验表征等。通过本次课的实验表征，学生获得知识技能的迁移（从通过邮件客户端软件 Outlook Express 实现安全通信向邮件客户端软件 Foxmail 的迁移，详见"前测、后测问卷统计结果与分析"）。原理性抽象是指在科学探究过程中发现规律，进而对概念、规则、原理等形成概括和内化。通过本次课前半段学生的验证性实验以及后半段教师的讲解，使学生对信息加密概念、原理等知识从事实经验转化成理性思维。科学抽象过程中需要运用比较、归纳、分析和综合等科学逻辑方法，才能真正完成"意义建构，发现规律和结论"。

3. 教学过程设计

"信息加密"单元具体的教学过程设计如下。

"信息加密"单元教学过程设计

第 1、2 课时　验证性实验部分

问题描述：信息加密的功能是有效的吗？

一、学生登录邮箱、修改密码、收到冒名邮件

1. 教师发放带有邮箱地址的名单，学生登录邮箱、修改个人密码。

2. 学生填写前测问卷，教师通过群发软件发送以某位同学名义撰写的冒名邮件。

3. 学生查收邮件、发现冒名邮件、讨论质疑。

二、学生创建 Outlook Express 账户

1. 教师提出"通过邮件客户端软件可以验证是否为冒名邮件的假设"。

2. 教师先利用教师机演示一遍创建 Outlook Express 账户的过程'学生观看'然后教师提供搜狐邮件 Outlook Express 客户端设置的帮助网页（存在学生计算机的桌面上，"锦囊1"）。

3. 学生创建 Outlook Express 账户。

4. 学生体验邮件客户端软件：学生两人一组，互发一封电子邮件。

5. 教师提出问题："通过邮件客户端软件 Outlook Express 接收和发送电子邮件，能否辨别邮件真伪？"由于还没有采用数字证书验证功能，肯定无法辨别真伪，学生的情绪可能受到打击。

三、学生为个人电子邮件申请并添加数字证书

1. 教师提出"要辨别是否为冒名邮件，仅靠 Outlook Express 还不够，还需要一份数字证书，问题就可以解决了"。

2. 教师在 http：//www. myca. cn/myca 先演示一遍数字证书"注册、获取"的过程（用教师机演示，学生观看），并提供注册获取数字证书过程的演示材料（存在学生计算机的桌面上，"锦囊2"）。

3. 学生动手注册，并在 Outlook Express 中获取"获取证书"所需的**"身份识别码（PIN）"**，直至弹出页面提示"安装证书成功"。

4. 教师在 Outlook Express 中先演示一遍为个人邮件添加数字证书的过程（用教师机演示，学生观看），并提供在 Outlook Express 中添加个人邮件数字证书过程的演示材料（存在学生计算机的桌面上，"锦囊3"）。

5. 学生动手为个人电子邮件添加证书。

四、学生完成两方面内容的验证性实验

1. 通过发送和接收带有数字签名的邮件，学生观察、比较冒名邮件与带有"数字标示（一个红色小领结的标志）"的电子邮件，以区分、验证发信人的真伪。

2. 学生验证、区分"数字签名"与"邮件加密"功能实现的顺序及条件，具体过程如下。

（1）教师提出问题"给同学发送的第一封带有数字签名功能和邮件加密功能能的邮件，都能发送出去吗？"，答案为否。

（2）教师提问"为什么不能成功发送呢？""请大家试试看，仅使用邮件加密功能能发送出去吗？"，答案为否。

（3）教师提问"出现了什么样的出错提示？""请大家记住这个错误提示窗口，再试试看仅用数字签名功能邮件能发送出去吗？"，答案为可以。

（4）教师提出"请收到带有数字签名的同学，为对方回复一份带有邮件加密功能的邮件，看看这样能不能发送成功"，答案为可以。

（5）在学生完成上述验证性操作后，教师进一步质疑"请大家回想一下刚才数字签名和邮件加密两个功能实现的先后顺序，为什么会出现这种情况？"，为后续原理讲解部分做好铺垫。

3. 实验总结：教师带领学生观察、研读"安全帮助数字签名邮件"提示页，强调画线部分：

此邮件由发件人数字签名。

他人的数字签名邮件能够让您确认一封邮件的真实性——即邮件确实来自该发件人，且在传输过程中未被篡改过。签名邮件带有签名邮件图标。

签名邮件可能出现的任何问题都将在本信息之后可能出现的"安全警告"中得到描述。如果存在问题，您应该认为邮件已被篡改，或并非来自所谓的发件人。

当收到一封加密邮件时，您应该可以自信地认为邮件未被任何第三者读过。Outlook Express 会自动对电子邮件解密，如果在您的计算机上装有正确的数字标识。

教师讲解：

（1）用数字签名发送邮件，可以保证做到两件事：第一，确定发件人的真实身份，不会是冒名邮件；第二，确保邮件安全，在通信过程中，不会被心怀不轨的人（黑客）改动。现在大家会不会发送带有数字签名的电子邮件呢？

（2）这两节课我们看到了"加密""解密"的字眼，会使用数字签名，我们做到了知其然。可是数字签名是如何做到确保电子邮件的安全的？加密解密又是怎么一回事？我们还要知其所以然。这就是后面要为大家讲解的"信息加密原理"。

第 3 课时　原理部分

五、学生达到对验证性实验结论的科学抽象，完成意义建构

1. 教师通过道具、PowerPoint 示意图向学生演示信息加密与解密过程，同时向学生引入"明文、密文、密钥、公钥、私钥、加密、解密"等与信息加密相关的概念。

2. RSA 加密算法实例。

(1) 实例：假设发送方需要将明文"key"通过 RSA 加密后传递给接收方。教师讲解算法实现过程，即第一步配置密钥、第二步加密明文、第三步解密密文。

(2) 学生活动：破解密文小竞赛，已知密文"livz"，求明文。

3. 公开密钥加密算法原理。

(1) 允许学生质疑，教师分别呈现 143、2773、8633 的道具图片，让学生体会合数分解的困难。

(2) 教师讲解算法原理，即基于数论领域中"合数分解难题"的事实，达到对算法安全的保证。

4. 网络安全通信。

(1) 在前面学生对 Outlook Express 验证性实验和体验的基础上，通过步骤分解示意图及情景小品帮助学生发现"邮件加密"和"数字签名"的实现原理，同时向学生引入"数字签名""单向散列函数"等与信息加密相关的概念。

(2) 学生就前面 Outlook Express 验证性实验中"数字签名"与"邮件加密"功能实现的顺序及条件做出原理性阐释。

三、教学实验结果与结论

教学实验前测、后测问卷，都从信息加密的概念原理、基本应用及问题解决三个维度设置相应的题目。下面对教学实验前测、后测问卷的统计结果及实验结论加以呈现。

1. "信息加密"单元教学实验结果

(1) 学生对信息加密概念、原理的了解程度，如表 2 - 11 所示。

表 2 – 11

学生对信息加密概念、原理的了解程度
指标赋值：一无所知 = 1.0　了解一点 = 2.0　了解一些 = 3.0　非常了解 = 4.0
符号说明：δ：标准差　μ：均值　样本量：N = 40

	前测	后测		前测	后测		前测	后测
信息加密	μ = 1.63	μ = 3.38	明文	δ = 1.53	δ = 3.43	质数	μ = 2.25	μ = 3.60
	δ = 0.77	δ = 0.59		μ = 0.93	μ = 0.50		δ = 1.15	δ = 0.63
信息解密	1.25	3.33	密文	1.23	3.40	合数	2.12	3.58
	0.59	0.57		0.48	0.50		1.15	0.64
数字证书	1.10	3.43	密钥	1.08	3.35	求余运算	2.00	3.55
	0.30	0.59		0.35	0.58		1.06	0.68
RSA算法	1.20	3.33	公钥	1.05	3.50	mod	1.30	3.78
	0.27	0.73		0.22	0.51		0.65	0.48
单项散列函数	1.28	3.10	私钥	1.05	3.40	Outlook Express	1.25	3.50
	0.72	0.74		0.22	0.59		0.63	0.64
数字签名	1.25	3.40	邮件加密	1.53	3.40	Foxmail	1.20	3.13
	0.63	0.67		0.75	0.63		0.56	0.69
邮件客户端软件	1.18	3.28	全样本：前测 μ = 1.39　δ = 0.78					
	0.55	0.72	后测 μ = 3.41　δ = 0.63					

（2）学生对信息加密的基本应用、问题解决能力，如表 2 – 12 所示。

表 2 – 12

学生对信息加密的基本应用、问题解决能力
指标赋值：不知道怎么做 = 1.0　　　　知道怎么做但是做不好 = 2.0
需要其他人的帮助 = 3.0　　很好地独立完成 = 4.0
符号说明：δ：标准差　μ：均值　　　　样本量：N = 40

续表

	前测	后测		前测	后测
申请个人数字证书	$\mu = 1.38$	$\mu = 3.80$	在互联网上使用电子邮件（注册、使用）	$\mu = 2.45$	$\mu = 3.70$
	$\delta = 0.70$	$\delta = 0.46$		$\delta = 1.28$	$\delta = 0.65$
在计算机上安装个人数字证书	1.35	3.73	使用 Outlook Express 软件接收和发送电子邮件	1.68	3.68
	0.74	0.60		1.12	0.62
在邮件中使用"邮件加密"或"数字签名"	1.35	3.58	使用 Foxmail 软件接收和发送电子邮件	1.65	3.55
	0.74	0.71		1.05	0.55
在学习和生活中运用信息加密方法有效管理个人信息（如密码登录和验证）	1.78	3.50	全样本：前测 $\mu = 1.66$　$\delta = 1.04$　后测 $\mu = 3.65$　$\delta = 0.63$		
	1.12	0.78			

（3）后测问卷原理及应用客观题，如表 2 –13 所示。

表 2 –13

后测问卷原理及应用客观题（共计 7 题，加粗字体为正答选项）						
知识点		问卷题目	A	B	C	D
信息加密原理	RSA 算法原理	二、8	10	1	**29**	0
			25%	2.5%	**72.5%**	0
	密钥	二、3	**39**	0	0	1
			97.5%	0	0	2.5%
	数字证书	二、4	**37**	1	2	0
			92.5%	2.5%	5%	0

续表

后测问卷原理及应用客观题（共计7题，加粗字体为正答选项）						
知识点		问卷题目	A	B	C	D
信息加密一般应用	邮件加密	二、2	0	**17**	11	12
			0	**42.5%**	27.5%	30%
	数字签名	二、1	1	15	**6**	18
			2.5%	37.5%	**15%**	45%
信息加密问题解决	邮件客户端软件提示"数字标识丢失"的原因及解决办法	二、6	6	**34**		
			15%	**85%**		
		二、7	**36**	4		
			90%	10%		

下述三项是后测问卷中学生对本单元教学及学习活动的评价。

（4）学生对本次课学习的自我评价，如图 2-20 所示。

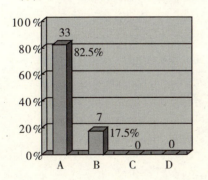

图 2-20

（5）学生对本次课学习内容的评价，如图 2-21 所示。

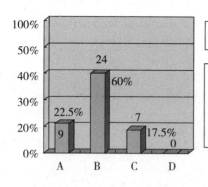

图 2 – 21

（6）学生对教师本次课教学水平的评价，如图 2 – 22 所示。

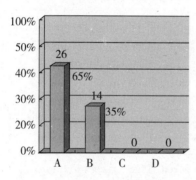

图 2 – 22

2. "信息加密"单元教学实验结论

第一，通过创设情境，使学生亲身经历科学过程，在真正掌握科学知识、科学过程与方法的同时，理解科学的本质与价值。

第二，"信息加密"单元的教学实验取得了较好的效果，通过对学生认知及情绪信息的分析，验证了本单元信息科学课程的内容和方法是可行的。

第三，从"信息加密"单元的课程设计到师生互动的课堂教学，实现了从科学知识到学科知识、从学科知识到学生知识的两次转化。单元设计表明了通过实证研究对理论假设进行检验的信息科学课程化研究方法的科学性。

第三章　信息社会学课程开发研究

　　当今时代，我们需要从 STS 的角度来理解信息技术课程，并以此作为构建信息技术课程的出发点。作为信息技术课程构建的重要来源之一的信息学科群显然有着自己的知识体系。其中，信息社会学研究信息与社会的关系，是信息学科群的重要组成部分。那么，如何将信息社会学知识纳入学校信息技术课程呢？它有哪些原则、方法呢？它的目标设置、内容选择、教学实施与评价应该是怎样的？这些问题都是本章所要研究的内容。

第一节　信息社会学课程概述

　　信息社会学课程是信息时代培养信息社会公民的需要。信息社会学课程有助于学生形成适应信息社会发展的健康、积极的价值观，负责任地使用技术并参与到信息社会的建设与管理中。信息社会学课程在传承信息文化、构建和谐信息社会等方面有着重要的作用。

一、信息与信息社会

（一）信息的定义

1928 年，哈特莱发表《信息传输》一书，提出信息是代码、符号、序列所承载的内容，第一次从科学的角度提出了信息的概念。1948 年，美国数学家、信息论的创始人香农在发表的论文《通信的数学理论》中指出："信息是用来消除随机不定性的东西。""信息"是一种缩小偶然事件出现的不确定性的度量，即信息量越大，不确定性越小。偶然事件出现的不确定性是由该事件的概率熵度量的，信息量在数值上等于概率熵。这是香农信息论关于信息的观点。同年，美国数学家、控制论的创始人维纳发表《控制论》，指出："信息就是信息，既非物质，也非能量。"这二人的定义都是从科学技术角度对信息的狭义理解。信息的定义由此开始发展，到 20 世纪 80 年代中期，关于信息的定义已有 134 种之多。

值得注意的是维纳对信息的另一个理解："信息是我们适应外部世界进行交换的内容的名称。"这个定义实际上揭示出了信息具有交换的特质，从哲学角度来看，是主体与客体的关系，信宿与信源的关系。类似的定义还有"信息是事物相互作用的表现形式；是事物联系的普遍形式；信息是被反映的物质属性。"（T. S. 库恩，1980）"信息概念所概括的，是与信息加工系统的研究、制造、使用和物质技术服务相关的领域，同时包括机器设备、软件和组织方面，还有工业、商业、管理、社会和政治作用的组合。"（B. C. 戈特，1985）刘钢也从语言学、词源学以及中国古代与西方哲学的角度对信息的本质进行了深入探讨，认为信息是"传与授的过程"，信息的"互持性"关键在于其交互性。钟义信认为哲学信息范畴分为本体论信息与认识论信息，本体论信息是"某事物的本体论层次信息，就是该事物运动的状态和状态改变的方式的自我表述/自我显示"。认识论层次的信息加入了主体（人、高级生物、机器、电脑）与客体（客观事物）的约束。它反映和显示了关系的存在，离开了信源、信道和信宿之间的关系，就不存在所谓认识论信息问题。

信息社会学课程从社会学视角看待信息，社会学就是系统地研究社会行为与人类群体的科学。在信息社会中，人的社会行为正是通过信息的交换来实现的，信息活动就体现了人的社会联系。因此，信息社会学课程中认为信息是通过特定媒介，尤其是信息技术载体，主体对客体或者主客体关系存在的反映和揭示。

（二）信息社会

日本学者梅棹忠夫最早提出"情报社会"。之后，约翰·奈斯比特在《大趋势——改变我们生活的十个新方向》一书中为信息社会做出了定性概括。他指出："虽然我们仍然认为我们是生活在工业社会里，但是事实上我们已经进入了一个以创造和分配信息为基础的经济社会。"托夫勒在《第三次浪潮》中对未来社会的结构做了生动的预测和描述。他认为，超工业社会将建立新的信息领域，为无生命环境输入智慧，并通过计算机储存处理大量的信息，极度地扩大社会记忆，使之变得既丰富又活泼；长期批量性生产将转变为短期、少量与预定性生产，大公司的目标结构、责任将发生改变，将强调其社会的道德责任。丹尼尔·贝尔在《后工业社会的来临》一书中提到，在未来的新社会里，最重要的战略资源则是信息和知识。他指出："如果工业社会以机器技术为基础，后工业社会是由知识技术形成的。如果资本与劳动是工业社会的主要结构特征，那么信息和知识则是后工业社会的主要结构特征。"卡斯特尔的信息社会理论成果包括《信息化城市》《信息时代：经济》《社会与文化》三部曲，在三部曲中，他对信息社会在城市结构、社会经济与文化方面的发展趋势都进行了论述，这是人们认识信息社会的重要参考理论。卡斯特尔在1997年出版的《认同的力量》一书中认为，信息技术革命已催生出了一种新的社会模式，即网络社会。这种社会模式有其特征，这就是经济行为的全球化、组织形式的网络化、工作方式的灵活化、职业结构的两极化。这种社会模式也就是通常所说的信息化范式。

国内学术界在信息化、信息社会发展的相关研究中，普遍地借鉴了他们关于社会发展阶段划分的学说，运用"后工业社会""第三次浪潮""信息社会"等概念作为分析未来社会发展的重要工具。20世纪80年代，徐德保认为："信息化社会是一个把信息看作比物质或能源更为重要的资源，以信息的生产为中心，使社会和经济发展起来的社会。"20世纪90年代初期，乌家培认为："信息化社会是这样一种社会，它区别于农业社会、工业社会，而是以知识和信息为基础的社会，它以现代信息技术的出现和发展为技术特征，以信息经济发展为社会进步的基础。"

20世纪90年代中期，刘昭东等认为："信息化社会是以信息为社会发展的基本动力，以信息技术为实现信息化社会基本特征的手段，以信息经济为维系社会存在和发展的主导经济，以信息文化改变着人类教育、生活和工作方式以及价值观念和时空观念的新型社会形态。"刘昭东的定义最为综合，涉及信息、信息技术、信息经济和信息文化等范畴，较好地总结了国内外学者的研究成果，是基本上可以接受的定义。

（三）信息社会学

关于信息社会学的定义与研究对象，国内学者从不同角度给出了众多的定义，表3-1是有代表性的定义以及研究对象的简要对比。

表3-1　信息社会学的定义与研究对象对比

学　者	信息社会学定义	主要研究对象
符福桓	信息社会学是研究信息社会流通以及信息与社会变化的相互关系和信息化社会结构的一门学科，也是研究信息学与社会学的一门横断学科	信息与社会的相互关系
胡悦校	信息社会学是关于信息社会特性的研究，其中包括知识信息（包括科学情报）的传播及其作用、信息技术的社会影响、信息工程和信息系统的社会环境、信息产业和信息经济的社会问题，以及一般性的信息需求、信息行为、信息政策、法律等研究内容	信息社会的特性
邹志仁	信息社会学是信息学、社会学的交叉学科，涉及系统论、计算机科学、通信科学、经济学、管理科学、行为科学、心理学、传播学等学科。	信息科学的多个方面
赵保佑	情报社会学就是运用社会学的理论与方法，研究社会的情报现象和情报交流与社会的关系	情报与社会相互作用、相互制约变化的规律性
谢俊贵	信息社会学是研究信息社会的形成、发展与良性运行规律的一门学科	信息社会的形成、发展与良性运行规律

续表

学　者	信息社会学定义	主要研究对象
胡昌平	信息社会学是社会学作用于包括情报学在内的信息科学的产物，是从处于不断变革中的社会整体入手运用社会学理论方法分析社会信息现象与过程，探索社会信息规律，研究人类信息活动中的社会关系以及信息工作的社会基础和社会信息系统的一门学科	—
靖继鹏	信息社会学是在社会信息化过程中提出并逐步建立起来的，是信息学和社会学的交叉学科，是以社会信息化、信息学和社会学为基础，研究信息社会的活动、特点及发展规律、社会结构、经济结构、劳动就业结构和人们工作、生活方式等的变化，寻求信息化条件下信息社会的良性运行和协调发展的条件和机制，以推动信息社会发展的一门新兴学科	信息社会的活动、特点及发展规律、社会结构、经济结构、劳动就业结构和人们工作、生活方式等的变化

　　通过表 3-1 的呈现，符福桓的定义比较简练，而靖继鹏的定义表述得更加具体、全面，充分注意到信息社会学形成的来源以及信息对社会的影响，这也正是信息社会学课程开发所关注的重要方面。因此，信息社会学课程开发选取了靖继鹏对于信息社会学的定义。

二、信息社会与信息技术课程

　　在信息社会中，个体的社会化进程要求个体必须掌握信息技术技能，安全、负责任地使用信息技术。中小学信息技术课程以其独特的时代气质，必然要承担起培养学生信息素养的使命。

　　STS 教育是在人类经验的背景中进行科学的教与学，是从社会文化背景或者从人类经验的背景中去认识科学技术。因此，我们在进行信息科学技术的教学时，应从信息社会文化背景或人类的经验背景中开展。这样我们可以认为信息技术课程的组成包括信息科学、信息技术与信息社会三个维度，如图 3-1 所示。

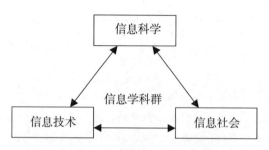

图3-1　信息技术课程的内容构成

基于这样的认识以及上述背景分析，信息技术课程中关于信息社会学课程的内容显然需要充实与发展，并且信息社会学是信息学科群中的一个重要组成部分，它应该是信息技术课程的学科来源与课程发展的内容之一。信息技术课程是将信息科学教育、信息技术教育以及信息社会教育有机整合的一种课程。

三、信息社会学课程

信息社会学课程是指在以STS维度构建信息技术课程，在信息社会文化背景中去认识信息科学、信息技术的课程的理念下，使学生关注、了解信息科学与信息技术可能带来的社会影响，促进学生对信息科学与信息技术的反思与批判，从而安全、负责任地使用信息科学与信息技术并有效参与信息社会的课程。

信息社会学课程开发是指以信息社会学基础知识与基本方法为基本内容，以促进学生的信息社会化进程并有效参与信息社会为目的，培养学生在信息的获取、加工、管理、表达与交流的过程中安全地、负责任地利用信息科学与信息技术有效参与信息社会的能力，对以信息与社会为主题的内容进行选择与组织的课程设计以及课程实施、评价的动态过程。

（一）信息社会学课程的社会价值

课程的社会价值是指课程在直接或间接满足社会物质需要，以及传播和强化特定社会意识形态、价值观、政治观等思想观念的过程中表现出的价值。

信息社会学课程有助于学生准确把握和有效解决现实社会问题。信息技术飞速发展，极大推动社会经济、政治、文化等方面的形态转变，同时也带来很多的信息社会问题，如信息污染、隐私侵犯、知识版权侵蚀、黑客问题等。而 STS 的理念就是在社会背景中用信息科学与信息技术来解决现实社会问题。如何解决这些问题，需要学生具备相应知识，并有效运用这些知识与方法去解决现实的社会问题。对于社会学课程来说，首先应该确定社会生活中的一个现实问题，如"个人信息保护"，然后从问题出发寻求与问题解决相关的所有理论与策略，这有助于问题的有效解决。

信息社会学课程有助于增进学生参与社会的能力。学生通过信息社会学课程的学习能考察社会生活的现实状况，了解社会信息系统、社会信息生产与流通方式以及社会信息管理机制，培养学生关注社会、服务社会的意识和能力，以及促进学生的社会化程度，有效参与到信息社会的建设中来。

（二）信息社会学课程的个人价值

课程的个人价值是指课程在形成和发展学习者的知识与技能、认知能力与方法、思想观念与价值态度、活动体验与身心健康的过程中所体现的价值。

信息社会学课程有助于学生形成全面审视与解决问题的意识与能力。信息社会学课程可以使学生学习和掌握信息社会方面的知识，使他们在学习信息科学与信息技术时考虑到社会的责任，能全面观察、分析判断事物进而形成解决问题的能力。

信息社会学课程有助于学生形成正确地认识自我及与他人合作的意识和能力。信息社会学课程能使学生对自己进行恰当定位，分清自己在现实社会与虚拟网络中的不同身份，并能在虚拟网络或现实社会中符合社会规范地与他人进行信息交流活动。能倾听他人意见并向他人学习，培养集体协商的意识与能力，同时形成向他人提供有益信息并树立帮助他人的意识等。

信息社会学课程有助于激发学生学习与探究的动机与兴趣。信息社会学课程有助于加强课程与社会生活的关联性，能从学生实际生活出发，联系一般的信息社会问题，激发学生的学习兴趣，更注重对学生内在动机的培育。

信息社会学课程有助于培养学生终身学习的能力。信息社会对自主获取信息并有效处理和应用信息的能力有了更高的要求，信息社会学课程能为学生提供评判自己信息活动方式的机会，这些都是终身学习能力的构成要素。信息社会学在培养学生终身学习能力方面具有独特价值。

（三）信息社会学课程的科学价值

课程的科学价值是指课程在传承科学成就、促进科学发展、弘扬科学精神过程中表现出来的价值。

信息社会学课程有助于应对课程内容变化日趋加速的挑战。在信息社会，知识的极度扩充与生成、应用与陈旧周期的缩短为信息技术课程的发展提出严峻挑战，信息社会学课程涉及的主题往往是现实社会人们关注的社会问题，而这些社会问题又需要运用知识发展的最新成果来认识、分析和处理。因此，信息社会学课程更能适应课程内容更新的需要。

信息社会学课程有助于实现信息技术课程整体结构的合理化。信息技术课程脱胎于计算机课程，带着深深的技术烙印，计算机工具论还占据着课程思想的主流。随着科学技术的发展，信息社会学课程将越来越彰显其价值。

当然，信息社会学课程的价值并不仅限于上述这些方面，其对学生的世界观、价值观以及思维方式和行为方式等方面都有其特定价值，需要我们不断挖掘。

第二节　信息社会学课程国际比较

通过信息技术课程的学习，使学生为迎接未来信息社会的挑战做好准备。信息技术课程作为培养新一代信息素养的重要途径受到各个国家的重视。其中，信息给社会带来的影响都作为重要组成内容纳入信息技术课程之中。本节主要介绍日本、英国、美国信息技术课程中的信息社会学课程内容。

一、日本"信息"课程中的信息社会学课程内容

2008 年，在日本中央教育审议会中，信息教育被指是"为适应社会

变化而要改善的教科事项"之一。审议会中指出了信息教育的重要性，说："培养信息运用能力是掌握基础的、基本的知识、技能，同时也是运用发表、记录、概括、报告等知识和技能而进行的言语活动的基础。"日本从作为信息社会的一员，培养学生自主地应对社会的信息化发展的能力和态度的观点出发，以"参与信息社会态度"和"对信息的科学理解"为中心对"信息"课程内容进行了修改。同时，为了能够让学生具有扎实的信息能力，以小学、初中、高中一贯制的信息教育实施为基础，在一定范围内的内容重复下指导学生学习。

信息化的进程也给儿童们带来很大的负面影响，例如网络上的诽谤和欺诈、个人信息的流失和隐私权的侵犯、有害信息和病毒的破坏等。为了解决这些负面影响，学校需要与家长们建立联系，加强信息道德方面的指导。为此，在课程内容中将信息道德作为一个独立的内容，在学习活动中重视信息道德的培养。

基于以上的背景，日本文部省依据 2008 年颁布的最新学习指导要领（高中部分于 2009 年颁布），对现行的中小学信息教育课程进行调整和改善，于 2013 年开始实施。

如图 3-2 所示，在新的学习指导要领中，将现行的高中阶段的"信息 A""信息 B""信息 C"科目修改为"社会与信息""信息科学"，并要求学生必修其一。这两个科目的课程内容由原来的"信息 A""信息 B""信息 C"的内容重新组合而成。

科　　目	学　　分	必修科目
信息A	2	
信息B	2	三选一
信息C	2	

科　　目	学　　分	必修科目
社会与信息	2	
信息科学	2	二选一

图 3-2　日本高中信息课程科目构成

现行修改方案中修改的"社会与信息"部分的主要内容如下：

注重开展恰当运用信息设备和信息通信网络开展收集、分析、展示信息，以及有效进行交流的学习活动态度；

重视开展诸如理解信息特征、理解信息对社会的影响，以及促进学生信息道德内化的学习活动。

具体变化如图 3 – 3 所示。

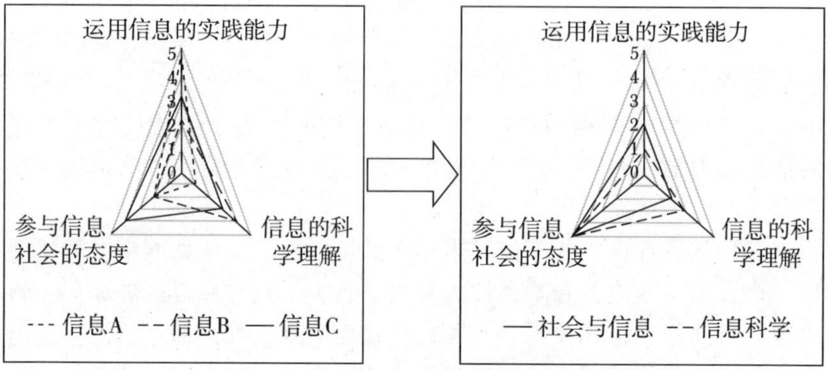

图3－3　日本高中信息课程科目变化

（一）"社会与信息" 目标与内容中的信息社会学课程

"信息"课程的总目标是让学生掌握运用信息和信息技术的知识与技能，使学生形成关于信息的科学观点和思想，理解信息和信息技术在社会中的作用与影响，培养学生主动适应和参与社会信息化发展的能力和态度。

具体目标：使学生理解信息的特征和信息化对社会的影响，能够正确运用信息设备和信息通信网络收集、处理、表现信息的同时，培养学生有效交流的能力和积极参与信息社会的态度。

具体内容如下。

① 信息的运用和表现。

A. 信息和媒体的特征。为了能够正确运用信息设备和信息通信网络，让学生理解信息。

B. 信息的数字化。为了能够明确地表现信息以及有效地传递信息，学习正确选择利用信息设备和素材的方法。

C. 信息的表现与传递。学习在利用信息设备统合多种形式的信息时，如何把发送的内容通俗易懂地表现出来的方法。

② 信息通信网络传播。

A. 交流手段的发展。使学生理解传播手段及发展变化，同时理解通信服务的特征和传播形态的关系。

B. 信息通信网络的构成。理解信息通信网络的构成与确保安全的方法。

C. 信息通信网络的运用和传播。在信息通信网络的特性基础上，掌握有效的传播方法，理解信息的接收及发信时应注意的事项。

③ 信息社会的课题与信息伦理道德。

A. 信息化对社会的影响和课题。理解信息化对社会的影响，同时理解理想的信息社会的状态和正确运用信息技术的必要性。

B. 信息安全的确保。理解个人认证和密码化等的技术性对策和信息安全策略等提高信息安全的各种方法。

C. 信息社会中的法规与个人的责任。使学生认识到大量的信息被公开流通的现状，同时理解信息保护的必要性和为此制定的法规与个人的责任。

④ 构建理想的信息社会。

A. 社会中的信息系统。学生理解信息系统的种类和特征，同时理解其对社会生活的影响和作用。

B. 信息系统和人。学生思考何种信息系统容易利用，并利用信息通信网络给出建议，归纳信息系统选择的方法。

C. 信息社会中问题的解决。学习正确使用信息设备和信息通信网络等解决问题的方法。

（二）信息社会学课程的评价

日本十分重视课程的评价，并设有专门机构制定其标准。每当实施新的课程时，日本国立教育政策研究所教育课程研究中心则根据教育课程审议会的答申，为配合新学习指导的实施而制定新的评价标准。在 2003 年日本开始实施新课程后，该研究中心于 2003 年 5 月发布了"高中普通课程'信息'的评价标准和评价方法"的研究中间报告，经使用验证，进行了一定的修正，于 2004 年 3 月公布了该评价标准和评价方法的研究结果报告。

　　初中"技术与家庭科""技术领域"的评价要求是通过学习和掌握生活所需的基础性的知识和技能,加深理解与生活和技术的关联,培养有效生活和创造能力,主要包括表3-2所示的四个方面。

表3-2　日本初中"技术与家庭科""技术领域"评价标准与方法

方　　面	目　　的	方　　法
1. 对生活和技术的关心、积极性、态度	是否关心制作和能源利用以及有效利用计算机等方面的技术,为改善生活积极主动地运用知识和技术	记录和学生进行自我评价,从对计划立案的积极性、学习活动的参与状况,作品、报告和感受等多方面进行评价
2. 提升改善生活的创造能力	是否能够重新认识生活与技术的关联,发现课题,有效利用技术创造性地解决课题	考察学生的学习卡片和报告、制作的物品,以及学生的自我评价、感想和感受等
3. 生活的技能	是否掌握制作和能源利用以及活用计算机等方面必要的基础性技术,能够安全、适切地活用	指导者利用检验单对作业过程进行评价、学生的自我评价
4. 关于生活和技术的知识和理解	是否理解生活和产业中技术所发挥的作用,掌握制作和能源利用以及活用计算机等方面的基础性知识	学习报告、笔试、学习卡片等

　　普通高中课程"信息"的评价标准通过学习掌握运用信息及信息技术的知识和技能,培养学生对信息的科学见解和思考方式,同时使学生了解信息和信息技术在社会中的作用和对社会的影响,培养学生主动适应信息化发展的能力和态度,如表3-3所示。

表 3 - 3　日本普通高中课程"信息"的评价标准

	关心、意欲、态度	思考与判断	技能与表现	知识与理解
信息 A	关心计算机和信息通信网络，有自主地运用信息解决身边的问题的意欲	钻研信息的收集、处理、发布的方法，根据结果改善方法，同时**在遵守信息道德的基础上进行恰当的判断**	运用计算机和信息通信网络，学习根据目的适当地收集、处理、发布信息的基础性技能。	掌握适当地收集、处理、发布信息的基础知识，同时理解信息技术在信息社会中的作用和影响
信息 B	关心计算机中信息的表示方式和处理的构成，在解决问题时能具有有效地运用计算机的意欲	钻研在解决问题时有效地运用计算机的方法，根据结果进行改善，**同时考虑信息技术对社会的影响**	掌握在解决问题时有效地运用计算机的技能并利用这种技能解决问题，**同时调查运用信息通信网络等信息技术对社会的影响**	理解计算机中信息的表示方式和处理的构成，掌握在解决问题时有效地运用计算机的科学方法和思想，同时理解信息技术对社会的影响
信息 C	关心信息的数字化和信息通信网络的特性，在表现和传播时具有运用计算机的意欲，**同时具有自主参与信息社会的意欲**	根据表现和传播的目的钻研方法，依据结果改善方法的同时，根据伴随信息的收集和发布的问题进行恰当的判断	发挥信息数字化和信息通信网络的特性，在表现和传播中有效地运用计算机	掌握在表现和传播中有效运用计算机的基础知识，**同时理解信息化的发展对社会的影响**

　　从表 3 - 3 中，我们可以清晰地看到，日本的高中"信息"课程评价中，信息对社会的影响是一个非常重要的组成部分。其中关于"信息的综合处理和计算机的使用"和"信息设备的发展与生活的变化"的评价标准中都涉及了思考信息化发展对生活的影响，以及信息的可靠性、可信性和对著作权的尊重问题，在生活中有效、主动地利用信息，关心信息社会等内容。

二、英国 ICT 课程中的信息社会学课程内容

2007 年，英国公布了新的中学课程方案。2008 年 9 月，英国英格兰地区实施了"新中学教育课程"（The New Secondary Curriculum），实施对象为第三学段和第四学段的学生，即从 7 年级开始，逐年实施。新修订的针对中学阶段的《国家课程》中，将 ICT 作为与英语、数学等 7 门课程一样的核心课程，并将 ICT 与英语、数学课程中的实践技能作为基础技能（foundational skills）。ICT 课程的目标与新中学课程目标一致，其核心是增进学习者所需要的品质与技能。

（一）英国中学 ICT 课程目标与内容中的信息社会学课程内容

英国新中学 ICT 课程学习的具体内容分为第三学段和第四学段两个学段。第三、四学段的学习计划中，只有关键过程是不同的，其他内容，如 ICT 的重要性、关键概念、范围与内容以及课程机会等都是相同的。下面从这几个方面涉及的信息社会方面的内容来说明。

1. ICT 的重要性

技术被越来越多地应用到社会各方面。因此，自信地、有创造性地和富有成效地利用 ICT 是生活的一项基本技能。ICT 能力不仅包括精通技术技能与技巧，还包括了解正确地、安全地、负责地将这些技能应用于学习、日常生活和工作中。ICT 能力是参加与参与现代社会的基础。运用 ICT 来发现、开发、分析和发布信息，同时模拟情境和解决问题。ICT 能使人快速了解不同社区、不同文化以至于范围更广的人们的想法与经历，并让学生能进行大规模的合作和信息交流。ICT 作为改变公民与社会的强大动力，应该了解 ICT 在社会、伦理、法律与经济方面的影响，包括如何安全和负责任地使用 ICT。不断提高的 ICT 的运用能力为独立的、创造的学习提供支持，使学生能够对何时何地地使用 ICT 做出明智的判断，提高他们的学习与工作的质量。

2. 关键概念

在关键概念中除了对"能力；交流与合作；探索思想与管理信息"三个方面做了具体说明外，还特别提到技术的影响。

4. 技术的影响

a. 探求 ICT 是如何改变我们的生活方式的，及其对社会、伦理和文化产生的显著影响；

b. 认识到围绕 ICT 使用的风险、安全和责任问题。

5. 批判性评价

a. 认识到不能从表面判断信息的价值，必须考虑其目的、作者、普及以及背景进行分析和评估；

b. 批判性地检查和反思自身以及他人使用 ICT 所创造的成果。

3. 关键过程

具体内容如表 3-4 所示。

表 3-4   英国 ICT 课程 KS3 与 KS4 关键过程中的信息社会学课程内容

	KS3 阶段	KS4 阶段
发现信息	学生应该能够： d. 分析评价信息，判断其价值、准确性、可信性与区别	学生应该能够： c. 从广泛的资源中选择适当的信息，展示所做选择的辨别力，判断信息的价值、准确性、可信度和偏见； e. 批判地评价和判断来自别人的信息选择，在适当的地方给予反馈
拓展思路	学生应该能够： a. 选择并使用 ICT 工具；适当地、安全地和有效地使用技术； c. 通过改变规则与价值观来检测预设；发现问题的结构和关系；探索、评价和发展模式	学生应该能够： d. 安全和负责任地使用 ICT； e. 批判地评估和判断 ICT 工具的选择，和在适当地方给予别人反馈
交流信息	学生应该能够： a. 使用一系列 ICT 工具来发布信息，形式适合用途、满足受众需要，内容适当； b. 有效、安全和负责任地沟通或交流信息（包括数字环境沟通）	学生应该能够： a. 在多样的环境中，使用一系列 ICT 工具去有效地共享、交换和呈现信息； b. 创造高质量的解决办法，从而显示学生们已经在思考信息应该以适合听众、目的和内容的方式被解释和呈现； c. 安全和负责任地交流和交换信息（包括数字化交流）

续表

	KS3 阶段	KS4 阶段
评价	学生应该能够： a. 审查、修改和评估工作进展情况，批判性地反思以及利用反馈； b. 对于自身或他人使用 ICT 进行反思，发展完善工作质量和观念； c. 从取得的教训中反思，改善未来工作	学生应该能够： a. 在工作时，回想、修改和评估对使用者的反馈，批判性地反思，并加以响应； b. 评估自己和其他人的基于 ICT 解决办法的有效性，使用结果促进他们的工作的质量，并为未来的工作提供信息

4. 范围和内容

本部分概述在教学关键概念和关键过程时，教师应该借鉴学科的广度。

ICT 的学习应包括：e. ICT 对个人、社区以及社会的影响，包括在 ICT 的使用过程中对社会、经济、法律和伦理的影响。

5. 课程机会

在各个阶段，课程应为学生提供以下机会，以使学生将自己对学科的概念、过程和内容整合到学习过程中，最终提高他们的参与能力。

课程应为学生提供机会：e. 分享使用 ICT 的观点经历，考虑 ICT 使用的范围，对个人、社区以及社会的意义。

（二）英国中学 ICT 课程评价中的信息社会学课程内容

在英国，14～19 岁年轻人的考试主要为资格证书考试。学生一般在 KS4 学段结束时（一般为 16 岁）参加普通中等教育证书（General Certificate of Second Education，以下简称 GCSE）考试。ICT 课程从 2010 年 9 月新中学课程全面实施后再施行新的 GCSE ICT 考试大纲，GCSE ICT 考试反映 ICT 国家课程标准的目标与内容，涉及 ICT 国家课程标准中 KS1～KS4 的全部阶段，主要涵盖了 ICT 的两大部分：A 部分——工具、技术和系统，主要涉及信息通信技术基本软硬件构成及原理、ICT 系统软件，以及数据和信息处理技术等；B 部分——信息系统与社会，主要涉及信息通信安全、信息法律法规，及信息与社会之关系等。GCSE ICT 考试的目的为使学习者能够：

a. 成为独立的 ICT 使用者，能够对 ICT 的使用做出决策，能够意识到 ICT 对于个人、组织和社会的意义；

b. 获得 ICT 的知识、技能和理解，在各种情况下创造性地应用 ICT 的知识、技能和理解；

c. 发展利用 ICT 解决实际问题的能力；

d. 理解技术和新技术的作用，以及技术更新对社会和商业的影响；

e. 理解随着 ICT 的应用而不断增长的法律问题、社会问题、经济问题、伦理道德问题和环境问题等；

f. 认识到 ICT 使用过程中存在的潜在的风险，发展安全和责任意识；

g. 发展合作能力；

h. 发展 ICT 系统的评价能力。

在 GCSE ICT 考试中以上评估目的就转化成以下 5 项具体的目标：

a. 在各种情况下应用 ICT 的知识、技能和理解；

b. 分析、设计、实施、测试和评价 ICT 系统，以便他人应用，理解 ICT 的各种广泛应用和作用；

c. 批判地反思自己和他人应用 ICT 的方式；

d. 讨论和评论 ICT 应用对世界的影响；

e. 考虑 ICT 应用带来的社会、经济、政治、法律、伦理和道德问题及信息健康与安全问题。

评估中的笔试主要用来评价学生的 ICT 知识和理解，包括 ICT 与社会、ICT 法律、法规、伦理道德等；课程作业则更注重让学生在各种问题情境下设计、开发、实施和评价 ICT 系统，发展 ICT 实践能力、批判能力和创新能力。

三、美国信息技术课程中的信息社会学课程

（一）美国信息技术课程目标与内容中的信息社会学课程内容

美国的信息技术教育类型多样，是多种称谓与实施类型并存的一个状态，大致可以分为图书馆教育、教育技术和计算机科学三个方面。在这三

个方面，信息与社会的主题都是课程中非常重要的组成部分。美国并没有国家层面的信息技术课程标准，联邦政府和教育部只对全国的教育课程标准提出建议，但该领域的一些非营利组织会提出各种课程改革计划并对课程发展提出科学性的指导意见。各个地方政府教育主管部门依据这些建议或意见制定自己的课程标准。

1. 美国国家学生教育技术标准（National Educational Technology Standards for Students）

1998 年，国际教育技术协会（International Society for Technology in Education，简称 ISTE）发布美国国家学生教育技术标准，把学生需要达到的目标分成六个领域，其中一个领域即属于信息与社会的主题："社会、伦理和人文方面的问题：学生能够理解与技术相关的伦理、文化和社会问题；学生能够负责任地使用技术系统、信息和软件；学生能够具备使用技术的积极态度，用技术促进终身学习、互相合作、个人追求以及提高生产效率。"2007 年 6 月，ISTE 公布了新版美国国家学生教育技术标准，该标准中也依据总的六个领域描述了每个阶段学生要达到的不同程度的技术能力目标。其中的一个领域是"数字公民职权（Digital Citizenship）：学生理解与技术相关的人类的、文化的及社会的问题、法律实践与道德行为。"

2. 21 世纪学习者标准（Standards for 21st Century Learner）

1998 年，美国图书馆协会和教育传播与技术协会（Association for Educational Communication and Technology）共同出版了《信息力量：创建学习的伙伴》（*Information Power：Building Partnerships for Learning*），其中提出了学生学习的信息素养标准，指出了学生应具有的素质目标。该标准从信息素养、独立学习和社会责任三个方面明确列出了信息素养的九大目标，其中社会责任方面有三个目标："7）对学习社区和社会有积极贡献的学生具有信息素养，并能够认识到信息及民主化社会的重要性，积极为社区和社会做贡献；8）对学习社区和社会有积极贡献的学生具有信息素养，并能够实行与信息及信息技术相关的道德行为，积极为社区和社会做贡献；9）对学习社区和社会有积极贡献的学生具有信息素养，并能够积极参与小组活动来探求和创建信息，积极为社区和社会做贡献。"

2007 年 11 月，在 1998 年版"学生学习的信息素养标准"的基础上，美国学校图书馆馆员协会（American Association of School Librarians，简称 AASL）又制定了"21 世纪学习者标准"，进一步扩展了信息素养的内涵，其中目标之一是："得出结论，做出明智的决定。在新情境中运用知识，创造新的知识。"

3. ACMK—12 阶段计算机科学课程示范模型（第二版）（ACM Model Curriculum for K‐12 Computer Science）

2003 年，美国计算机协会计算机科学教师协会 CSTA 公布了"ACMK–12 阶段计算机科学课程示范模型（第二版）"，其中包括四个水平的课程，如图 3–4 所示。

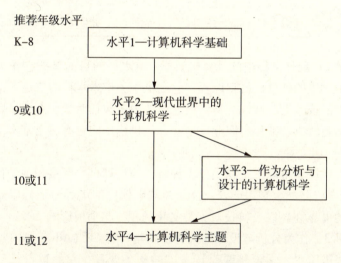

图 3–4 K—12 计算机科学课程水平结构

该课程模型中，涉及的信息与社会主题的具体内容如下。

水平 1 计算机科学基础：这一水平的学习目标是根据国家教育技术标准（美国国际教育技术协会 ISTE，2002）制定的，这部分主要涉及信息技术的内容，特别强调技术对其他学科的支持。另外还包括更多与问题解决和算法思维有关的学习目标；"课程模型"按照国家教育技术学生标准（NETS·S，ISTE 2002）的模式又将"水平 1"分为 K—2 年级、3—5 年级、6—8 年级，具体学习目标涉及信息与社会主题的内容如表 3–5 所示。

表3-5　"水平1"的信息社会学课程学习目标

K～2年级	5. 在使用技术时能与同伴、老师或其他人合作；6. 在使用技术时表现出积极承担社会责任、遵守道德的行为；7. 负责任地使用技术系统和软件
3～5年级	2. 讨论日常生活中技术的使用，了解技术的优缺点；3. 讨论使用技术、信息时应承担的责任，并能描述不正确的使用对个人带来的影响；5. 根据不同受众（课内外）使用技术工具（如多媒体编辑工具、演示、网络工具、数码相机、扫描仪）进行个人的或与他人的写作、交流和发表活动
6～8年级	2. 表现出对当前信息技术变化及其对工作与社会的影响的知识；3. 在使用信息和技术时表现出遵守法律与道德的行为，并讨论不正确使用的影响

水平2　现代世界中的计算机科学：本水平的目的是把它作为第一个所有高中学生的计算机科学课程，它提供了关于本学科的广泛介绍，使学生为未来的技术世界做好准备。概念上的内容包括对操作系统、网络、互联网、问题解决、编程、职业规划和计算机伦理问题有一个基本了解。学时设计为一年。

学生应该获得以下主题的概念理解：与计算机、网络相关的伦理问题（包括安全、隐私、知识产权、公众领域中软件的优势与劣势以及因特网上信息的可靠性）以及科技对人类文化的积极与消极影响。

水平3　作为分析与设计的计算机科学：是 AP（Advanced Placement，译为高级进阶，大学预科课程）考试的预备课程，它的重点是科学和工程学原理。完成该水平的学习后，学生应理解下列主题的工作原理："9）社会问题：软件是知识产权，专业实践；10）计算机相关行业：计算机科学家；计算机工程师，软件工程师；信息技术专家。"

（二）美国信息技术课程评价中的信息社会学课程内容

美国信息社会学课程的评价也多种多样，与上述目标与内容相对应，相关的评价有国家教育技术标准（学生）量规、21世纪技能评价量规以及大学预科课程（AP考试）等。

国家学生教育技术标准：成绩量规（NETS for Students：Achievement

Rubric）的目的是按照标准确定学生所达到的水平。这个量规得到了州、学区的领导的帮助，他们通过对中小学生技术素养的评测与监督对制定完善该量规起到了重要作用。这个量规在网上是开放的，以吸取各界意见。该量规以国家教育技术学生标准的六个方面的内容为准，分为 2 年级、3 ~5 年级、6 ~8 年级、9 ~12 年级四个阶段，涉及社会、伦理与人类问题方面的量规内容如表 3 - 6 所示。

表 3 - 6　社会、伦理与人类问题方面的量规内容

标准内容	2 年级结束达到目标描述	5 年级结束达到目标描述	8 年级结束达到目标描述	12 年级结束达到目标描述
2. 社会、伦理与人类问题 a. 学生能理解与技术相关的伦理、文化与社会问题	学生能识别社区以及日常生活中信息通信技术的一般应用	学生能识别信息通信技术如何支持合作、个人学习效率、终身学习以及帮助残障学生的相关问题	学生能识别与信息通信技术相关的法律与伦理问题，认识到误用的结果以及预测符合伦理或不符合伦理技术应用在文化、社会等各个方面可能产生的长远影响	学生能分析当前信息通信技术发展趋势，评价符合伦理与不符合伦理地应用新兴技术对社会与文化的潜在影响。
b. 学生负责任地使用技术系统、信息与软件的实践	学生能识别版权能影响一个人如何使用技术系统、信息与软件资源	学生能讨论负责任地使用信息技术相关的基本问题。确认可接受与不可接受的计算机使用情境。描述不正当使用对个人产生的结果影响	学生能讨论与可接受、负责任地使用信息通信技术相关的问题（如隐私权、版权，文件分享，剽窃等）。分析不道德的使用信息与计算机技术的后果与代价（如黑客、垃圾技术、消费舞弊、病毒设置、侵扰等）。能确认解决这些风险问题的方法。	学生能分析不道德地使用信息与计算机技术的代价与后果，能判断个人如何保护他们的技术系统免受不道德与不良用户的侵害

续表

标准内容	2 年级结束达到目标描述	5 年级结束达到目标描述	8 年级结束达到目标描述	12 年级结束达到目标描述
c. 学生对支持终身学习、合作、个人目标追求与效能的技术应用持积极态度	学生在教室与在家能描述可接受与不可接受的计算机礼仪以及在使用技术时如何与同事、家人以及其他人合作	学生可以识别对于他们有价值的软件并知道如何获得，能描述他们如何提高他们的交流、高效完成个人目标的能力	学生能审视与计算机礼仪相关的问题并讨论能更加有效应用技术来支持交流合作、个人目标、终身学习以及帮助残障人员的手段	学生能分析当前信息通信技术的发展曲趋势并讨论新兴技术如何影响合作、提高个人效能、满足不同学习者需求，创造在本土与全球社区终身学习的机会

21 世纪技能评估：Learning. com 成立于 1999 年，是美国最主要的网络课程与评价的提供者，对学生的教育技术能力有一套完备、有效的测试，被称为 21 世纪技能评估（The 21st Century Skills Assessment）。该评估采用心理测量手段，综合学生的互动验证学生能力的程度高低。以绩效为基础的问题能使学生在模拟应用情境、多项选择、知识基础的问题中真实地完成复杂任务。此外，21 世纪技能评估测试还提供档案袋评价，它包括学生完成一项任务的所有内容，有前测与后测。该档案袋评价有几个优点：（1）方便学生明确任务。教师也可以为学生完成的任务打分；（2）方便教师记分，有专门为教师记分的量表；（3）最后反馈给学生一份评估报告，这使得评价比较全面。

美国的计算机科学 AP 课程是大学预科课程，它提供 AP 测试，作为衡量其是否能够胜任大学学习的依据，因此 AP 考试成绩已经成为众多大学录取时最为重要的依据之一。其中，计算机科学 A 级相当于大学计算机科学系提供的计算机科学专业的导论课程，是为打算在大学继续学习计算机科学或是与技术有密切相关的其他专业的学生开设的。其测试目的之一就是使学生意识到伦理道德以及使用计算机的社会影响，使学生认识到计算机使用的伦理与社会影响：任何能让学生讨论负责任地使用计算机的原则，包含怎么解决计算机使用伦理与社会问题，如果没有明确的活动，就必须有计划地组织讨论的话题（隐私保护、知识产权、公共安全等）。

综合各国信息技术课程目标、内容的演变，我们可以看到随着技术的不断发展，技术的社会影响越来越成为信息技术课程的重要组成部分。美国的"国家学生教育技术标准"、"21 世纪学习者标准"、英国的 KS3 阶段的 ICT 课程都将信息技术对社会的影响作为一项重要组成内容来表述，特别是日本"信息"科的两个模块之一就是"社会与信息"。信息技术为人们工作学习带来方便的同时也带来了一些信息社会的问题，提高学生信息技术的知识与能力，还必须对学生进行信息伦理与道德教育，使他们负责任地应用技术。

第三节　信息社会学课程目标

课程目标基于某种教育哲学对目的、目标、教学目标信念的澄清，可为所有的课程开发工作描绘出非常关键的框架，阐明自己对教育目的的信念，帮助别人发现价值体系，从而有助于开发出有意义的课程。

一、课程目标概述

（一）课程目标

课程目标就是在课程的设计和开发过程中，根据既定的教育哲学观赋予课程的具体价值和任务指标。课程目标是教育哲学观的反映，是课程固有价值的某种程度的体现，是课程任务指标的表述形式。

（二）课程目标分类

课程与教学目标一般包括行为取向、生成性取向、表现性取向三种类型，其中行为取向的课程教学目标影响最大，使用最广泛。

行为取向目标（behavioral objective）：主要着眼于学生的行为而不是教师的行为，主要描述学生的学习结果，而不是学生的学习过程。它是以构设可以看出行为结果的方式对课程进行规范与指导的目标，一般表现为课程的任务指标、运作方式和操作程序。

生成性取向目标（evolving objective）：不是由外部事先规定的目标，而是在教育情境中随着教育过程的展开而自然生成的目标，它关注的是学习活动的过程，而不像行为目标那样重视结果，是对课程实践过程和情境进行表征的课程目标，一般表现为构设的课程实践情境和过程，以及对课程实践结果的周全性表述。

表现性取向目标（expressive objective）：旨在成为一个主题，学生围绕它可以运用原来学到的技能和理解的意义，通过它扩展和拓深那些技能与理解，并使其具有个人特点。周全地表征课程实践结果而生成的课程目标，一般表现为对课程实施结果的周全表述，如对学生实际发展的表述。

（三）课程目标的构成要素

表现要素（behavioral component）：课程实践的结果，包括学生获得的实际发展以及发展的外化行为，课程实践的其他成果。

条件要素（conditions component）：达成既定课程实践结果所需要的各种因素和相关背景。

标准要素（standards component）：赋予课程实践活动的具体要求以及度量课程实践结果的尺度或准则。

二、信息社会学课程的目标定位

（一）信息社会学课程的目标价值取向

信息社会学课程目标的价值取向有知识本位的课程目标、社会本位的课程目标和学生本位的课程目标三种表征形式。

信息社会学课程的知识本位目标以信息社会学的学科知识为基础，使学生形成一个系统完整的信息社会学的知识体系，进而运用信息社会学知识认识并解决学生在学习、生活中遇到的问题。信息社会学是研究信息社会流通以及信息与社会变化的相互关系和信息化社会结构的一门学科，探讨信息社会化的特点与发展规律和信息化社会结构的基本模式，以及信息对推动社会进步的作用与影响，即信息的广泛应用所引起的整个社会经济结构、就业结构的变化等基本问题。（符福桓，2000）然而，认识是一个过程，人类社会刚刚进入信息社会，自身对于信息社会的认识也不全面，但我们可以看到信息社会初现的一些特征，这些关于信息社会变化的信息社会学知识是应该让学生认识并运用的。

信息社会学课程的社会本位目标应该是改良信息社会、促进信息社会发展。强调信息社会学课程有助于学生更多地关注生活和社会，增强学生与现实生活和现实社会的联系与互动，并以此发展学生的批判意识，有效参与国家与社会公共生活，从而推动信息社会的发展。这也是信息社会学课程开发的出发点。

信息社会学课程的学生本位目标是满足学生自身发展的现实需要和促进个性发展。注重学生个性的发展、经验的增长、兴趣的满足、特长的强化以及主体意识和主体探究能力的形成与发展，并以此使学生获得愉悦的学习体验，形成对世界的真实认识。这种模式往往根据学生的实际需要和兴趣设计与开发课程，注重学生活动经验的获得，也不排斥学生知识的增长。

信息社会学课程目标的不同价值取向对不同课程的开发模式提出了相同的任务，即将特定的价值赋予开发出的相应的信息社会学课程，并以课程目标的形式体现这些价值。这些价值取向的维度实质上是课程目标与内容的基本来源的体现，即学科、社会、学生。它们并不是割裂的，而是有机的统一体。因此，信息社会学课程目标应该尽可能地体现所有价值、整合所有价值，既能充分反映社会和学生发展的需要，又可反映学科发展和知识教育的需要。

（二）信息社会学课程的目标构成要素

日本"社会与信息"的课程目标是按照信息社会的信息生成过程来表述的，强调社会的整体信息系统。美国的信息社会学课程目标按照能力维度表述，强调关注信息技术对经济的影响，强调学生参与信息社会，让学生了解与信息技术相关的职业，含有强烈的职业启蒙教育。英国的信息社会学课程目标是按照课程要素表述的，相比较来说更强调与不同社区及文化背景的人进行交流合作，强调信息活动的社区乃至社会价值。我国台湾地区的信息社会学强调信息社会的问题，主要从信息法律、信息伦理与信息安全三个重要方面来阐述。表述方式都涉及知识与方法、态度与情感、行为与习惯、能力等维度。我国大陆的高中信息技术课程标准中与信息社会相关的目标都放在情感态度与价值观维度中予以表述。各国或地区在目标表述形式上都按照信息生产的流程展开表述，即"经历信息技术过程"。日本、英国、美国都将目标分年段细化到标准，并以此开发量规进行评价，而我国高中信息技术课程标准并没有将总体目标转化为微观的标准。因此，在考虑信息社会学课程目标的时候，从维度上要考虑知识与方法、态度与情感、行为与习惯、能力，在表现方式上要考虑总体目标与微观标准、学生发展阶段、信息生产流程，如图3-5所示。

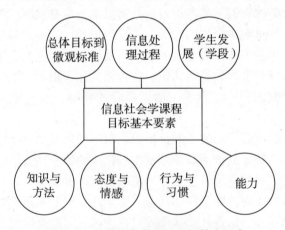

图3-5　信息社会学课程目标基本要素

（三）构建信息社会学课程目标的基本原则

1. 综合性原则

我们从STS视角来看信息技术学科，它反映了对信息科学技术认识方式的一种转变，也就是说，我们必须从社会文化背景或人类的经验背景去认识信息科学技术。信息技术教育不仅要使学生掌握信息科学领域的研究成果、方法以及信息科学技术的概念与知识体系，而且还要使学生学会认识信息科学技术的社会价值与社会功能以及伦理意义，学会在个人生活和社会生活中正确有效地运用信息科学与技术。信息社会学强调人类信息活动对社会组织、社会结构、社会制度以及社会文化等方面所带来的影响，在制定信息社会学课程目标时，同时要兼顾信息科学、信息技术两方面，即综合性原则。

  2. 周延性原则

周延性原则是对逻辑严密性和内容体系完整性的统称，是确定综合课程目标的一般性原则，也是确定信息社会学课程目标的基本原则之一。在构建信息社会学课程目标的过程中，必须明确特定的逻辑主线，并据此制订严谨的课程目标。

  3. 连贯性原则

在不同学段，信息社会学课程目标应保持连贯性，低年级课程目标是课程高年级课程目标的基础与前提，高年级课程目标是低年级课程目标的延续和深化。

  4. 层次性原则

信息社会学课程目标应包含总体目标和具体目标、宏观要求和微观标准、目标本体和目标说明，应是层次分明、结构严谨的完整体系。信息社会学课程目标的构建应当注重课程目标的分层表述和衔接统整。

  5. 多维性原则

多维性原则即实现表现性目标、行为性目标、生成性目标等课程目标表征形式的有机统一。

（四）信息社会学课程的基本目标

信息社会学课程的总体目标是使学生能理解信息社会学概念、原理等知识，掌握信息社会学方法，负责任地使用信息技术，有效与他人交流与合作，培养积极参与信息社会的意识与能力。

我们从知识与方法、态度与情感、行为与习惯、能力四个维度来表征信息社会学课程的基本目标。

  1. 知识与方法目标

（1）使学生在学习信息科学与技术的同时，掌握信息社会学知识，形成自己完整的信息学知识体系。信息社会学知识是人们在认识与探究信息社会的过程中发现、总结、归纳和概括并逐渐积累的描述或阐释客观事物和现象的知识，即人类文化成果中的间接经验。当间接经验经过课程开发转为课程内容的时候，便成为我们一般意义上的学科性知识。现代课程体系中的学科性知识主要以两种形式表现出来：伴随着课程的分化而生成的科际界限明显的分科性知识，伴随课程的综合而生成的科际界限模糊或消解了科际界限的整合性知识。信息社会学课程的知识目标应该是使学生掌握后一种知识。整合性知识一般包括已整合的知识（integrated knowledge）和整合中的知识（integrating knowledge）。前者是由课程开发者对分科知识进行整合的产物；后者是由学生在学习过程中通过自己的主体建构活动对分科知识进行整合的产物。信息社会学课程的知识目标是使学生在这两种方式下掌握整合的信息学知识。

（2）使学生在学习信息科学与技术的同时，掌握和运用方法性知识，并形成自己完整的信息学方法知识体系。"内容性知识是不断变化着的，而方法性的知识具有一定永恒性，它是形成学习者个体的思维力、判断力、解决问题能力的基础，被称为现代教育学的基础学力。"（熊梅，2000）在知识爆炸的信息社会，方法性知识价值深远，意义重大。因此，信息社会学课程知识与方法目标是要使学生掌握并运用方法性知识。

2. 态度与情感目标

信息技术学科过分地强调技术导致"只见技术不见人"的弊端不断表现出来，技术知识的不断分化，忽视了对学生对于信息的态度与情感的培养，而信息社会学课程自身所特有的情感态度与价值观正是对这种缺陷的一种弥补，它的目的是使学生达成以下目标。

（1）形成正确的自我意识。

自我意识是对自己身心活动的觉察，自我认识是对自我身心特征的认识，自我体验是个体对自我认识引发的情感体验，自我监控是对自我思想行为的控制。了解自我，热爱自我并把握自我是展示个体生命意义和价值的前提，信息社会学课程在这方面具有价值并负有责任。因此，信息社会学课程应使学生了解在信息社会中的真实自我，了解在信息文化中自我的传统特质，形成个体对信息生活行为的积极乐观的态度，并获得良好的信息生活体验，形成对自己的信息行为负责的自律意识，形成主动探究的意识与自信心。

（2）形成信息社会意识，以及负责任地使用信息科学与技术、尊重并与他人合作的态度。

作为信息社会的成员，学生的社会化是教育的最基本任务。信息社会学课程在提高学生社会化程度方面有重要的特定价值。因此，信息社会学课程应使学生形成关注信息社会问题的意识或态度；形成公民意识和社会责任感；形成集体观念以及合作意识；尊重他人的特质，形成理解并尊重多元文化的态度。

3. 行为与习惯目标

负责任的行为与良好的习惯是任何课程都具有的功能，信息社会学课程在这方面也不例外地有着自己的重要作用。信息社会学课程应使学生达成如下目标。

（1）遵守信息社会的基本规范，履行自己的社会义务并行使权利。信息社会学课程通过自身提供与信息社会紧密相关的内容，使学生能够自己遵守信息社会公德、集体的规范与信息社会法律法规，负责任地、符合道德地、合法地使用信息技术；主动参与家庭、社区以及社会的信息活动，并行使自己的权利。

（2）养成良好的生活习惯。信息社会学课程为学生创设认识信息生活和参加信息活动的课程机会，使学生能够养成良好的使用信息技术的生活习惯，提高生活效率；力所能及地独立地生活；安全正确地使用信息设备等。

4. 能力目标

信息社会学课程关注信息社会和学生生活的现实问题，注重学生在认识和解决这些现实问题过程中形成的多方面能力，主要包括自我认识能力、学习能力、思维能力、创造能力、合作能力、交流与沟通能力等。

（1）培养和发展学生客观的自我认识能力。

自我认识能力是指个体对自己的个性、观念和行为进行总结、分析和评价并得出结论的能力，主要包括自我总结和分析能力、自我判断和评价能力、自我归因能力、自我控制和调节能力等。

（2）学生学会如何获取信息的能力。

包括学生能善于获取信息的能力，运用各种方法提高效率，整合和完善知识体系、认知结构、认知策略的能力等。

（3）学生学会思考，批判性地分析信息、解决问题的能力。

人的思维活动可以以多种方式进行，如线性思维与发散性思维、认同性思维与批判性思维、顺向与逆向思维、逻辑思维与形象思维等。信息社会学课程针对社会现实问题，使学生的思维方式实现整合，达到培养学生的思维能力的目标。

（4）培养和发展学生的主动合作能力。

信息社会学课程强调学生的社会性，信息社会需要社会成员具有主动合作意识与能力，一般包括组织能力与参与能力等信息社会学课程具有特有的价值，可指导学生如何符合道德地、负责任地与他人进行信息活动，在活动中，学生的组织能力与参与能力可得到充分发挥。

（5）培养和发展学生的综合性创造能力。

学生在信息社会学课程的学习中形成和发展的创造意识与能力主要指他们对零散杂乱信息的整合，并在此基础上创造新的成果的意识与能力，可提供课程机会以培养学生的创造能力。

（6）培养和发展学生的信息交流与沟通能力。

学生的交流与沟通活动在内容上主要包括精神或情感的、物质的、技术信息的、学生与社会成员之间、学生与各种信息媒体的交流与沟通。与远距离的个人或团体的在线交往是信息社会学课程中特有的机会，通过这种机会，学生能发展组织与参与的意识与能力。

另外，必须对上述目标进行以下必要的说明：（1）它们不是信息社会学课程所独有的；（2）课程目标重视整合，不应忽视或放弃信息科学与技术的价值，它们是互补的；（3）不同形态的信息社会学课程对上述目标的体现各有侧重。

第四节　信息社会学课程内容

信息社会学课程内容是课程化的核心，课程内容的选择有许多原则和不同取向，有不同的课程内容组织形式。

一、课程内容概述

（一）课程内容

课程内容是指"各门学科中特定的事实、观点、原理和问题，以及处理它们的方式"（施良方，1996）。泰勒认为课程内容是对课程目标的反映，

信
息
社
会
学
课
程
开
发
研
究

而劳顿主张课程目标应依据课程内容、儿童的本质和社会境况等要素来确定。因此，课程目标与课程内容的关联性与互动性是不容否认的，即课程目标为课程内容的选择提供了方向性的指导，而课程内容又反过来影响着课程目标的实现。理解课程内容需要充分考虑课程目标的属性与要素。

（二）课程内容选择的价值取向

1. 寻求文化的内在价值取向

课程内容的选择体现文化的固有价值，应该通过对这些内在价值的分析来筛选确定课程的内容。在选择课程内容的过程中，这种价值取向所面临的最大难题是如何界定文化的内涵与外延，以及如何就特定文化的内在价值达成一致。

2. 以寻求课程内容的实际用途或现实适应性为取向

这种观点认为课程内容的选择不应受特定学科内容和方法的制约，而应以使学生履行理想社会基本职责的知识和能力为依据。

3. 以寻求课程内容的结构为取向

课程内容之间存在着价值关联和逻辑关联，这些关联使不同形式和性质的文化知识要素形成了相对严谨和完整的结构，应以此结构作为课程内容选择的依据或准则。

4. 以学生的自身发展为取向

课程内容的选择应充分考虑学生的兴趣、需求和成长中的现实问题，并以此作为选择的标准与尺度。

（三）课程内容选择的原则

课程内容选择虽然有着不同取向，但其目的都是为了学生的发展，综合上述取向，我们可以了解课程内容选择的原则至少应当包括：体现课程内在的文化价值；关注社会发展需要，并充分反映社会发展的最新动态与成果；满足学生的心理发展特点以及兴趣和需要；遵循学科自身的知识体系。

二、信息社会学课程内容

（一）信息社会学知识分类

虽然信息社会学作为一门学科正处于形成的阶段，但"信息与社会"

的主题涉及的知识是信息社会学最为根本的内容，下面简单梳理关于"信息与社会"主题的知识结构。

斯皮内洛和塔瓦尼的《数字伦理读本》无疑是在网络伦理方面的重要代表著作，奎恩的著作《信息时代的伦理》是沿着前者的线索继续扩展的。白爱斯在 2003 年版的著作《火的礼物》中描述的这方面的内容领域是最为广泛的，这是一本涵盖围绕信息技术的使用的社会问题的书籍。乔尔·鲁蒂诺和安东尼·格雷博什的《媒体与信息伦理学》的内容包括：自由与信息；对媒体作用的评估、伦理与广告、伦理与娱乐、隐私、秘密与机密、知识产权、安全等方面。美国计算机协会（Association of Computing Machinery，简称 ACM）对与计算机相关的学科知识进行了分类，1982 年他们建立了一个计算机知识分类系统，对计算机学科的结构、内容以及分类系统的使用进行分类，以此为计算机文献的出版提供分类与索引指导以及为课程设置内容提供指导，并分别在 1983 年、1987 年、1991 年、1998 年进行了修订，现在的美国计算机协会计算分类系统（1998）也在不断更新，有效期到 2011 年。这个分类系统是一个知识树，共有 11 个分支，每个分支下又有一到两个分支，并给出了 16 个一般术语，包括：算法、文件、经济、实验、人力因素、语言、法律方面、管理、测量、绩效、可靠性、安全、标准、理论、验证等。另外计算机本体论项目一直研究计算机与信息相关学科的整体构成，力图充分描述涉及计算机主题的各个学科的不同与重叠之处，以及各种教育者与研究者感兴趣的主题，包括任何与计算机、管理和处理信息相关的学科。这个项目由美国国家科学基金（National Science Funds，简称 NSF）、美国计算机协会和美国电气和电子工程师协会（Institute of Electrical and Electronics Engineers，简称 IEEE）以及瑞典开放大学支持。他们参考了美国计算机协会的分类系统、澳大利亚计算机协会（Australian Computer Society）以及德国信息学课程认证等的研究成果，其中也涉及信息与社会主题。

（二）信息社会学课程内容

上一节我们介绍了各国信息技术课程中涉及的信息社会学课程的内容。按照信息社会生产信息的流程来看信息社会学课程内容综合比较可以发现：作为信源的社会信息资源，各国的信息社会学课程都没有涉及，这应该是信息社会学课程应该关注或补充的内容，社会信息系统应该是作为信道的统称，信息伦理与信息法律则可称为信息政策，即信息流通的规则，信息安全应该是确保信宿能安全、可靠地接收信息。这样，我们就可以从以下五个方面考虑信息社会学课程内容，如图3-6所示。换句话说，我们可以从这五个领域考虑安排信息与社会的知识，形成遴选内容的逻辑结构。

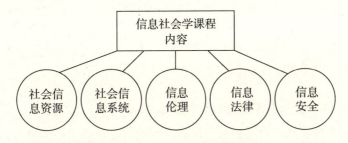

图3-6　信息社会学课程内容结构

　　信息社会学作为一门学科还没有形成一个公认的基本知识架构，因此我们从社会生产信息的流程出发来尝试建立的结构，符合信息技术课程的特征，有其合理性。

三、信息社会学课程内容的组织

（一）信息社会学课程内容的组织方式

　　对信息社会学课程内容的组织就是对选择和确定的信息社会学课程内容进行有效编排，使之形成一个具有特定逻辑关系和价值关系并具有可操作性的内容体系。

　　1. 以概念为中心的组织方式

　　概念是对现象的抽象性、简约性的概括，它蕴含着事物丰富的属性和特征。把握了概念就是把握了事物的属性和特征，也把握了类属于概念范畴的事物的个别现象。信息社会学包含着众多概念，蕴含着不同的原理和方法。

　　2. 以问题为中心的组织方式

　　信息社会学课程以现实社会中的各种问题为核心，虽然这种组织方式是缺乏严谨的逻辑结构关系的，但这种方式可以从生活领域和社会现象两个层面设计和开发课程。因此，基于这种模式设计和开发的课程具有极强的现实针对性，有助于加快学生的社会化进程，并能够引发学生广泛的学习与探究兴趣。

3. 以任务为中心的组织方式

信息社会学课程内容应包括与学生现实生活密切相关的任务，以培养学生的信息能力并经历应用信息社会学知识解决问题的过程。

4. 以方法为中心的组织方式

信息社会学课程内容按照信息生产的流程，培养学生掌握信息获取、加工、管理、表达与交流的基本方法；将不同的概念、问题融入信息处理的过程中，以发展学生的信息素养。

（二）信息社会学课程的内容组织结构

各国信息技术教育课程都以培养学生的信息素养与终身学习的能力为最终目的。在信息社会中生存的一代新型知识公民必须具备信息素养。1989 年美国图书馆学会（American Library Association，简称 ALA）提出，一个具备信息素养的人能够判断什么时候需要信息，并且懂得如何去获取信息，如何去评价和有效利用所需的信息。信息素养成为衡量人发展的重要指标。这也是信息技术学科的价值所在。

在信息社会，文化的传承是非线性的。在农业社会中，父辈所过的生活在很大程度上注定是子辈将要过的生活。在工业社会中，社会变迁和阶层流动虽然不会如此缓慢，但其变化程度有限，往往是底层的阶级仍基本沿袭着从前的生活方式，而即使是底层阶级产生变化，对文化也不能产生颠覆性的冲击。而在信息社会，特别是在转型期，即由工业社会向信息社会的过渡时期，在阶层流动、文化交流过程中，占主体的是青少年，青年的创新文化中混杂着同辈文化、亚文化，会形成文化的断裂现象。文化传承上的断裂导致的一个直接后果就是：青少年的价值观与其父母长辈的价值观有很大不同，自然会形成代际冲突，进而影响社会的稳定和秩序。传承优秀的传统文化应该成为信息社会学课程的使命之一。

此外，虚拟的网络信息活动一方面扩大了学生的交往范围，同时也影响着学生的真实交往，与不同文化背景的人交往是种能力。同时，虚拟环境很可能会扭曲青少年的人格，影响青少年同他人的真实交往，虚拟环境常常使学生耽于幻想之中，沉醉于一种虚假的满足，使得同他人的交往成为一种可有可无的事情。因此，强调人与人之间的合作、人与人的社会关系必然是信息社会学课程的重要方面。

　　根据以上对学科、社会以及学生方面的分析，信息社会学课程内容组织可以用 KPRC 模式（如图 3－7 所示）来表达。K（knowledge），指信息社会学知识，作为信息社会学学科的知识体系，是信息社会学课程开发的来源之一。P（process），指信息流程，指是信息技术学科的方法特质与过程原则，具备信息素养也是社会的要求。R（relationship），指学生的社会关系，信息社会学课程的最终目的是加快学生的社会化进程，学生的社会关系与角色是信息社会学课程的要素之一。以学生个体为视角，审视个体的信息社会活动，结合个体在信息时代的常见信息活动问题，本着培养学生信息社会公民意识的目的，我们从学生个体——自我为起点，然后以自我与外部的关系来考虑，即自我、自我与他人、自我与他物、自我与社会四个层面的关系来考虑，组成内容的基本架构之一。C（culture），指文化，信息社会学课程发生在具有一定文化特质的社会中，传统文化、民族文化的传承也是社会的需求。

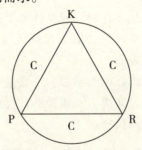

图 3－7　信息社会学课程内容组织的 KPRC 架构

　　按照这样的组织架构，将概念、原理、方法综合考虑，再按照学生的不同发展阶段，我们就可以对信息社会学目标体系进行细化设计，并以此形成课程目标的微观标准，同时可以作为信息社会学课程评价指标体系的起点。

第五节　信息社会学课程教学案例

信息社会学课程在内容上主要涉及信息社会与信息科学、信息技术相关的概念、原理和方法等知识，意识形态、价值观、伦理观和文化意识等理念以及各种技能，因此，信息社会学课程内容必然会涉及信息社会问题。我们可以看到，各个国家的信息技术课程较集中的信息社会问题多体现在隐私权、知识版权、信息安全等方面。本节介绍几个与信息社会焦点问题相关的实际教学案例以供参考。

一、"个人信息保护"教学案例（小学六年级）

中小学生网络信息活动的日益频繁，个人信息保护应该成为信息社会学课程内容中不可忽视的一部分。本教学设计通过网上聊天这一真实任务，运用个人信息保护的知识来解决实际生活问题，以期探索信息社会学课程的典型课例，反思信息社会学课程内容的组成，总结信息社会学课程教学的有效途径。

本课的任务呈现方式是多样的，或是让学生讨论什么是个人信息，或是在给出的具体聊天情境中讨论如何掌握避免泄露个人信息的聊天技巧，或是完成一个聊天情境的表演。

本课不涉及计算机操作技能的学习，主要是帮助学生在教师提供的具体情境下通过协作、讨论、交流、互相帮助，自我建构对个人信息知识的理解，掌握网上安全聊天的技巧。

主题：给个人信息撑起"保护伞"——网上聊天的安全

【教学目标】

知识与技能：（1）了解一些常见的聊天软件，如 QQ、MSN 等；（2）让学生掌握个人信息的内容与一般的表现形式；（3）让学生了解他们可以发展在线的人际关系，但千万不要向仅仅在网络空间中认识的朋友泄露自己的个人信息；（4）掌握聊天时避免泄露个人信息的技巧。

过程与方法：（1）注重对学生学习过程中的指导，增加学生开展独立探索和小组合作学习活动的机会，培养学生自主学习探究的习惯与能力；

（2）注重学生对学习过程的自我评价、调整；（3）在建构主义理论的指导下，让学生在一系列连贯的问题与任务驱动下学习、探索。

情感态度与价值观：（1）提高学生的信息伦理意识，培养创新精神和实践能力；（2）认识泄露个人信息的危害，学会与他人合作，尊重他人的意见。

【教学重点、难点】

重点：了解个人信息的内容以及一般表现形式；掌握一些避免涉及自己个人信息的谈话技巧。

难点：使学生记住让别人知道自己的个人信息之前要征得父母或教师的同意。

【教学过程】

1. 引入

提问学生是否有网上聊天的经历，并让一些曾经在网上聊过天的学生说说他们的经历（比如，聊天的地点、时间、内容、感受等）。讨论：和身边认识的朋友聊天与和未见过面的网友聊天相比，两者有什么不同呢？

2. 新课

将学生分组。提问学生：你认为下面列举的哪些是个人信息？提交小组讨论。

◇ 你的姓名；◇ 你的住址；◇ 你的学校地址；◇ 你的 E－mail 地址；◇ 你的电话号码；◇ 你的密码；◇ 你父母的姓名；◇ 你父母的工作单位；◇ 你的照片；◇ 你的外号；◇ 你的期末评语；◇ 你的考试分数。

小组讨论完毕，给出个人信息的一般概念：一切直接或间接辨别个人身份的信息。让学生按照定义对上面的项目重新进行衡量。

3. 读故事

学生读完下面的故事后，教师通过提问简单了解学生的反应，针对故事后面的问题展开小组讨论。

小明经常去一个网站的聊天室和网友谈论一些学校的事情。他非常喜欢与一个网名叫"果冻"的网友聊天。每次小明聊到学习上遇到问题的时候，"果冻"都能给小明出些解决问题的好主意。"果冻"是个非常好的倾听者。有时候，小明和"果冻"会约好下一次聊天的时间。小明觉得"果冻"是他非常要好的朋友。

有一天，小明与"果冻"正在聊天，他们在比较他们所在的两所学校的不同。

小明输入："我的学校纪律可严了，我们在走廊上都要靠右侧走，还不能喧哗，更不能打闹。"

"果冻"回复："我们学校不那么严格。你在哪个学校啊？"

（1）小明应该回答什么？

（2）怎么样回答更好一些？

4. 读相关提示资料

《可以上网聊天》

小明和"果冻"是网友，但不是面对面的朋友。他们只是在网上聊天时相互认识的。两个网友可以聊得非常好，他们能分享彼此的情感，谈论一些与面对面的朋友不能谈论的问题。

学生读完以后，教师提问：是不是与网友聊天比与熟悉的朋友聊天更轻松、更容易呢？为什么？（因为网友不是面对面的，并且不必担心对方会怎样看待自己。）

《网友是陌生人》

你能真正知道你的网友是男还是女吗？你能确定网友的年龄吗？回答当然是不能，因为你不能确定。这就是网友与面对面的朋友的不同。所以，把网友看作一个陌生人吧！

学生读完以后，教师提问：你是否在网上装作是另外一个人过？（告诫学生他们的网友也有可能是另外一个人扮演的。）

5. 讨论如何回答

读完两则相关提示资料后，让学生回到先前的故事，看看学生是否对先前的回答有修正和完善。与学生讨论应怎样更好地、妥善地回答网友的问题。例如，比较理智地回答："我不能告诉你，那样不安全"，"那是隐私，我们不要谈论那个"；比较幽默地回答："我的学校在地球（北半球）上。"

6. 角色扮演

学生两人一组，扮演聊天的网友，一个问个人信息，另一个要尽量想办法避免泄露个人信息，看谁的回答更安全并且有创意。请其中几组到教室前面表演。

7. 总结

提问：面对面的朋友与网友有什么不同？（尽管你与一个网友分享一些内心的想法，但网友始终是一个陌生人，在学校中通过目睹一个面对面的朋友的行为会让你更好地了解你的朋友。）

如果网友问我们的个人信息，我们应该怎么办？（让学生记住一条原则：在没有征得父母或其他监护人同意之前，一定不要泄露你的个人信息。）

教学过程评价与分析

该案例为实验教学的内容，案例中选择了某小学六年级的一个教学班进行教学实验，取得了比较理想的教学效果。我们课后与两位听了这节课的信息技术教师围绕教学理念、教学目标、教学过程与方法、教学评价等方面的问题进行了探讨。两位教师一致认为这节课较符合目前的教学改革方向，体现了新课程的理念，学生们比较愿意接受这种新挑战。

在小组协作学习过程中，合理有序的组织是提高学习效率的重要保证。本课的教学过程中，在小组讨论的环节上，一些小组成员并未真正参与到讨论中，学生的自我约束力不强。学生自我评价能力的培养是发挥评价的发展性作用的有效途径。学生在进行自我评价时，总是觉得无所适从，不会有效地进行评价。如何提高学生自我评价的能力以及活动任务设定的趣味性是开展信息伦理道德教育的重点和难点。

对于信息社会学课程来说，首先，在制定教学目标时，应将目标分为基础性目标和发展性目标，以满足学生个性化发展的目标要求。其次，学习内容设计应贴近学生实际，任务应有趣味性。信息社会学课程不应该是说教，而应该成为学生在实际生活场景中解决一些信息社会问题的向导，它应成为培养学生能力的一种途径。再次，在学习过程中，结合学生的年龄特点和认知水平，设计相应的学习支持工具，通过"脚手架"策略使学生获得体验、并内化各种学习策略和问题解决策略。最后，在教学中，综合运用多种评价方式、设计多种评价工具，能够保证对学生学习过程和学习结果的公正评价，体现教学评价对学习的激励和调节作用。

二、"著作权合理使用"教学案例（初中一年级）

本案例是一个关于"著作权合理使用"的教学案例。现代电子技术已经为人们获取、分享各种信息资源，参与各种活动提供了全新的方式，特别是对青少年学生而言，互联网以其特有的魅力吸引着广大的学生投入到其中。但是，学生在使用网络的过程中，也出现了很多伦理道德、信息安全、知识产权保护等方面的问题。本单元的主题是"著作权合理使用"，其目标就是引导学生在使用互联网的过程中，认识相关法律法规和有关知识产权保护的基本内涵，能够尊重和保护他人的知识产权，树立自身的知识产权保护意识。

教学设计。

主题：著作权合理使用

【教学目标】

知识与技能：了解"著作权"的概念，知道"合理使用""公有领域"等术语；知道《中华人民共和国著作权法》第22条第1款和第6款关于合理使用的规定。

过程与方法：学会如何合理使用他人的文字、图片等作品，能在法律允许范围内合理使用他人的作品，避免剽窃。

【情感态度与价值观】

能尊重著作权，理解保护作品的版权是保护创造者生存的权利。

【教学重点、难点】

重点：能依法合理使用他人作品，避免剽窃。

难点：了解什么是公有领域的作品。

【教学策略设计】

主要教学方法如下。

案例法：利用不同案例设置问题情境，引发认知冲突，激发学生的求知欲望。

活动法：在教学中通过选择"幸运数字"的活动，增加课堂的趣味性，这样学生就会易于接受并积极参与。

讨论法：让学生在讨论中渐渐形成对问题的深入理解，并形成解决问题的办法，同时了解并尊重彼此所持的不同观点与态度。

【教学准备】

普通教室、学习材料、学习单、课件。

【教学过程】

1. 引入新课

让学生想象他们拥有一个游戏软件公司，并且花费大量的时间开发设计了一款网络游戏，但是他们发现另外一家网站已经复制了他们的游戏并公开发布，而且吸引了大量的点击率。你们认为这公平吗？这种情况合法吗？解释说明网络游戏是游戏软件公司维持生存的劳动成果，是一种财产。

2. "幸运数字"活动

利用课件，请学生随机选择自己的"幸运数字"，单击后，学生根据"幸运地"出现的情境（也可能是"不幸运"，没有问题）进行讨论，教师保持中立，并不给出结论性的答案。如图 3-8 所示。

图 3-8

问题情境如下。

（1）利用搜索引擎找到几个与你的作业相关的信息的网站，你从这几个网站上分别复制了一些内容，然后粘贴在一起，重新组织了一段话放在你的作业中，最后你写出自己的介绍和结论。

（2）为了显示自己高超的电脑技术，你侵入了政府计算机信息系统，但什么也没做。

（3）哥哥告诉你在哪里可以得到免费密码以登录游戏网站，以后你就可以免费玩那个网站上的游戏，而其他人要每月花 10 元钱才能玩。

（4）你知道在哪里可以下载到刚刚上映的影片，于是你下载了影片并与家人一起观看。

（5）从网站上复制一张图片然后粘贴到你的作业中。

（6）你用光盘复制了你最喜欢的图片处理软件，然后将其送给一位喜爱摄影的好朋友，他可以使用这个软件处理平时的照片与其他摄影作品。

（7）同学们发现你有一个非常快速的互联网链接，于是请你下载音乐文件。你觉得这是个挣钱的好机会，就将音乐复制到 CD 上然后以便宜的价格卖给同学。

3．知识学习

（1）事先将学习材料放在电脑后面，并不告诉学生。这个时候提问："什么是著作权？"让学生找到藏在电脑后面的学习材料，看谁最先找到答案，并请最先找到答案的同学朗读。然后举例说明著作权是通过自己劳动生活的权利，应该受到尊重。了解版权符号，字母 C 代表 copyright。用课件演示示例。

例：好莱坞影片前的版权声明；百度网站中的知识产权链接声明。

（2）请学生设想如果所有的作品都受著作权保护，使用时都需要征得创作者的同意，这个世界将会变得怎样？引出著作权"合理使用"的概念，并请大家学习《中华人民共和国著作权法》第 22 条第 1 款和第 6 款关于合理使用的规定。要特别强调学生合理使用他人作品的前提条件是："指明作者姓名、作品名称，并且不得侵犯著作权人依照本法享有的其他权利。"

（3）设疑，提问学生如果使用一些数学公式或大家公认的著名作品（如达·芬奇的蒙娜丽莎等）时没有办法征得创作者的同意怎么办？引出著作权"公有领域"的概念，并说明处于公有领域的作品是可以自由使用的。给出公有领域符号，英文是 Public Domain。

4．知识应用

请同学们重新考虑刚才讨论过的情境，配合课件说明。

（1）复制图片、动画片、明信片等：未经版权所有人允许，这些版权作品不应该在个人空间（网站）上展示。

（2）复制图片或文字段落用于学校作业：学校作业中使用作品属于合理使用范围，但要指明作者。

（3）复制文字，然后重新组织：除非标明资料来源，那么重新组织文字也是剽窃。如果目的是完成学校作业，那么学生应该使用自己的语言来表达别人的想法。

（4）未经允许复制密码进入计算机系统：违法行为。

（5）复制并贩卖音乐文件：一般来说，创作者是不会允许别人随意复制贩卖自己的作品获取利益的。不正确。

（6）复制赠送软件：即使你的朋友也应该付钱买软件，否则你就否认了别人生存的权利。这是违法的。软件被视为文字作品。不正确。

（7）复制电影为个人使用：电影是版权保护的作品，不付费看电影，你是在否认别人生存的权利。不正确。

5. 测试评价

发给学生学习单，完成测试。

教学反思

问题情境的学习活动中，情境案例稍显过多。部分学生并未真正地参与到讨论中。执教教师也认为这个环节比较松散。

通过教学实验，教师不仅对"著作权合理使用"教学设计过程的可行性和操作性进行了检验，更对教学过程中产生的一些问题有了更深刻的认识，以下是教学中应该注意的问题。

一是对于问题情境中"为了显示自己高超的电脑技术，你侵入了政府计算机信息系统，但什么也没做"。大家在讨论时，教师强调的是国家机密受到威胁，而后测中，诗珊与沛凝一起在网上查找资料。她们不小心来到了一个算命网站，网站上说地球在2012年会遭到另外一个星球的撞击，世界会被毁灭。她们两个想出进入网站的办法，然后留下了一行字："这些全部都是谎言！"这个问题情境是正面的，近四分之一的学生没有很清楚地认识到未经允许侵入他人计算机信息系统即为违法。问题情境与后测的这两个题目应该互换。

二是对从网站下载刚刚公映电影的问题，很多学生以为得到了网站的授权，所以，责任不在自己而在网站。这个情境涉及行业自律的问题，教师应该在教学中做重点解释。

三、"信息公开"教学案例（高中一年级）

主题：信息公开与政府信息公开

【教学目标】

知识与技能：了解什么是"信息公开"；了解什么是政府信息公开；了解《中华人民共和国政府信息公开条例》的相关规定；运用政府信息公开条例，解决生活中的实际问题。

过程与方法：通过事例的层层分析，引入信息公开和政府信息公开；学生自主运用所掌握的网络搜索知识，查找和下载政府信息公开的相关条例；学生合作、交流、讨论完成相关案例的分析。

情感态度与价值观：遵守相关的法律、法规，形成正确的价值观和责任感；形成初步的信息公开意识；培养学生的逻辑思维，鼓励学生个性思维的发展。

【教学重点、难点】

重点：了解信息公开、政府信息公开及相关法律法规。

难点：利用信息公开和政府信息公开的相关知识，进行初步的分析。

【教学过程】

一、情景引入

请同学们观看大屏幕，共同分析这个事例。

问题1：近日，上海市民董老太因与人发生房屋产权纠纷，需查阅房屋原始产权资料。如果你是董老太，将采用什么方法查找房屋产权资料呢？

学生可以根据自己的生活经验回答问题。

教师总结并提供最直接的方法：去所属地区房产局查阅。

问题2：结果如何呢？

房产局拒绝了她的请求。这个结果引起了两位学生的争辩，一位学生提出董老太的要求很合理，另一位同学认为房产局是政府职能部门，不能让董老太查阅。通过举手表决，大部分的学生选择了后者。（可以看出学生对政府信息公开还缺乏认识。）

问题3：如果你是董老太，将怎么办呢？

教师总结：实际上，董老太的解决办法是状告房产局，罪名是政府信息不公开。

这也是我国首例市民状告"政府信息不公开"正式立案受理的行政诉讼案。看到这个答案，学生们很是惊讶，由此，引出了对政府信息公开的探讨。

二、新课

通过上面的事例，我们看到过去的以政府为中心，一切为了政府的利益，甚至政府一言堂的现象已经不复存在。随着社会的发展，法律的健全，政府为广大群众服务的职能越发凸显，而且政府的工作要以人民群众的利益为中心，一切为人民服务，这就要求政府首先要进行信息公开。

1. 了解信息公开

广义的信息公开包含了国家行政机关向公民主动地提供信息和接受公民请求被动地提供信息两方面。信息公开与知情权、信息自由是密切相关的。知情权是有关主体有获知与他有关的情报信息的权利。知情权还包括传播情报信息的权利和自由，于是又产生了"信息自由"的概念。基于这种权利和自由，就要求有关主体有向公众公开它掌握的相关信息的义务，于是就产生了"信息公开"的概念与立法。

2. 了解政府信息公开

政府信息公开制度是指行政机关主动或应行政相对人的申请，公开或通过其他方式使行政相对人知晓有关行政活动的情况和资料，否则将承担相应法律责任的现代行政程序制度。

3. 我国政府信息公开制度

我国于2007年4月颁布了《中华人民共和国政府信息公开条例》，为公民的知情权提供了法律保障。这个条例的颁布对今后信息社会的发展和民主化国家的进程将起到巨大的作用。因此，作为信息社会中的一员，我们应该了解和清楚相关的法律法规。

4. 布置课堂任务

运用网络搜索技巧，搜索《中华人民共和国政府信息公开条例》并下载保存。(小组之间可进行资源的共享。)

5. 浏览相关的法律法规

6. 运用相关的法律法规，分析以下案例

案例一

从 4 月底开始，山东临沂陆续出现约 80 名婴幼儿被不明传染病所感染，发病儿童多为 3 岁以下儿童，大多数患儿的手脚和口腔出现脓包并伴有高烧的症状。从 4 月 27 日出现第一例患儿，到 5 月 7 日网上出现怪病的惊人传言。请问政府部门在这次事件中，是否负有责任？

学生小组交流、讨论，给予回答。

总结：政府部门负有很重要的责任，因为在《中华人民共和国政府信息公开条例》中明确规定了。

第九条　行政机关对符合下列基本要求之一的政府信息应当主动公开：(一) 涉及公民、法人或者其他组织切身利益的；(二) 需要社会公众广泛知晓或者参与的。

第十条　县级以上各级人民政府及其部门应当依照本条例第九条的规定，在各自职责范围内确定主动公开的政府信息的具体内容，并重点公开下列政府信息。

(十) 突发公共事件的应急预案、预警信息及应对情况。

山东省政府没有及时公布疫情及相应的措施，因此造成恐慌，政府部门负有不可推卸的责任。

案例二

一位热心听众给广播电视台的"市民焦点"节目打来了电话，反映本市有不合理收取水费的现象，要求水务公司提供征收水费的具体收费项目，请问水务公司是否可以提供？

学生小组合作，查找相关的法律法规，回答问题。

总结：水务公司不但要提供，而且要提供详细的收费项目。

案例三

老王是一位朴实的农民，居住了几十年的老宅被当地政府征用，给了 3 万元的补偿费，老王认为政府给予的补偿太少，要求政府增加补偿费，但是遭到了拒绝，老王将如何解决？

　　学生小组之间进行交流，分析问题。

　　总结：已经了解了政府信息公开条例，直接向政府提出申请，查阅土地征用的相关文件和补助方案，对自己的房屋征用费用进行核算，合理、合法地争取自己的权利。

　　案例四

　　王明听说政府要在单位附近兴建商品房，但还没有确切的消息，请问王明是否可以直接去政府部门咨询，获得确切、可靠的消息。

　　借用以上分析方法，学生回答问题。

　　总结：王明可以去政府部门咨询，因为在政府信息公开条例中明确规定了：政府应公开重大建设项目的批准和实施情况；征收或者征用土地、房屋拆迁及其补偿、补助费用的发放、使用情况。

　　课后总结：通过以上案例分析，同学们能够感受到，每一个案例都同我们的生活息息相关，也能感受到政府信息公开条例的颁布，对我们的生活，对社会的发展和进步，都起到了重要的作用。希望同学们能够运用本堂课所学的知识，提高自身的权利意识，多参与到社会生活中，监督和促进政府部门的工作，使我们的国家人人参政、议政，人人参与国家管理，让我们真正成为国家的主人。

教师评价及分析

　　这节课体现了新课程的理念，尤其是丰富的案例分析，以及小组之间的交流、讨论，激发了学生的学习兴趣。在小组协作学习中，听课教师提出一部分学生没有参与到讨论中。对于本次课的总体评价，听课教师认为这节课发挥了学生的自主性，激发了学生的思维，能够感受到一部分学生有着强烈的参与意识。

　　通过教师不断提问，层层深入到问题的关键，引导学生探究问题的本质，达到了较好的效果，引起了学生的学习兴趣，为理论知识的学习做了铺垫。大量的案例分析，真正让学生能够学以致用，产生思维的火花，深化了对"信息公开"尤其是政府信息公开的认识。学生在活动过程中能够进行交流和分析，并产生了思维的碰撞，尤其是对案例三的分析中，产生了不同的认识，引起了学生的思辨，活跃了课堂教学气氛。

现代高中学生具有强烈的社会参与意识。在"信息公开"教学实践中，学生的学习态度有了变化；在案例分析的过程中，很多平时不愿意发言的学生也能够表达自己的看法；在小组讨论交流的过程中，大部分学生都能够参与其中。尤其是最后对"信息公开"和政府信息公开的总结和认识，学生都能够有所感悟。

第四章 信息技术学科学习心理研究

信息技术学科学习心理是信息技术课程领域中一个全新的研究视角，本章我们首先对学科学习心理研究进行概述，然后以"学生的迷思概念"为切入点，对信息技术学科学习心理进行初步的研究。

第一节 信息技术学科学习心理研究概述

对学科学习心理关注较早的研究主要源于日本。20 世纪 70 年代中期，日本学科学习心理学研究呈现出两种视角：学习认知和学习情绪。

作为学习认知角度研究的代表，细谷纯认为学生在接受新知识前已经形成了相关的知识规则体系，在学习新知识或遇到新问题时，学生会主动利用这些知识规则体系进行解释，从而出现对新知识、新问题的"偏差认知"。同时，细谷纯认为人具有可塑性，故而学生的"偏差认知"是可以改变的。对于教师而言，应该认识到学生之所以会形成这种认知，是有其自身"道理"的。所以，对于学生的这种认知，教师不应简单地告知其正误，而是应当认真听取学生对于自己已形成的概念、规则的分析，在此基础上进行改变。（细谷纯，2001）

与细谷纯等学者不同，20 世纪 80 年代到 90 年代，本间明信的研究主要聚焦在学生情绪的变化上。本间明信认为有两种途径可以探究学生的情绪变化，一种为通过学生的肢体语言、表情等外显行为的观察把握学生的情绪变化；另一种为通过对学生的生理指标的测量探究其情绪变化。（本间明信，2011）基于此，他分别通过可测量的生理指标及可以观察的表情两种途径来研究学生的情绪变化。在此基础上，董玉琦则将两者同时运用于学生在课堂学习过程中情绪变化的研究上，运用皮肤电反应（Galvanic Skin Reflex，简称GSR）测量法测量学生的生理指标，同时运用摄像机记录学生在课堂学习中的表情变化（如表情、姿势、动作等），通过运用两种方法研究学生在课堂学习中的情绪变化。（董玉琦，1995）

在国内，从20世纪80年代后期开始，李克东等人开展了一系列学生对电视节目的皮肤电反应规律的相关研究。

与传统学习心理学相比，学科学习心理能够为教育技术的开发与应用提供更为具体的、更有针对性的理论依据，因此，也能对学习者的学习产生更大的促进作用。

在本章介绍的信息技术学科学习心理研究中，我们以高中信息技术学科中的常见概念为学习内容，对学习者的迷思概念及其成因进行探索，并根据研究结果总结出在信息技术学科中学生存在迷思概念的深层次原因。在此基础上，我们提出针对这些概念的教学设计建议。

我们介绍的"高中学生信息技术学习中的迷思概念研究——以概念为例"，只是信息技术学科学习心理研究的起步，我们将围绕这个话题，开展一系列的后续研究，如对于信息技术学习的概念转变研究。概念转变发端于20世纪70年代，而且基于学生的迷思概念对学生进行概念转变的教学，已经在数学、物理等传统学科中得到很大发展，但对于信息技术这样的新兴学科，信息技术学习的概念转变研究寥寥无几。我们将围绕这一话题，进一步对信息技术学科学习心理开展研究。这项研究包括了信息技术学科的概念生态研究、基于概念转变的信息技术课堂教学设计研究等子研究。

此外，心理视角包括了认知、情绪、意志等多个内容，因此，除了从认知视角对学科学习心理进行研究之外，对于学习者在学习信息技术时的情绪、意志的研究，也是我们进一步关注的话题。

通过基于学习心理的信息技术学科教学设计、基于学习心理的信息技术学科学习资源等技术（technology），来促进学习者的学习，是我们研究信息技术学科学习心理的目的之一。因此，对基于信息技术学科学习心理的技术的研究，也是我们将要开展的研究话题。

总之，本章介绍的信息技术学科学习心理是信息技术课程领域中一个全新的研究视角，目前，这项研究尚处在起步阶段，我们将基于 CTCL 对学习者在学习信息技术学科过程中的心理进行深层次探究，最终达到改善学习者的学习、发展的目的。

第二节　高中学生信息技术学习中的 迷思概念研究——以概念为例

在学科学习心理的众多视角中，我们选取了"迷思概念"这样一个视角，拉开信息技术学科学习心理研究的序幕。随着教育心理学、认知心理学的日趋成熟，研究者逐渐意识到：人具有直觉学习的天生属性，学生在进入正式学习之前，由于受到日常学习和生活的影响，已经形成了大量的经验，这些经验使得他们对于一部分没有学习过的内容能够有一套自圆其说的"解释"。显然，学生对于即将学习的内容并不是完全没有认知的。

在学生的这些认知中，有些与普遍公认的科学认知是基本一致的，但是有些却与科学认知之间存在偏差，即存在迷思概念。诸多研究已经表明，学生的迷思概念有些是有"规律"的，而且对学生后续的学习会有很大影响。奥苏贝尔认为"影响学习的唯一的、最重要的因素是学生已经知道了什么"，并指出要"根据学生原有知识进行教学"。因此，为了更好地促进学生的学习，对于学生迷思概念的研究尤为必要。

对于学生的迷思概念，不同的学科都已经有大量的相关研究。信息技术作为一门新兴学科，在课程体系中占有越来越重要的位置，学生在学习信息技术课程之前，对于即将学到的内容，是否也存在上述迷思概念？这些迷思概念是否也有规律可循？对这些问题的研究，一方面能够为信息技术课程一线教师带来新的教学视角，使其不仅关注学生的外在成绩表现，同时还关注学生的深层次认知；另一方面能够为信息技术课程研究者带来新的研究视角，使其不仅关注学科内容本身的发展，同时还关注基于信息技术学科学习心理的教学研究。

在决定从"迷思概念"这样一个视角出发，开展信息技术学科学习心理的研究之后，我们首先尝试以信息技术知识体系中最底层、最下位的概念为例，对高中学生信息技术学习中的迷思概念进行研究。本节对这项研究的研究问题、研究设计、研究结果、教学策略建议等内容进行详细的介绍。

一、迷思概念

"迷思概念"是我国台湾学者对英文"misconception"一词的有趣译法，它由"mis –"的音译和"conception"的意译两部分组成。考察"mis"，有表示"坏""不利"之意，故 misconception 的主要意思是指会造成不利或错误的概念或想法。（钟圣校，1994）[89-110]布兰斯福特和维(J. D. Vye)（1989）对迷思概念做了如下界定：迷思概念是指学生不正确的已有概念（黄玉菁，2003）；弗舍尔和利普森（1982）认为：迷思概念是错误的，是在两种不同形式的信息交互作用之后产生不正确解释的结果。（黄玉菁，2003）对于这一术语的使用，研究者常基于其所认定的理论观点、研究方法的不同而有各种不同的称呼方式（蔡铁权等，2009）[53]，如前概念或前科学概念、另有概念（alternative conceptions）、儿童的科学(children's science) 等。

由上述界定可以看出，"迷思概念"这一术语强调的是错误层面，即学生头脑中"错误"的认知。然而，目前越来越多的研究者开始关注学生的原有认知中合理的一面。此外，"迷思概念"等常用术语中的"概念"并不同于心理学传统定义中对"概念"的狭义理解，而是扩大到认知的范围。我们所研究的"迷思概念"，一方面注重学生的原有认知的合理性；另一方面，凡是提到"迷思概念"时，其中的"概念"均为观点、看法之意。

二、研究问题

我们进行这项研究的主要目的在于以信息技术学科中的概念为例，探寻高中学生对于即将学习的一些信息技术内容的迷思概念及其成因，在此基础上，为高中信息技术一线教师提供一些教学策略建议。具体来说，我们的研究要解决三个问题：（1）高中学生对于即将学习的一些信息技术概念存在什么样的迷思概念；（2）这些迷思概念形成的原因是什么；（3）针对这些迷思概念，高中信息技术一线教师在教学时应采用什么样的教学策略。

三、研究设计

（一）样本的选取

我们在 A 市进行了两次问卷调查，为了使样本的选取更具科学性，同时考虑到人力的现实状况，我们采用了非概率随机抽样，在 A 市的重点学校中选取了甲和乙学校、在 A 市的普通学校中选取了丙和丁学校。在以上四所学校的高一年级，我们分别随机选取了两个班级作为被试。由此，我们的样本来自 A 市的四所学校的八个班级。

我们第一次问卷调查的样本为重点学校甲的两个班级和普通学校丙的两个班级，第二次问卷调查的样本为重点学校乙的两个班级和普通学校丁的两个班级。样本分布的具体情况如表 4 - 1 所示。

表 4 - 1　样本的分布情况

	学　　校	班级数（个）	被试人数（人）
第一次调查	甲中学	2	114
	丙中学	2	140
第二次调查	乙中学	2	120
	丁中学	2	89
共　计	8 个班级 463 人		

两次调查问卷的发放与回收情况如表 4 - 2。

表4-2　问卷的发放与回收情况

	学　校	发放问卷数（份）	回收问卷数（份）	有效问卷数（份）	有效率
第一次调查	甲中学	114	114	110	96.5%
	丙中学	140	137	135	98.5%
第二次调查	乙中学	120	120	118	98.3%
	丁中学	89	89	89	100%

（二）研究工具的编制

如前所述，我们共进行了两次问卷调查。其中第一次为开放式问卷，旨在考察高中学生对于即将学习的一些信息技术概念存在什么样的迷思概念；第二次为半开放式问卷，旨在探究这些迷思概念形成的原因。

在第一次问卷调查中，我们依据《普通高中技术课程标准（实验）》选取了信息技术基础部分的一些概念作为要考察的学习内容。信息技术基础部分包括信息获取、信息加工与表达、信息资源管理及信息技术与社会四个模块，我们首先在每个模块中选取了一些概念，然后剔除了其中难度比较大且不容易被清晰表达的概念。

概念选择的具体情况如表4-3所示。

表4-3　概念选择的说明

	课程标准描述（此表中的"课程标准描述"这一列均来自《普通高中技术课程标准（实验）》中的"内容标准"部分）	根据课程标准初步选出的概念	概念选择的依据或概念删减的进一步说明

续表

（一）信息获取	1. 描述信息的基本特征，列举信息技术应用实例，了解信息技术的历史和发展趋势	信息，载体，虚拟现实	确定最终概念时删除了"虚拟现实"，此概念难度较大
	2. 知道信息来源的多样性及其实际意义；学会根据问题需要确定信息需求和信息来源，并选择适当的方法获取信息	—	这三条没有涉及适合考察的概念
	3. 掌握互联网信息检索的几种主要策略与技巧，能够合法地检索并获取网上信息	—	
	4. 掌握信息价值判断的基本方法，学会鉴别与评价信息		
（二）信息加工与表达	1. 能够根据任务需求，熟练使用文字处理、图表处理等工具软件加工信息，表达意图；选择恰当的多媒体工具软件处理多媒体信息，呈现主题，表达创意	多媒体	—
	2. 合乎规范地使用网络等媒介发布信息，表达思想	动态网页	
	3. 初步掌握用计算机进行信息处理的几种基本方法，认识其工作过程与基本特征	程序，算法	计算机进行信息加工（处理）的三种方式：基于程序设计的自动化信息加工、基于大众信息技术工具的人性化信息加工、基于人工智能技术的智能化信息加工。这就涉及程序、算法和人工智能三个概念
	4. 通过部分智能信息处理工具软件的使用，体验其基本工作过程，了解其实际应用价值	人工智能	

续表

（三）信息资源管理	1. 通过实际操作或实地考察，了解当前常见的信息资源管理的目的与方法，描述各种方法的特点，分析其合理性	数据库	当前常见的信息资源管理方法有人工管理、文件管理、数据库管理，这就涉及数据库这个概念
	2. 通过使用常见数据库应用系统，感受利用数据库存储、管理大量数据并实现高效检索方面的优势	记录，字段	数据库应用系统中涉及的最基本的两个概念是记录和字段
	3. 通过对简单数据库的解剖分析，了解使用数据库管理信息的基本思想与方法	—	这一条没有涉及适合考察的概念
（四）信息技术与社会	1. 探讨信息技术对社会发展、科技进步以及个人生活与学习的影响	—	确定最终概念时删除了除"计算机病毒"以外的概念。这些概念不容易被清晰地表达出来
	2. 能利用现代信息交流渠道广泛地开展合作，解决学习和生活中的问题	网络信息交流工具	
	3. 增强自觉遵守与信息活动相关的法律法规的意识，负责任地参与信息实践	知识产权	
	4. 在使用互联网的过程中，认识网络使用规范和有关伦理道德的基本内涵；能够识别并抵制不良信息；树立网络交流中的安全意识	—	
	5. 树立信息安全意识，学会病毒防范、信息保护的基本方法；了解计算机犯罪的危害性，养成安全的信息活动习惯	计算机病毒，防火墙	
	6. 了解信息技术可能带来的不利于身心健康的因素，养成健康使用信息技术的习惯	—	

依据以上原则，我们最终确定了十个要考察的概念：信息、载体、多媒体、动态网页、程序、算法、人工智能、数据库、字段和记录、计算机病毒。围绕这十个概念，我们以开放题的形式设计了调查问卷，以期通过学生的回答，考察出高中学生对于即将学习的一些信息技术概念存在什么样的迷思概念。

在第二次问卷调查中，我们设计了半开放式问卷。通过第一次问卷调查我们发现，学生对动态网页、算法、程序、数据库普遍存在迷思概念。我们将这些迷思概念进行分类，选出其中具有代表性的几种作为第二次问卷调查中选择题的选项，并且在每一道选择题的最后，要求学生写出选择该选项的原因，由此探究这些迷思概念形成的原因是什么。

（三）数据的统计与分析

我们利用 Microsoft Excel 2003 进行数据的统计与分析，通过图表、文字描述来呈现数据的统计与分析结果。

四、研究结果

（一）第一次问卷调查结果

通过第一次问卷调查我们发现，学生对动态网页、算法、程序、数据库普遍存在迷思概念。

1. 动态网页

关于"动态网页"的题目描述及学生答案的种类如表 4-4 所示。

表 4-4 关于"动态网页"的题目描述及学生答案的种类

概 念	题目描述	答案的种类
动态网页	什么样的网页是动态网页？你能说出动态网页的一些显著特征吗？	1. 可以自动切换图片的网页
		2. 有动态图像或者 Flash 的网页
		3. 有文字、图片、视频等多种媒体的网页
		4. 有浮动窗口或网上小广告的网页
		5. 能动的网页是动态网页
		6. 有超链接的网页
		7. 其他

从表4-4中可以看出，学生对"动态网页"存在六种迷思概念：可以自动切换图片的网页；有动态图像或者 Flash 的网页；有文字、图片、视频等多种媒体的网页；有浮动窗口或网上小广告的网页；能动的网页是动态网页；有超链接的网页。表中的"其他"是指无法归类及没有价值的答案，也包括学生给出的为数不多的正确答案，下同。

上述迷思概念在我们调查的学生中所占的比例如图4-1所示。

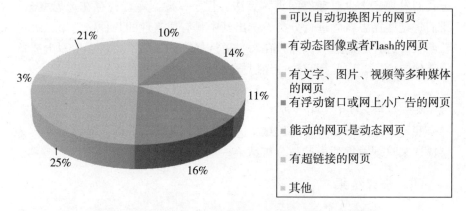

- 可以自动切换图片的网页
- 有动态图像或者Flash的网页
- 有文字、图片、视频等多种媒体的网页
- 有浮动窗口或网上小广告的网页
- 能动的网页是动态网页
- 有超链接的网页
- 其他

图4-1   学生对于"动态网页"的迷思概念分布状况

从图4-1可以看出，六种迷思概念所占的比例从高到低依次为：①能动的网页是动态网页；②有浮动窗口或网上小广告的网页；③有动态图像或者 Flash 的网页；④有文字、图片、视频等多种媒体的网页；⑤可以自动切换图片的网页；⑥有超链接的网页。

2. 算法

关于"算法"的题目描述如下："你认为算法是指什么，你能举出算法的例子吗？"

从调查结果来看，学生对算法这一概念的看法，大多只停留在数学层面上。94.1%的学生认为，算法就是数学中的计算方法。

3. 程序

关于"程序"的题目描述及学生答案的种类如表4-5所示。

表4-5 关于"程序"的题目描述及学生答案的种类

概　念	题目描述	答案的种类
程序	你认为什么是程序? 你能举出一个基于程序加工信息的例子吗?	1. 电脑软件 2. Windows XP 系统中"开始"菜单中的"程序" 3. 生活中的办事流程 4. 网络游戏中的"程序" 5. 其他

从表 4-5 中可以看出,学生对"程序"存在四种迷思概念:Windows XP 系统中"开始"菜单中的"程序";生活中的办事流程;电脑软件;网络游戏中的"程序"。

上述迷思概念在我们调查的学生中所占的比例如图 4-2 所示。

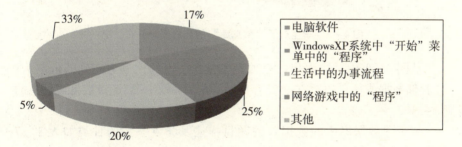

图例:
- ■电脑软件
- ■WindowsXP系统中"开始"菜单中的"程序"
- ■生活中的办事流程
- ■网络游戏中的"程序"
- ■其他

图4-2 中学生对于"程序"的迷思概念分布状况

从图 4-2 可以看出,四种迷思概念所占的比例从高到低依次为:① Windows XP 系统中"开始"菜单中的"程序";② 生活中的办事流程;③ 电脑软件;④ 网络游戏中的"程序"。

4. 数据库

对数据库这个概念,我们是分两问进行考察的。关于"数据库"的题目描述及学生答案的种类如表 4-6 所示。

表4-6 关于"数据库"的题目描述及学生答案的种类

概　念	题目描述	答案的种类
数据库	第一问:你认为什么是数据库?	1. 存储数据或信息的地方 2. 记录数据或信息的程序 3. 存储数据的文件夹 4. 其他

从表4-6可以看出，学生对"数据库"存在三种迷思概念：存储数据或信息的地方；记录数据或信息的程序；存储数据的文件夹。

上述迷思概念在我们调查的学生中所占的比例如图4-3所示。

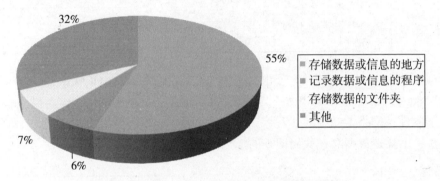

图4-3　学生对于"数据库"的迷思概念分布状况

从图4-3中可以看出，三种迷思概念所占的比例从高到低依次为：① 存储数据或信息的地方；② 存储数据的文件夹；③ 记录数据或信息的程序。

关于"数据库中的数据"的题目描述及学生答案的种类如表4-7所示。

表4-7　关于"数据库中的数据"的题目描述及学生答案的种类

概　念	题目描述	答案的种类
数据库中的数据	第二问：数据库中的"数据"是指数字吗？为什么？	1. 计算机能识别的由"0"和"1"组成的数字
		2. 程序
		3. 数据库中的文件
		4. 文字信息
		5. 其他

从表4-7中可以看出，学生对"数据库中的数据"存在四种迷思概念：计算机能识别的由"0"和"1"组成的数字；程序；数据库中的文件；文字信息。

上述迷思概念在我们调查的学生中所占的比例如图4-4所示。

信息技术学科学习心理研究

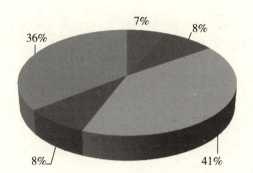

7% 8%
36%
8% 41%

■ 计算机能识别的由"0"和"1"组成的数字
■ 程序
■ 数据库中的文件
■ 文字信息
■ 其他

图4－4 学生对于"数据库中的数据"的迷思概念分布状况

从图4－4中可以看出，四种迷思概念所占的比例从高到低依次为：① 数据库中的文件；② 程序；③ 文字信息；④ 计算机能识别的由"0"和"1"组成的数字。

（二）第二次问卷调查结果

通过第一次问卷调查，我们考察出学生对动态网页算法、程序、数据库普遍存在迷思概念。基于此，我们进行了第二次问卷调查，旨在探究这些迷思概念形成的原因是什么。

1. 动态网页

关于"动态网页"的题目描述及学生的回答情况如下。

动态网页是指_____。

A. 可以自动切换图片的网页

B. 有动态图像或者 Flash 的网页

C. 有文字、图片、视频等多种媒体的网页

D. 有浮动窗口或网上小广告的网页

E. 能动的网页是动态网页

F. 其他_____

我选择这个答案的原因是：

对于动态网页的几种迷思概念，学生选择最多的是 C，43％的学生认为"有文字、图片、视频等多种媒体的网页是动态网页"；其次是 B，26％的学生认为"有动态图像或 Flash 的网页是动态网页"；还有15％的

学生认为有浮动窗口或者小广告的网页是动态网页；选择 E 选项的人最少，只占到 3%，也就是说，大多数学生不赞同"能动的网页就是动态网页"这一说法。

以下是学生选择每一选项的原因（除 E 选项外）。

选择 A 选项的原因：学生在平时浏览网页时看到一些页面中的若干个图片之间可以来回自动切换，因此认为这就是动态网页。

学生的原始回答如下："自动切换是不需要人为操作的，所以应该是动态"；"图片自动切换，自动继续前面的图片展示"。

由上述学生的原始回答可以看出，学生持"动态网页就是可以自动切换图片的网页"这一迷思概念，是因为平时使用网络的过程中目睹过"网页中的图片可以自动进行切换"这一事实，所以认为动态网页具有某种"自动的、不需要人为操作"的功能。这一迷思概念的形成，既受到学生日常生活经验的影响，同时也是学生的学科知识不足造成的。

选择 B 选项的原因如下。

（1）从字面上理解，动态网页应该是动态的。

学生的原始回答如下："个人的理解，动态应该是会动的，要有动作"；"我认为动态网页就是网页中的资料以各种形式动态地展现出来"。

（2）一些学生初中时学过 Flash 动画制作，因此觉得动态网页就应该是有动画或者动态图片的网页。

学生的原始回答如下："初中做过 Flash 动画，里面的图片可以动"。

由上述学生的原始回答可以看出，造成学生"有动态图像或者 Flash 的网页是动态网页"这一迷思概念的原因，一是学生根据字面意思来理解动态网页，二是受到已有知识——初中学过 Flash 动画制作的影响。

选择 C 选项的原因如下。

（1）网页中有多种媒体信息，网页内容丰富、生动，所以是动态网页。

学生的原始回答如下："将文字、图片、视频综合成为多媒体，网页也成了动态"；"动态网页是指各种形态的网页"。

（2）凭直觉。

学生的原始回答如下："我觉得动态就代表多媒体"。

由上述学生的原始回答可以看出，学生"有文字、图片、视频等多种媒体的网页就是动态网页"这一迷思概念形成的原因主要有两个,一是靠直觉理解,二是学科知识不足造成的。

选择 D 选项的原因如下。

(1)在浏览网页时见到过弹出的小广告,认为这种网页就是动态网页。

学生的原始回答如下:"这种小广告网页可以自己在电脑中,不受电脑和本人的控制跳出来的";"它会不定时地冒出来"。

(2)来自同伴文化。

学生的原始回答如下:"下载东西时经常会弹出一些网页,不少人管它叫动态网页"。

由上述学生的原始回答可以看出,学生"有浮动窗口或网上小广告的网页就是动态网页"这一迷思概念形成的原因,其一来源于学生的日常生活经验,其二是受到他人的影响,也就是同伴文化的影响。

综上所述,学生对于"动态网页"的几类迷思概念,其形成原因可以归为:① 日常生活经验的影响;② 字意的联想或混淆;③ 直觉;④ 受已有知识的影响;⑤ 学科知识的不足;⑥ 受到同伴文化的影响。

2. 算法

关于"算法"的题目描述及学生的回答情况如下。

> 以下不是算法的是 _____ 。
>
> A. $1+2+3+4+5+\cdots+99+100=1+100+2+98+3+97+\cdots\cdots+50+51=5050$
>
> B. 要想泡茶喝,应该先洗水壶,灌上凉水,放在火上,等待水开的过程中洗茶壶和茶杯,拿茶叶,等水开了泡茶喝
>
> C. $1+1$
>
> D. 我认为以上都不是算法
>
> 我选择这个答案的原因是:

对于上述题目,60%的学生认为泡茶喝的步骤不是算法,另有21%的学生认为前三个选项均不是算法。

以下是学生选择每一选项的原因。

选择 A 选项的原因:学生对算法的概念做了片面的理解。

学生的原始回答如下:"算法是步骤,不是结果";"没有规律可言"。

由上述学生的原始回答可以看出，学生认为"$1+2+3+4+5+\cdots+99+100=1+100+2+98+3+97+\cdots\cdots+50+51=5050$"这个等式不是算法，此迷思概念的形成是学生的学科知识不足、以偏概全的结果。

选择 B 选项的原因：学生对算法的概念做了片面的理解。

学生的原始回答如下："有计算的才叫算法，泡茶喝只是一种过程，没有计算不是算法"。

选择 C 选项的原因：学生对算法的概念做了片面的理解。

学生的原始回答如下："不为等式"；"没有结果"。

选项 C 是本道题目的正确选项。从学生的回答可以看出，即使选出了正确答案，但大多数学生仍是按照对数学中的算法的理解来做答。因为 $1+1$ 只是个算式，没有结果，选择 B 和 C 选项的同学的迷思概念成因，都是由于受到先前数学知识的影响，使他们对算法概念只做了片面的理解。

选择 D 选项的原因：凭直觉。

学生的原始回答如下："感觉"算法应该是专业术语，既不是数学中的算术方法，也不是逻辑关系，应该没那么简单。

综上所述，学生对于"算法"的迷思概念，其形成原因主要有三个：① 学科知识不足，以偏概全；② 受到已有知识的影响；③ 凭直觉。

3. 程序

关于"程序"的题目描述及学生的回答情况如下。

计算机程序指的是＿＿＿＿＿＿＿＿。

A. 电脑软件

B. Windows XP 系统中"开始"菜单中的"程序"

C. 网络游戏中的"程序"

D. 其他＿＿＿＿＿＿

我选择这个答案的原因是：

对于"程序"的几种迷思概念，选择人数最多的是 A 选项，即超过一半的学生认为"计算机程序就是指电脑软件"；其次是 B，33% 的学生认为计算机程序是指 Windows XP 系统中"开始"菜单中的"程序"；只有 3% 的学生选择了 C 选项。

以下是学生选择每一选项的原因（除 C 选项外）。

选择 A 选项的原因如下。

（1）安装了软件，电脑才能用。

学生的原始回答如下："程序应该是计算机系统中的一部分，电脑软件是计算机的重要组成部分，所以计算机程序是指电脑软件"；"电脑要装一些东西才能用，所以觉得程序是指电脑软件"。

（2）通过某些书籍了解到的。

学生的原始回答如下："在电脑教材上曾经看到，也从多年经验得出"。

（3）混淆了程序和软件的概念。

学生的原始回答如下："程序和软件差不多，程序大都是指软件"；"单击'开始'菜单中的'程序'后，出现的就是电脑的程序，所以程序应该是软件"。

由上述学生的原始回答可以看出，"计算机程序就是电脑软件"这一迷思概念的形成，一是受到日常经验的影响，二是受到教科书的误导，三是对概念的混淆造成的。

选择 B 选项的原因如下。

（1）曾经学习相关知识时已经产生了迷思概念，该迷思概念一直延续到现在。

学生的原始回答如下："中学的微机课学过，程序应该是指电脑中的菜单部分"；"微机课上知道的"。

（2）因为从"开始"菜单可以看到计算机中安装的所有软件。

学生的原始回答如下："程序里的东西基本上是电脑中的总的概括"。

（3）在"开始"菜单中看到"程序"字样。

学生的原始回答如下："计算机的桌面的左下角就有开始程序"；"因为每个电脑无论是开机还是关机时都会显示，而且安装了 Windows XP 软件的每台电脑无论是组装的还是品牌的，都有这个程序"。

从以上学生的回答可以看出，学生认为程序就是"Windows XP 系统中'开始'菜单里的'程序'"这一迷思概念的成因有以下两个：① 受到日常生活经验的影响；② 完全是由自己的不当认知造成的。

综上所述，学生对于"程序"的几类迷思概念，其形成原因主要有四个：① 学生的不当认知造成的；② 受到教科书的误导；③ 对概念的混淆造成的；④ 受到日常生活经验的影响。

4. 数据库

从第一次问卷调查结果来看，学生对"数据库"及"数据库中的数据"均存在迷思概念。因此，在第二次问卷调查中，我们以两道题目来考察学生对"数据库"这个概念的理解。

关于"数据库"的题目描述及学生的回答情况如下。

数据库是指_____。

A. 存储数据的地方

B. 记录数据的程序

C. 保存数据的文件夹

D. 其他_____

我选择这个答案的原因是：

对于"数据库"的几种迷思概念，有一半的学生认为"数据库就是存储数据的地方"，有27%的学生认为"数据库是保存数据的文件夹"，另有18%的学生认为"数据库是记录数据的程序"。

以下是学生选择每一选项的原因。

选择 A 选项的原因如下。

（1）类比。学生把对"血库""图片库"的理解"迁移"到了"数据库"上。

学生的原始回答如下："血库就是存储血的地方，数据库同理"；"数据库应该跟图片库一个意思"。

（2）按字面意思理解。

学生的原始回答如下："根据名字猜的"；"既然是'库'，就应该是数据的'小仓库'吧"；"我把文件和信息存储在一个地方，文件和信息是数据，那么数据库指存储数据的地方"；"平常的理解，数据库应该是保存文档的地方"。

由上述学生的原始回答可以看出，学生"数据库就是存储数据的地方"这一迷思概念形成的原因主要有两点，一是学生根据类似概念的

"推理"，即类比的结果；二是学生有一套自己认为合理的解释，其实还是按字面意思理解的。

选择 B 选项的原因：学生可能曾经接触过 Access 等数据库软件，形成了此类迷思概念。

学生的原始回答如下："一般的数据库都是记录数据的程序"；"数据库是指在电脑工作中记录各种信息的一个程序"。

由以上学生的回答可以看出，学生认为数据库是"记录数据的程序"，是受到已有生活经验的影响。

选择 C 选项的原因：学生将数据库与文件夹等同了起来。

学生的原始回答如下："就是把它命名为这个，里面应该是存储主人的文件，以便应用到它时更方便"；"数据是以文件的形式保存在电脑中的，多个文件形成了文件夹，即数据库"；"数据库应该是一个文件夹，里面有关于电脑各个时间所保存的数据，只要不选择卸载应都有记录"；"因为我们在一定的工作环境中，比如会计，就要用到数据库，因为它可以帮助人们保存这些计算的数目，所以我认为它是保存数据的文件夹"。

由以上回答可以看出，学生认为数据库是"保存数据的文件夹"，其一是由学生的不当认知造成的；其二是学生的学科知识不足，以偏概全的影响；其三是由学生的直觉和想象造成的。

综上所述，学生对于"数据库"的几类迷思概念，其形成原因主要有：① 类比；② 按字面意思理解；③ 受到日常生活经验的影响；④ 学科知识不足，以偏概全。

关于"数据库中的数据"的题目描述及学生的回答情况如下。

数据库中的"数据"是指＿＿＿＿＿＿＿。

A. 计算机能识别的由"0"和"1"组成的数字

B. 程序

C. 数据库中的文件

D. 文字信息

E. 其他＿＿＿＿＿＿

我选择这个答案的原因是：

对于数据库中的"数据"的迷思概念，选择 C 选项的人最多，即有 64% 的人认为数据库中的"数据"是指数据库中的文件；其次是 A 选项，14% 的人认为数据库中的"数据"是计算机能识别的由"0"和"1"组成的数字。

以下是学生选择每一选项的原因。

选择 A 选项的原因如下。

（1）受到已有知识的影响。

学生的原始回答如下："电脑采用的是二进制，只能识别'0'和'1'"；"听课听的"。

（2）按字面意思理解。

学生的原始回答如下："数据和数字有关"。

由以上学生的原始回答可以看出，学生认为数据库中的"数据"是由"0"和"1"组成的，这一方面是受到已有知识的影响，另一方面是按照字面意思进行理解。

选择 B 选项的原因：学生认为数据是程序的组成部分。

学生的原始回答如下："程序中就包含数据的内容"；"因为数据组成程序"。

选择 C 选项的原因如下

（1）按字面意思理解。

学生的原始回答如下："数据是指内容，即数据库里的内容"；"数据库是用来储存数据文件的，所以数据库中的文件应该就是数据了"。

（2）学生混淆了"数据"与"文件"的概念。

学生的原始回答如下："数据应该是指安装系统时的一些临时文件，有些文件是必备的，无法删除"；"数据指自己用过的文件，数据库给予记忆的过程"；"数据指的是一些有用的文件，应该储存在数据库中"。

选择 D 选项的原因：学生认为数据是蕴含着信息的，可以解释成文字信息。

学生的原始回答如下："数据应该是关于某件事情的文字与数字的资料，而这些资料能够给予别人文字信息和帮助"；"数据是由人类用文字的方式编辑出来的，里面完全是文字信息"。

综上所述，学生对于"数据库中的数据"的迷思概念，其成因如下：

① 受到已有知识的影响；② 按字面意思进行理解；③ 概念间的混淆造成的；④ 受日常生活经验的影响。

由此可见，高中学生对动态网页、算法、程序、数据库普遍存在迷思概念，这些迷思概念的成因可以归纳为以下几个方面：① 直觉和想象；② 日常生活经验的影响；③ 字意的联想，即按字面意思理解；④ 概念间的混淆；⑤ 受到已有知识的影响；⑥ 学科知识不足，以偏概全；⑦ 类比；⑧ 同伴文化的影响。

五、教学策略建议

通过以上调查，我们得出了高中学生对于即将学习的一些信息技术内容的迷思概念及其成因。在此基础上，我们针对这些概念，为高中信息技术一线教师提供了以下一些教学策略建议。

1. 动态网页

在学习动态网页相关内容时，大多数学生已经有了制作静态网页的经历，因此，教师可以首先展示几个具有动态效果的优秀网站，让学生对看到的网页与自己曾经制作的网页的不同之处进行讨论，归纳出二者的不同之处。此后，教师再引导学生自己动手去实现一些简单的动态网页的制作，在此过程中体会"真正的动态网页"有哪些特点，从而弱化学生头脑中对于动态网页的迷思概念。

2. 算法

对于算法这一比较抽象的概念，教师不宜直接对其进行解释，可以首先发放给学生一些关于算法的资料，让学生自由学习。此后，让学生探讨对算法的理解，并让学生彼此补充、纠正。最后，教师再对学生的讨论进行点评，强化、解决学生的认知冲突。

3. 程序

在学习程序概念时，学生最容易出现的问题就是混淆了程序和软件的概念，因此，如何才能让学生清楚地理解算法、程序和软件之间的关系，是学习这部分内容时必须要解决的问题。教师可以尝试通过引入设计某一常用小软件的过程来纠正学生对程序的迷思概念。

4. 数据库

对于数据库，学生很容易由生活中的概念类比，教师可在引入阶段以生活中的仓库为例，一步一步推演到数据库，并强调其与生活中的仓库的不同之处。对于数据库中的数据，教师可以开门见山，直接向学生展示数据库中与学生的理解不一样的那些数据，引发学生的认知冲突。此后，教师可以列举人们对"数据"常见的迷思概念，并让学生对其进行纠正。

第五章 信息技术教师专业知识研究

信息技术教师作为信息技术教育的实施者和推动者，其专业知识水平不仅直接影响着信息技术教育的质量，还间接影响着我国国民信息素养的养成以及我国基础教育信息化的推进。然而，目前我国对信息技术教师专业知识的研究还处于起步阶段，对其专业知识水平状况、专业知识来源以及其影响因素均未进行详细系统的研究。本章基于教师专业知识理论，以及我国中学信息技术课程实施现状，构建了高中信息技术教师专业知识框架。依据此框架，采用问卷调查、观察访谈等定量研究和定性研究相结合的方法，对东北地区的 403 名在职高中信息技术教师和 174 名师范生的专业知识状况和专业知识来源进行全面调查，试图全面系统地了解我国高中信息技术教师的专业知识状况、专业知识来源以及影响其专业知识发展的因素。

第一节 信息技术教师专业知识概述

本节主要从宏观层面对我国信息技术教师近几年的发展概况，信息技术教师专业知识的内容范畴以及近年来国内外对信息技术教师专业知识的研究进行梳理和界定。

一、我国信息技术教师的概况

随着中小学教育信息化和课程改革的推进，信息技术课程在我国中小学的开设已经越来越普及。截至 2009 年年底，我国普通中小学共有231178 名信息技术教师，信息技术教师作为高中信息技术课程的实施者与课程的发展息息相关。教师的专业发展水平直接影响着中小学信息技术教育的质量。信息技术教师必须具备相应的知识和能力才能胜任信息技术课程的教学。目前，我国信息技术教师的专业发展具有以下特点。

（一）专业背景复杂

林刚在华东地区做过一项关于"中小学信息技术教师队伍现状"的调查，其中有一项关于信息技术教师专业背景的数据显示：计算机专业出身的占 17.40%，教育技术学专业出身的占 48.40%，而从其他专业转行过来的教师占了 26.20%，其中主要是以物理、数学两个专业居多，占15.30%。另外，专职从事信息技术学科教学的教师只有60%多，其余的近40%均为兼职，有的学校甚至让语文或外语教师兼任信息技术课的教学。（林刚，2005）东北师范大学信息技术教育研究所在2008年4月对吉林省5个地区的高中信息技术教师的现状问题做了问卷调查和访谈。调查数据显示，只有近70%的教师所学的专业为计算机、教育技术学等相关专业。从两组数据的对比可以看出，信息技术教师的专业化水平正在逐渐提高，但是离理想的水平还是有一定的距离。

随着信息技术教育在中小学的普及和深入发展，对信息技术教师数量的需求也越来越大，在信息技术教师数量不足的情况下，许多学校只能让其他学科教师兼任或让其他学科的教师转行担任，甚至让非正式的教师承担信息技术课程的教学。一般来说，"科班"出身的信息技术教师能够掌握其学科知识，而非"科班"出身的信息技术教师对信息技术学科知识的掌握程度难以得到保证。

（二）信息技术教师的培养状况不尽如人意

目前，中小学信息技术教师主要来源于高校教育技术学专业和计算机科学与技术（师范）专业。这两个专业虽然明确提出培养信息技术教师，但是教育教学过程中又没有直接指向信息技术教师的培养，并且在培养过程中还存在诸多问题。例如，课程体系的结构设置不合理，师范教育课程设置偏少、课程内容单一、脱离实际；传统的教学模式与现代教学技能培养的矛盾；教育实习时间短，流于形式等。这些问题都会导致培养的信息技术教师不一定是合格的。这两个专业在专业课程设置中也很少设计专门针对中小学信息技术教学的课程，在信息技术与课程整合、教育信息化等方面缺乏严格的专门训练，没有真正地从教师的实际需求出发来培养信息技术教师。

（三）信息技术教师的在职培训流于形式

中小学信息技术教师的在职培训比较匮乏，且大多都流于形式。即使有省级或市级培训，由于受训人员数额限制，并不是所有的信息技术教师都有机会参加，即使能参加，由于食宿费用等方面的原因，有的信息技术教师也不愿参加。目前的培训没有针对信息技术教师专业知识的缺失进行实施。另外，对中小学信息技术教师的培训偏重于技术的掌握，而忽视信息素养的培养，忽视教学和学科知识技能的培养。因此，在职培训无法真正满足信息技术教师的需求。

二、信息技术教师专业知识的内容范畴

关于教师专业知识的分类，美国教育家、斯坦福大学教授舒尔曼（Lee S. Shulman）的研究影响较大，他将教师专业知识分为七类，学科内容知识（content knowledge）；一般教学知识（general pedagogical knowledge）；课程知识（curriculum knowledge）；学科教学知识（pedagogical content knowledge）；有关学生及其特征的知识（knowledge of learner and their characteristics）；教育情境的知识（knowledge of educational contexts）；有关教育的目的目标、价值、哲学与历史渊源的知识（knowledge of educational ends, purposes and values）。（Lee S. Shulman, 1987）后来许多研究者在舒尔曼研究的基础上提出了自己的知识分类观。借鉴已有研究，本研究认为信息技术教师专业知识的基本框架由一般教育教学知识、学科知识、课程知识和学科教学法知识构成，这四种知识是信息技术教师专业知识的核心要素。具体来说，一般教育教学知识指信息技

术教师具有的教育基本原理、一般教学法、教育心理学方面的知识。信息技术学科知识指教师具有的关于信息技术的概念、事实、原理、方法等的知识，亦即与信息技术学科密切相关的知识。信息技术课程知识指教师具有的关于信息技术的课程目标、学习内容、知识体系的知识，具体表现为对课程标准的理解和对教材的把握。信息技术学科教学法知识是信息技术教师利用教学法知识帮助学生理解、接受信息技术学科知识的知识。

三、信息技术教师专业知识国内外研究状况

（一）国外对信息技术教师专业知识的研究

英国学者 BankS，Barlex & Jarvinen（2004）从专业知识构成的角度对技术教育教师的整体专业知识构成进行了研究，得出了技术教师的专业知识包括学校知识、学科知识、教学知识和个人科目建构四个方面，并以"设计和技术"为例来描述它们之间的关系。他们认为技术教师个人专业知识的建构以学校知识、教学知识、学科知识的建构为基础。

美国对于信息技术教师专业知识的研究主要集中于一些机构，这些机构有的是针对大学计算机科学课程提出了大学应包括哪些计算机科学课程，有的是针对中小学教师提出了中小学计算机科学教师应掌握的一些专业知识和能力。

美国计算机协会与美国电气和电子工程师协会计算机学会（Institute of Electrical and Electronics Engineers—Computer Society，简称 IEEE – CS）在 1991 年提出了对大学计算机课程的建议，如表 5 – 1 所示。该建议对大学的计算机课程进行了重新界定，强调实验在课程中的重要性，并且包括社会、伦理等的有关内容。美国计算机协会提出了完整的课程和设计原则，并针对大学计算机系的学生提出了他们应该学习的九个知识领域。

表 5 – 1　美国大学计算机课程的界定

计算机课程	设计原则	九个知识领域
共同要求 （Common Requirements）	重复概念 （Recurring Concepts）	算法与数据结构 （Algorithms and Data Structures）

续表

计算机课程	设计原则	九个知识领域
数学和科学的要求 （Mathematics and Science Requirements）	学科的定义 （Definition of the Discipline）	计算机结构 （Architecture）
实验（包括程序设计） （Laboratory Work – including programming）	社会文化和专业背景 （Social and Professional Context）	人工智能与机器人学 （Artificial Intelligence and Robotics）
高阶及补充主题 （Advanced and Supplemental Topics）	—	数据库与信息获取 （Database and Information Retrieval）
其他的教育实践经历 （Other Educational Experience）	—	人机对话 （Human – Computer Communication）
学位要求中的其他要求 （Other Degree Requirements）	—	数值与符号计算 （Numerical and Symbolic Computation）
—	—	操作系统 （Operating Systems）
—	—	程序设计语言 （Programming Languages）
—	—	软件工程与方法 （Software Methodology and Engineering）

　　另外，教师教育鉴定委员会（The National Council for Accreditation of Teacher Education，简称 NCATE）制定了中学计算机科学教育的评审标准。这些标准包括编程和算法设计（Programming and Algorithm Design）、计算机系统组织结构和操作（Computer System Organization and Operation）、数据呈现和信息组织（Data Representation and Information Organization）、

社会化计算（Social Aspects of Computing）等方面的内容。符合这些标准的中学教师必须具有表 5 - 2 所列的具体的计算机科学知识和相应的能力。

表 5 - 2　美国中学计算机教师知识和能力标准

序号	教师应掌握的计算机科学知识	教师应具备的相应能力
1	关于语法和语义的高级编程知识和技能，包括控制结构、基本数据表示	确定适合在中学教授计算机科学的资源、战略、活动和熟练的操作
2	关于通用数据抽象机制的知识和技能（例如数据类型或诸如栈、树等类）	计划课/单元/相关课程：编程过程和知识/概念，检查问题
3	关于程序正确性的问题与做法的知识及技能（例如：测试程序结果、测试程序的设计、环境变量）	制定适合课程目标和为学生提供反馈需要的评估策略
4	设计并实现足够复杂的程序以证明自己的知识和技能	针对学生群体的特点执行课程（例如学习能力、文化体验）
5	以适合不同编程范式的方式，从两个不同的语言编程范式中设计、实现并测试程序	观察并讨论中学计算机科学的教学
6	有效利用各种计算环境（例如，单—多用户系统和各种操作系统）	参与中学计算机科学的教学（实验室助理、辅导、小型教学等）
7	计算机系统的操作（CPU 和指令周期、外围设备、操作系统、网络组件和应用程序）表明它们的功能和它们之间的相互作用	计划并公布教学单元
8	计算机水平的数据表示（例如字符、布尔、整型、浮点）	计划包括学生同时使用计算机设备的直接教学（例如在实验室上课、封闭实验室）
9	由编程语言（例如对象、不同的集合、文件）提供的各种数据应用程序和文件结构	计划包括学生独立使用计算机设备的教学
10	信息系统（数据库系统、网络等）的要素（人、硬件、软件等）及其相互作用	为评价他们自己的实践教学制订个人计划

续表

序号	教师应掌握的计算机科学知识	教师应具备的相应能力
11	有关使用计算机的社会问题和关于他们知情决定的决策原则（例如安全、隐私，知识产权、有限计算、发展变化）	在教学演讲活动中利用他们的自评计划
12	与计算有关的重大历史事件	讨论对学习计算机科学的学生的指导作用和可能的丰富的活动
13	自主学习关于计算机科学的其他主题，包括书面和口头的报告	确定了计算机科学专业和计算机科学教育学会、组织、团体等提供的专业成长机会和资源后，开始计划自己的专业成长
14	参与软件开发项目团队	—

教师教育鉴定委员会对中小学计算机科学教师应掌握的具体知识和能力进行了具体的划分，这对中学计算机科学教师具有指导性，并且对构建我国高中信息技术教师的学科知识体系具有很强的借鉴意义。

（二）国内对信息技术教师专业知识的研究

1. 信息技术教师专业知识理论研究

以下对信息技术教师专业素养的整体研究中无一例外地都提到了专业知识的重要地位并对信息技术教师专业知识的掌握提出了要求。王吉庆认为信息技术教师的基本修养划分为本身信息素养的基本要求、专业知识与能力、继续教育的意识与能力。（王吉庆，2008）张义兵认为信息技术教师素养包括：教育理论素养、信息素养、技术素养、组织管理能力、职业道德与研究素养。（张义兵，2003）由此可见，技术素养和信息素养、教育理论素养都是以其相关的专业知识为基础。

北京师范大学刘美凤教授等采用 Delphi 研究方法，结合中小学信息技术教育的特点及中小学信息技术教师独特的角色分析，在一般教师的能力素质结构基础上从知识、能力、情意三个维度构建了一套针对性强且较为系统完整的中小学信息技术教师能力素质结构构架，如图 5 - 1 所示。

（刘美凤，2011）[12-16]对于其中的知识内容她们又进行了进一步的描述：学科内容知识（Subject Matter Knowledge）是教师所教学科的内容知识，指关于该学科内部互相联系的主要事实、概念及其相互联系的知识。学科教学知识（PCK）是指一个学科领域主题怎样组织及教师对教学的理解，它是学科知识和教学法知识的整合。学科课程知识（Curriculum Knowledge，简称CUPK），舒尔曼1986年把它描述为"交换的工具"，意思是指每一学科可用的材料和程序，所教课程的各方面的材料和资料都包含在其中。

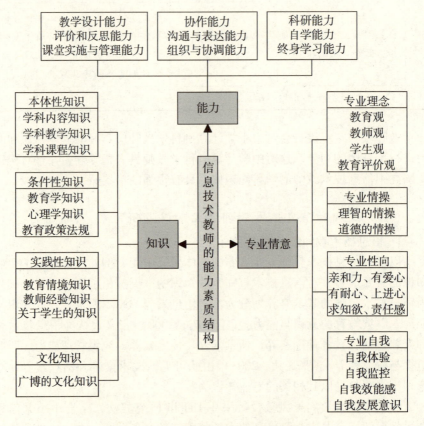

图5-1　中小学信息技术教师能力构架

2. 信息技术教师专业知识结构研究

国内学者詹青龙在前人研究的基础上又进行深入研究，在其博士论文《信息技术教师培训模型研究》中从信息技术教师发展策略方面对教师的专业知识模型进行了卓有成效的探索。他认为要成为一个有效的信息技术教师，应该有信息技术学科专家知识和信息技术学科思维；需要具备一般教学专家知识和具体的信息技术教学专家知识，知道怎样教信息技术，也就是说需要利用信息技术教学知识设计学生学习的信息技术内容和促进他们的信息技术思维成熟；需要具备一定的技术实践知识。他还认为信息技术教师的专业知识结构包括信息技术学科理解成熟度、信息技术学科知识、一般教育学知识、技术实践知识、信息技术学科教学知识。（詹青龙，2009）

其中，信息技术教师的学科知识主要包括：（1）内容知识，即信息技术的事实、概念、原理、思想和信息技术操作知识等；（2）实体知识，即对信息技术的诠释方法和概念建构，信息技术与生物系统、信息系统、社会系统、技术系统之间的关系，信息技术的历史演进和发展等；（3）章法知识，即信息技术领域中新知识被移植的方式和研究者探究信息技术、思考信息技术的范式等。信息技术学科理解成熟度是一种思想，它并不特指信息技术的任何一个具体内容领域，不依赖知晓信息技术内容的某个具体部分。一个信息技术教师可能有很高深的信息技术内容知识和低层次的信息技术学科理解成熟度。一般教育教学知识是关于教学和学习的过程、方法和实践的知识，以及怎样覆盖整个教育目的、目标和价值的知识。信息技术学科教学知识（ITPCK）是指信息技术学科知识和一般教学法知识融合而产生的一种信息技术教师独有的知识，这也是信息技术教师区别于信息技术学科专家的重要标志。信息技术教师能将信息技术学科内容知识转换成适合学生学习的教学方式或教学表征，来帮助学生学习。技术实践知识是依存于技术实践活动和有效指导技术实践活动的一种知识，是个体在技术实践活动中对情境回应的一种经验性、情境性知识。

北京师范大学的衷克定教授对高校及高中信息技术教师专业知识结构都进行了深入研究，他在文章《高校信息技术课程教师的知识结构的分析研究》和中国教育技术协会信息技术教育专业委员会第五、第六届学术年会上两次发表的题为"论信息技术教师的知识结构"的报告中均对高中信息技术教师的专业知识结构进行了分析，提出信息技术课程的教师在教育教学活动中用到的知识与从事专业研究与开发有所不同，教师既要知道"教什么"，即掌握学科相关的内容，又要知道"怎么教"，即掌握教育教学的方法，还应当知道"怎么应变"，即对教学活动的组织和教学过程的控制。这三方面知识构成了信息技术课程教师的本体性知识、条件性知识和实践性知识。（衷克定，2009）[44-47]

3. 某类具体专业知识研究

关注某一类具体专业知识的学术成果较少，仅有李玉斌等的《信息技术教师实践性知识的现状及影响因素分析》，齐晓华等的《信息技术实践性知识研究》、张克敏和张进良的《新课改背景下信息技术教师实践智慧的培育与提升》、李赫的《高中信息技术教师本体性知识的缺失及对策》对信息技术教师的实践性知识、本体性知识状况及存在的问题进行了较为深入的论述。在这些文章中都提到由于信息技术教师专业设置缺失，目前多是由其他专业来培养信息技术教师，导致教师专业知识的掌握不够系统和全面，崇尚技术而忽视了对一般教育教学知识以及学科教学法知识的学习，普遍存在专业知识严重缺失的情况。

台湾学者林凤英在她的硕士论文中对信息技术教师的学科知识进行了专门深入的研究，她根据美国计算机协会与美国电器和电子工程师协会1991 年的计算机课程目标，列出 340 项知识项目，并将其分为以下知识领域：演算法及数据结构；计算机结构；人工智能与机器人学；数据库与信息获取；人与计算机之沟通；数值与符号计算；操作系统；程序设计语言；软件工程与方法；社会、伦理等专业议题；知识；高级知识部分。在增减之后，通过专家评定后删除 200 项，剩下的 165 项列为高中计算机教师必备的知识项目，并将其作为鉴定计算机教师学科知识能力的具体参考。对于计算机教师的资格认定，她提出要认定的科目最好涵盖"计算机概论""数据结构""演算法""计算机组成结构""操作系统""程序语言结构""软件工程""计算机网络""多媒体"等科目。（林凤英，1997）

吴碧莲的硕士论文《信息技术教师实践性知识的叙事探究》和孙晓芳的硕士论文《信息技术教师本体性知识研究》也从不同的维度分别对信息技术教师的实践性知识和本体性知识进行了深入细致的研究。

还有一些论文对信息技术教师专业知识进行了整体研究，其中大部分研究较为笼统、宏观。黄晓军、徐智仕的《信息技术教师的专业知能及专业发展途径浅探》，罗东飙、邓涛的《中小学信息技术教师的专业知能及校本专业发展途径浅探》和陆永来、王珏的《信息技术教师专业发展中的知识困顿》都认为信息技术教师普遍存在专业知识缺失的状况，在专业知识上存在观念误区，并提出了完善信息技术教师专业知识结构的建议。朱跃龙在其文章《信息技术教师在学习中存在的问题及对策》中也提出信息技术教师应对信息技术学科知识进行更加系统深入的再学习，不仅应掌握信息技术学科的基本知识，以及这门学科的发展体系和趋势，还应掌握信息技术学科学生学习的特点以及信息技术学科教师教学的特点。

第二节　信息技术教师专业知识构成

要想科学地研究高中信息技术教师专业知识，首先我们必须要真正系统、全面地认识信息技术教师，了解他们在实际教学中所承担的角色，从他们的角色出发来构建高中信息技术教师专业知识理论模型。因此，本章基于高中信息技术教师的发展概况，以及信息技术教师在实际教学中所承担的角色，构建了信息技术教师专业知识发展模型，并对其内涵做出了分析。

一、信息技术教师专业知识发展模型

教师专业发展强调的是教师作为专业人员在教育教学中不断学习的一个过程。叶澜认为未来教师应具备四方面的素养：教育理念、专业知识、专业能力、教育智慧。（叶澜，1998）[41-46]对于教师专业发展的内容，尽管许多学者从不同角度都进行了不同的阐述，但一般认为教师专业发展包含专业知识、专业情意和专业技能。在对信息技术教师专业知识结构的研究中，学者们也提出了一些看法，本研究认为，中小学信息技术教师的专业知识的核心要素一般应包括四个方面：信息技术学科知识、信息技术课程知识、信息技术学科教学知识、一般教育教学知识。

根据信息技术课程与教学不同于其他学科的特殊性以及信息技术教师所担当的角色，我们概括出了高中信息技术教师专业知识发展的模型，如图5-2所示。

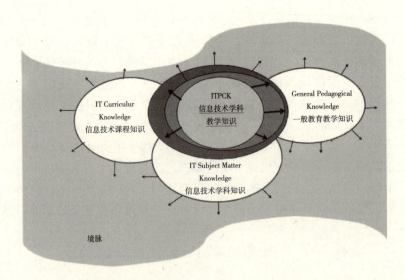

图5－2　信息技术教师专业知识发展模型

　　在该模型中，向外不断扩张的四个圆圈分别表示信息技术教师四种知识成分的发展，而圆圈之间交会的地方则代表知识成分间相互交融不可分离的地方。图中的中心部分及黑色加粗的箭头表示信息技术教师学科教学知识的发展，即教师不断整合学科知识、一般教育教学知识、信息技术课程知识三种知识而形成学科教学知识的过程。中心的三个由小到大的椭圆则表示学科教学知识不断由小到大发展与变化的过程。信息技术学科教学知识的获得与发展过程，伴随着其他三种知识成分的变化而变化。因此，在信息技术教师教育和信息技术教师在职培训中应同时促进高中信息技术教师四种知识的发展以及它们之间的综合。信息技术教师的专业知识不仅是分门别类的几种知识的组合，而且是多种知识综合建构，渗透着教师的个性化理解。高中信息技术教师专业知识不仅是不可明辨的且不同的知识领域的组合，还包括关于信息技术学科、学习者、课程、情境、教学方法以及其他课程内容等领域知识的整合。这种整合受到教师本人对教与学的个人观念的影响，而教师所具有的教与学的个人观念又是教师受到多种因素的综合影响而生成的。信息技术教师的专业知识是一个整体，这种整体性与教育实践情境的复杂性、丰富性和流动性特征契合。因此，无论是教师培养还是在教师培训中，在促进高中信息技术教师专业知识发展的过程中都应该充分注意到这种整合性。

二、信息技术学科知识

理论和常识都支持"教师学科内容知识的不充分将影响教师绩效和学生学习"的观点（Ball & McDiannid，1989）。据此，坚固的信息技术学科知识有助于信息技术教师建立高水平的自我效能信念，减少信息技术教学的焦虑，发展对信息技术教学更积极的态度。信息技术学科知识是指教师从事信息技术课程教学所必备的信息技术学科知识，是人们普遍知晓的一种教师知识。本研究认为信息技术教师的学科知识内涵主要包括内容知识、技术实践知识、实体知识和句法知识。

（一）内容知识

内容知识即信息技术的事实、概念、原理、思想等，也就是信息技术知识。根据信息技术教师所担任的角色，信息技术教师需要掌握的信息技术知识，包括信息技术理论基础知识，如信息技术教育、教育传播、知识管理、网络传播理论等知识；计算机与通信技术知识，包括数据结构、计算机系统结构、操作系统、程序设计语言、软件工程、计算机网络基础知识、多媒体系统知识、离散、概率、线性代数、人工智能系统、数据库知识、数据通信基础知识；媒体与艺术基础知识，包括摄录编技术知识、艺术基础知识、动画、音频、图像制作处理知识；课程开发与教学设计知识，包括课程开发理论、教学系统设计、教学实施与评价、信息技术教育理念与应用、绩效技术理论、人力资源培训理论等知识；教育资源开发与管理知识，包括教育电视节目编导制作知识、多媒体作品设计知识、教育游戏开发理论、虚拟现实系统设计、网络课程开发、信息化学习环境建设、管理的相关知识、远程教育应用知识；信息化教育装备与环境开发及管理知识，包括多媒体教学系统的集成、远程教育系统的集成、数字化校园规划与管理知识、教育装备系统建设知识、教育人机工程知识及技术实践知识等。

（二）技术实践知识

技术实践知识是依存于技术实践活动和有效指导技术实践活动的一种知识，是个体在技术实践活动中对情境回应的一种经验性、情境性知识。Moreland，Jones Cheers 认为有效的技术教学和评价肯定会受到四个领域知识基础发展的影响，即程序性（procedural）知识、概念性知识、社会性知识和技术性（technical）知识。上述学者在技术教育研究的取向上始终是以技术实践作为技术教育的核心的，我们认为，他们所定义的四个领域基础知识是技术实践知识的构成部分，而不是他们所声称的不同于舒尔曼所定义的教师知识基础（内容知识、一般教学知识、课程教学内容知识、学习者教育情境和教育结果）的技术教师知识基础。实践知识指的是一种来自情境的洞察力和能即兴应用到其他情境的知识。因此，实践知识关注区分复杂或模糊情境的相关细节，而这些情境是技术实践中经常遇到的。技术实践知识包括三个层面：技术实践规则、技术实践原理和技术实践图景。技术实践规则是指关于具体的、经常遇到的技术情境的建议，能简单明了地阐述技术实践方法、操作过程、技术要求和注意事项。技术实践原理是关于技术情境更一般的陈述，包括技术实践一般行为的理论依据、情境判断准则和合理的预期等；而技术实践图景是由技术实践者的实践经验、理论性知识和文化惯习结合而成的高度抽象的技术实践知识，是体现技术实践者情感、需要、价值或信念的最简洁的隐喻陈述。

（三）实体知识

实体知识即对信息技术的诠释方法和概念建构，包括信息论、控制论、计算机科学、仿生学、系统工程与人工智能等学科的原理与方法。实体知识包括感测（信息获取）系统、通信（信息传递）系统、计算（信息处理）系统、人工智能（从信息提炼知识并把知识激活成智能策略）系统、控制（策略执行）系统的基本概念和原理知识，以及与这些系统之间的关系，也就是有关信息科学的原理与方法及信息社会学的知识，包括信息及信息技术的发展历史与趋势、技术伦理知识、信息法律知识、社会信息系统知识等。

（四）句法知识

句法知识即信息技术领域中新知识被移植的方式和研究者探究信息、思考信息的范式等，也就是信息方法。信息方法是信息科学方法论体系的核心和灵魂，即信息科学方法要与信息科学思想相结合。信息方法是指从信息的观点出发，通过分析事物所包含的信息过程来揭示它的复杂工作机制的奥秘，通过建立适当的信息模型和合理的技术手段来模拟或实现高级事物的复杂行为。信息方法已经成为一种具有普遍方法论意义的科学方法。信息技术教师要掌握信息方法来应对信息技术领域中新知识的产生，并利用信息方法这一信息思考范式把新的知识很好地移植到信息技术教学中，不断充实自身的学科知识。

信息技术学科知识是从事信息技术教学的专业基础和必要条件。信息技术学科的发展日新月异，新知识层出不穷，课程内容经常处于变动和发展之中。信息技术教师只有具备了坚实的学科知识基础，才能不断更新知识，跟随信息技术学科的发展及时调整自己的学科知识结构体系。

三、信息技术课程知识

课程知识是教师获得的关于课程系统的认识、体验和行为能力。教师对课程理念、目标、内容与方法的认识直接影响其教学的有效实施，教师只有将其具备的课程知识有效地转化为教学行为才能对学生的发展起到直接的促进作用。信息技术课程知识是指教师具有的关于信息技术的课程目标、学习内容、知识体系的知识，具体表现为对课程标准的理解和对教材的把握。同时，信息技术课程知识包括教师对信息技术课程价值的认同。

信息技术教师的课程知识涉及信息技术课程的诸多方面，而不是单一的知识罗列。我们提出"＋"型结构的信息技术教师课程知识的构建框架（如图 5-3 所示），以获得更多的理论探讨。

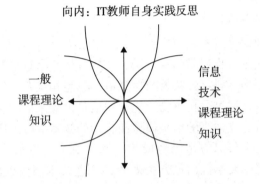

向内：IT教师自身实践反思

一般
课程理论
知识

信息
技术
课程理论
知识

向外：他人经验借鉴与反思

图5－3　高中信息技术教师课程知识构建柜架

　　我们认为，以"＋"型方式建构信息技术教师课程知识包括两层含义：其一，"＋"的横线代表着理论。它有两个方向，分别代表一般课程理论知识和信息技术课程理论知识。具体来说，就是信息技术教师关于课程材料、课程基础知识、课程原理知识和课程活动的一般理论与信息技术学科特殊的课程领域知识，诸如教材、技术、课程资源、课程本质、课程演变与发展、课程目标、课程内容、课程政策、课程开发、课程设计、课程实施、课程评价等在一般和特殊两个方面的理解。这种知识成为信息技术教师课程知识的显性层面。

　　其二，"＋"的竖线代表着实践。它也有两个方向，分别代表向内和向外两个维度。在向内维度上，信息技术教师通过亲身实践与反思，将横线两个方向的课程理论知识理解和内化后，形成关于信息技术课程的个人理论和自我概念，又不断影响自己在信息技术课程中的各种行为。在向外维度上，信息技术教师通过学术共同体中其他人的信息技术课程经验获得借鉴，结合时代精神，在批判性的思考中加深对课程知识开放性的理解。在这种形式中，理论与实践是相互制约、互相影响的。横向的拓宽是基础，将有利于纵向的建构；而纵向的深入，则为信息技术教师自身对课程的理解提供参照。四个方向两两所构成的每个维度中，理论与实践交融得越多，信息技术教师对于课程知识的理解与实际运用则结合得越全面。这种动态结构形成信息技术教师课程知识的理想状态。

四、一般教育教学知识

教育学知识与学科专业知识同样重要，高中信息技术教师不但要掌握基本的学科专业知识，也要在信息技术教育方面达到合格的水平。

高中信息技术教师应当通晓教育科学理论知识，这是教师专业"双专业"特点的客观要求。它是从事教育教学工作的理论依据，也是将教师的教学由经验水平提高到科学水平的重要前提。高中信息技术教师应该具有的一般教育教学知识主要包括教育基本理论、心理学基本理论、教育史、教育社会学、教育心理学、教育改革与实验。

（1）教育基本理论。主要包括教育的本质、教育的功能、教育目的、我国学校教育制度、教师素质及角色、教育平等、教育与人的发展的关系、教育与生产劳动相结合、教育与现代化、教育机智、教师专业发展等相关教育原理。

（2）心理学知识。心理学是一门研究人的心理学习规律的科学。心理学者尽可能地按照科学的方法，间接地观察、研究或思考人的心理过程（包括感觉、知觉、注意、记忆、思维、想象和言语等过程）是怎样的、人与人有什么不同、为什么会有这样和那样的不同，即人的人格或个性，包括需要与动机、能力、气质、性格和自我意识等。

（3）教育心理学知识。教育心理学是研究学校教育和教学过程中学生的心理活动规律的学科。它主要涉及掌握各科知识和各种技能的心理活动特点及规律，研究智能的发展与智力测查方法，影响教学过程的心理因素、道德品质与行为习惯的形成规律，以及家庭、学校、团体、社会意识形态等对学生的影响。教育心理学涉及的范围很广，它可包括教育心理、学习心理、智力缺陷与补偿、智力测量与教师心理等分支。对于信息技术教师来说，还需要特别关注信息技术学科学习心理学。

（4）教育史。教育史的内容包括实践与理论两方面。教育制度、教育实施状况及教育者生活等属于实践方面。政府的教育宗旨、学者的教育学说及时代的教育思潮等都属于理论方面。

（5）教育社会学。研究教育的社会性质、社会功能，以及教育制度、教育组织、教育发展规律的一门社会学分支学科，是教育科学中近百年发展起来的一个边缘性的分支学科。教育社会学主要从社会学角度研究各种教育现象、教育问题及其与社会之间的相互制约关系。

五、信息技术学科教学知识

信息技术学科教学知识（ITPCK）是指信息技术学科知识和一般教学法知识相融合而产生的一种信息技术教师独有的知识，如图5－4所示。信息技术教师能将信息技术学科内容知识转换成适合学生学习的教学方式或教学表征，来帮助学生学习。拥有信息技术学科教学知识的教师，能根据特定的主题，针对学生的不同兴趣与能力，组织、调整与呈现学科知识，并进行有效的教学。信息技术教师的信息技术学科教学知识作为一种动态的知识体系，强调信息技术教师在教什么和怎样教的过程中扮演主动的角色。

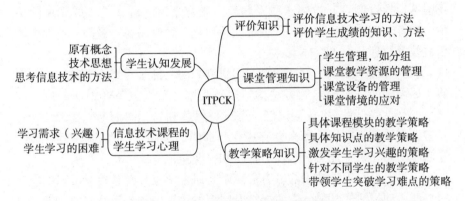

图5－4 信息技术学科教学知识构成

学科教学知识是教师建构的产物，是在教学中不断发展和深化的实践性知识。由于信息技术教育开展时间较短，信息技术教学经验还很缺乏，信息技术教师应该在教学中不断地把握和领会，实现信息技术教师学科教学知识的积累和丰富，并在教学实践中加以发展和深化。

第三节 信息技术教师专业知识现状
调查与影响因素分析

本节基于上一节建构的信息技术教师专业知识发展模型设计研究工具，通过对师范生及高中信息技术教师知识状况的抽样调查和现场考察，分析高中信息技术教师的专业知识发展状况，并探究其影响因素。

一、师范生专业知识状况

教师专业发展由职前培养、资格任用和在职培训三个阶段组成。职前培养是教师专业发展的起始阶段，对其今后的专业成长有着至关重要的影响。顾泠沅指出："教师专业发展需要关注教育教学通识，还需要关注领域专门知识。"（顾泠沅，2004）[18-22]在中学信息技术教师的专业知识中，建构成为其专业发展的重要内容。职前信息技术教师的知识建构对信息技术教师的知识发展有着重要的意义，可为信息技术教师的终身可持续专业发展打下坚实的基础。

教师专业知识的种类和范围非常广泛，通过测验来测查信息技术教师是否具备基本的专业知识，首先必须明确信息技术教师知识测查的范围和根据。在本研究中，我们通过两种途径确定教师知识测查的种类和范围。一方面是通过对已有的关于教师专业知识的研究（见文献综述）进行梳理，来界定信息技术教师专业知识测查的范围。另一方面是考虑我国教师教育中主要涉及的信息技术教师专业知识。进而确定四个维度的框架来编制信息技术教师专业知识问卷。在正式编制题目之前，首先制定双向细目表，描述试卷内容领域、层次结构、题量等有关试题构成的比例，它可以为编制具体的试题和评估整个测验提供指导。在确定了双向细目表之后研究人员开始向各个分测验的命题人员收集测试题目，组成整个测验。然后进行第一次试测，进而根据测量指标增减题目，形成第一次修订后的测验。再进行第二次的试测，根据测量指标进一步增减题目，形成正式测验。

我们按照以下四个维度的理论框架来编制教师知识问卷：一般教育教学知识、信息技术课程知识、信息技术学科知识和信息技术学科教学知识。问卷分为三个部分。第一部分是关于教师的学历、是否为骨干教师、教龄等教师背景信息的内容。第二部分是关于信息技术教师专业知识状况的测验。一般教育教学知识由大学教育学院的教师命题，题目的形式为选择题，共6道题。信息技术课程知识的题目的形式有选择题和问答题，共6道题，由一位中学教研员、一位从事高中信息技术教育研究的大学教师和一位高中信息技术专家教师拟题。信息技术学科知识分为6个模块，由高中信息技术专家教师拟题。信息技术学科教学知识的题目共 5 道问答题，由中学教研员和高中信息技术专家教师拟题。学科教学知识重在考察教师如何处理实际课堂中学生的学习困难以及如何设计出更有利于学生学习的信息技术表征，共 5 道题，同时针对不同地区开设的选修课程的不同分别设置了必做题目和选做题目。

本研究采用分层抽样和整群抽样相结合的方式选取研究对象。首先将学校分层，抽取不同层次的学校，将被抽中的学校的全体教师确定为我们的研究对象。我们在辽宁省沈阳市、吉林省长春市和黑龙江省哈尔滨市的百余所中学里选取 450 名高中信息技术在职教师，共发放问卷 450 份，其中回收有效问卷 403 份，有效率为 89.56%。这些教师占三省省会高中信息技术教师总数的大多数，满足此次调查的精度要求。职前教师选择的是东北三省唯一一所部属师范院校的计算机、教育技术学专业的师范生，参加问卷调查的人数共 189 人，其中回收有效问卷数量 174 份，有效率为 92.06%。

（一）师范生专业知识水平总体分析

本研究所指的师范生主要是在师范院校接受了系统的职前教育，即将入职（临近毕业）的本科师范生，包括计算机专业和教育技术学专业的师范生。此次调研的样本包括东北某省 C 市某师范院校大三和大四的计算机、教育技术学专业免费师范生共 174 名。样本的详细情况如表 5 - 3 所示。

表 5 - 3　样本的详细描述

	类别	男	女	合计
性别	人数	76	98	174
	比例	43.7%	56.3%	100%
专业	类别	计算机	教育技术学	合计
	人数	114	60	174
	比例	65.5%	34.5%	100%
年级	类别	大三	大四	合计
	人数	79	95	174
	比例	45.4%	54.6%	100%

表5-4　师范生各类专业知识状况（N＝174）

知识类别	总分值	平均分	标准差	得分率
信息技术学科知识	40	17.902	4.859	44.76%
信息技术课程知识	12	4.322	2.649	36.02%
信息技术学科教学知识	12	2.643	1.127	22.03%
一般教育教学知识	12	6.52	2.631	54.33%

各类专业知识得分情况如表5-4所示。信息技术学科知识共35道题目，满分共40分，得分情况如图5-5所示。得分近似正态分布，平均分为17.902分，处于不及格水平，15分以下的人数占27.6%，24分以下15分以上的人数占64.8%，24分及格分以上的占16.5%，峰值出现在20~22分之间。信息技术课程知识包括一般课程知识和信息技术课程知识，共6道题，包括5道选择题和1道填空题，满分为12分，得分情况如图5-6所示，平均分为4.322分，得分率为36.02%。学科教学知识部分共5道题，满分为12分，得分情况如图5-7所示，平均分为2.643分，得分率为22.03%。一般教育教学知识部分共6道题，满分为12分，平均分为6.52分，得分率为54.33%，如图5-8所示。从试题解答情况看，师范生在学科知识上总体水平不高，相对而言，除一般教育教学知识得分率较高外，其余的三类知识均未达到及格水平，其中得分率最低的是学科教学知识，得分率仅为22.03%。可见师范生对信息技术各类专业知识掌握程度都不高，尤其课程知识和学科教学知识都亟须进一步加强。

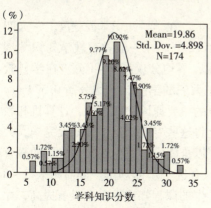

图5-5　师范生学科知识状况

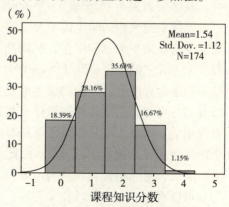

图5-6　师范生课程知识状况

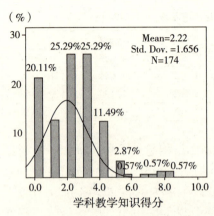

图5-7 师范生学科教学知识状况

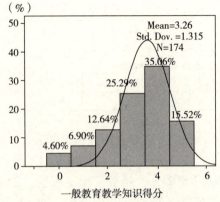

图5-8 师范生一般教育教学知识状况

（二）不同年级的师范生专业知识水平分析

利用 SPSS 对调查问卷各类知识得分与被调查者所在的年级进行相关分析发现，学科知识得分、一般教育教学知识得分、学科教学知识得分与师范生所处年级紧密相关。学科知识得分与年级在 0.001 水平上极其显著相关，一般教育教学知识和学科教学知识状况与年级在 0.01 水平上显著相关。不同年级的师范生在学科知识中的算法知识、多媒体知识、信息技术基础模块知识、数据库知识、人工智能知识、信息原理知识、技术实践知识等模块均存在显著性差异，而课程知识得分在年级上不存在显著差异。其结果如表5-5 至表5-8 所示。

总体来说大四的学生优于大三的学生。在学科知识掌握程度上，大四的学生明显高于大三的学生，平均高 3.72 分。在一般教育教学知识掌握程度上，大三的学生略高于大四的学生，平均分仅高 0.48 分。在学科教学知识掌握程度上，大四的学生略高于大三的学生，平均分高 0.574 分。教育实习可能是造成这种知识得分差异的重要原因。在该校，计算机和教育技术学专业在大学三年级已经基本上将这些专业知识课程开设完毕，大学四年级主要是教育实习阶段。由此可以推断，师范生在大四经历的教育实习阶段，对学科知识和学科教学知识有进一步的理解。同时由表5-8 明显可以看出，在经历教育实习后，学生的课程知识水平有显著提高，尤其是学科课程知识水平。

表5-5　不同年级师范生学科知识状况差异

年　级	人　数	百分比	总　分	平均分	标准差	差异检验
大三	79	45.4%	40	16.19	4.605	t = -4.465 ***
大四	95	54.6%	40	19.32	4.620	

注：*表示 P≤0.05，差异较显著；**表示 P≤0.01，差异显著；***表示 p ≤0.001，差异极其显著

表5-6　不同年级师范生一般教育教学知识状况差异

年　级	人　数	百分比	总　分	平均分	标准差	差异检验
大三	79	45.4%	12	7.04	2.599	t = 2.414 **
大四	95	54.6%	12	6.08	2.592	

注：*表示 P≤0.05，差异较显著；**表示 P≤0.01，差异显著；***表示 p ≤0.001，差异极其显著

表5-7　不同年级师范生学科教学知识状况差异

年　级	人　数	百分比	总　分	平均分	标准差	差异检验
大三	79	45.4%	12	1.911	1.8288	t = -3.019 **
大四	95	54.6%	12	2.485	1.4562	

注：*表示 P≤0.05，差异较显著；**表示 P≤0.01，差异显著；***表示 p ≤0.001，差异极其显著

表5-8　不同年级师范生课程知识状况差异

类　别	人　数	百分比	总　分	平均分	标准差	差异检验
大三	79	45.4%	12	2.911	2.046	t = -7.321 **
大四	95	54.6%	12	5.495	2.526	

注：*表示 P≤0.05，差异较显著；**表示 P≤0.01，差异显著；***表示 p ≤0.001，差异极其显著

（三）不同专业的师范生专业知识水平分析

利用 SPSS 对调查问卷得分与被调查者的专业进行相关分析发现，学科知识得分和一般教育教学知识得分与专业存在显著的相关性。不同专业的师范生在信息技术基础模块知识、算法知识、数据库知识、人工智能知识、技术实践知识方面均存在显著性差异，而课程知识和学科教学知识得分与专业不存在显著的相关性，如表 5 - 9 和表 5 - 10 所示。

表 5 - 9 不同专业师范生学科知识状况差异

专 业	人 数	百分比	总 分	平均分	标准差	差异检验
计算机	114	65.5%	40	18.798	4.348	t = 3.244 **
教育技术学	60	34.5%	40	16.200	5.341	

注：*表示 $P \leqslant 0.05$，差异较显著；**表示 $P \leqslant 0.01$，差异显著；***表示 $p \leqslant 0.001$，差异极其显著

表 5 - 10 不同专业师范生一般教育教学知识状况差异

类 别	人 数	百分比	总 分	平均分	标准差	差异检验
计算机	114	65.5%	12	6.128	2.486	t = - 2.778 **
教育技术学	60	34.5%	12	7.267	2.755	

注：*表示 $P \leqslant 0.05$，差异较显著；**表示 $P \leqslant 0.01$，差异显著；***表示 $p \leqslant 0.001$，差异极其显著

由表可见，计算机专业的师范生学科知识状况优于教育技术学专业的学生，而教育技术学专业的学生在一般教育教学知识状况上又优于计算机专业的师范生。这在一定程度上体现了高校不同专业的课程设置差异。计算机专业侧重于学科本体，所以计算机专业的学生在学科知识部分的得分明显高于教育技术学专业学生，而教育技术学专业在教育理论上比计算机专业开设的学时更多，因此教育技术学专业的学生在一般教育教学知识上优于计算机专业的。同时也可以发现，目前信息技术教师所需的知识不能仅仅从计算机专业或教育技术学专业而来，而是需要这两种专业知识的结合。

（四）不同性别的师范生专业知识水平分析

利用 SPSS 对调查问卷得分与师范生的性别进行相关性分析可以得出，学科知识得分和课程知识得分与性别存在显著相关性，如表 5 - 11 和表 5 - 12 所示；而一般教育教学知识得分和 PCK 知识得分与性别不存在显著的相关性。

表 5 - 11 不同性别师范生学科知识状况差异

类 别	人 数	百分比	总 分	平均分	标准差	差异检验
男	76	43.7%	40	18.658	5.085	$t = 1.818^*$
女	98	56.3%	40	17.316	4.619	

注：＊表示 P≤0.05，差异较显著；＊＊表示 P≤0.01，差异显著；＊＊＊表示 p ≤0.001，差异极其显著

表 5 - 12 不同性别师范生课程知识状况差异

类 别	人 数	百分比	总 分	平均分	标准差	差异检验
男	76	43.7%	12	3.632	2.545	$t = -3.101^{**}$
女	98	56.3%	12	4.857	2.616	

注：＊表示 P≤0.05，差异较显著；＊＊表示 P≤0.01，差异显著；＊＊＊表示 p ≤0.001，差异极其显著

由表 5 - 12 可知，不同性别的学生在学科知识掌握程度上存在显著差异。男生在学科知识的掌握程度上明显优于女生；而在课程知识上女生明显优于男生。这在一定程度上是由不同知识特点决定的。信息技术在学科知识上侧重于技术，更强调实践能力，而男生在实践能力上要比女生强一些，因此，性别差异在信息技术学科知识上体现得较为明显；在课程知识上稍微偏重于理论，在校学习时更多倾向于背诵，而女生在背诵知识上较男生强，因此女生在课程知识掌握上要好于男生。这种差异同时在入职后也存在影响。据教育部 2009 年对全国普通高中信息技术教师的统计数据，

男教师所占比例为 59.7%，而女教师所占比例为 40.3%，可见男性高中信息技术教师的数量要远高于女性的数量，其根源可能来自于学科特点与性别的关系。

（五）小结

1. 教师专业知识状况及其可能的影响

教师所知和所能对学生的学习起着重要的作用。教师专业知识是教师专业素质的核心，教师如果不具备良好的或者基本的专业知识，就无法展开正常的教学，难以提高教学品质，进而会影响学生的学习质量。本研究结果显示，师范生在各类知识上的表现均不理想。这应引起我们的重视。如果不能及时弥补师范生教师专业知识的欠缺，不能提高他们的教学知识水平，以现有的水平在未来开展中学教学，可能会对中学教学质量产生不良影响。

2. 不同类型师范生专业知识状况存在差异的原因

在学科知识方面，计算机专业的师范生的知识状况明显优于教育技术学专业的师范生，也从一个侧面显现了信息技术学科的特殊性即技术性比较突出。由于计算机专业的培养更侧重于技术性，体现在学科知识方面就是他们的知识状况优于教育技术学专业的师范生。

师范生的教育理论知识优于其他类型的知识，原因可能是近年来我国高师院校普遍开展了"教育学""心理学"和"学科教学法"这三门课程的改革，改革可能已经取得了积极成效；但同时也反映了高校课程设置上重理论轻实践的特点。其次，大三师范生在前两年刚刚学习过教育理论方面的课程，对相关知识仍有较多记忆，而大四师范生学习同类课程的时间相对久远，遗忘比较严重，存在知识消退现象，因此大三师范生的教育理论知识水平优于大四师范生。

师范生课程知识得分普遍偏低，这可能是因为师范生较少接触中学教育教学实践，职前教育课程中缺乏有关中学课程的内容，导致他们对新课程的理念、学科课程标准、教材内容了解不多，认识不深入。

学科教学知识具有实践性特征，教育教学实践一般被认为是学科教学知识的重要来源。大四师范生经历了教育实习，教育教学实践无疑对其学科教学知识的发展具有促进作用，而大三师范生的教育实践仅局限于教育见习和微格教学中的模拟教学等，相比之下，大四师范生进入了教学一线，因此实践经验可能比大三师范生略多，这可能是大四师范生的学科教学知识水平优于大三师范生的原因之一。

二、信息技术教师专业知识状况

（一）整体专业学历不高、专业背景复杂

在 2010 年 8 月对参加吉林省沈阳市集体备课的普通高中信息技术教师调查的数据显示，出身计算机专业的信息技术教师占 73.10%，教育技术学专业的占 15.40%，物理专业的占 5.80%，其他专业的占 5.80%，如图 5 - 9 所示。

信息技术教师专业背景

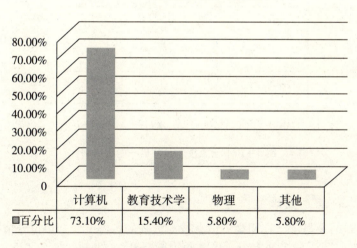

	计算机	教育技术学	物理	其他
百分比	73.10%	15.40%	5.80%	5.80%

图 5 - 9　信息技术教师专业背景比例

调查对象的专业背景来源多样。虽然计算机专业和教育技术学专业的科班出身者占据主体，电子信息等相关专业背景的信息技术教师也有很少的一部分，但是仍然有不少教师是从其他专业转行的，其中以物理专业为主。可以看出，一方面信息技术教师教育的职前教育即师范教育有待发展壮大，以为中小学信息技术教育的师资提供源头活水；另一方面信息技术

教师的在职培训有待进一步专业化，以提升"半路出家"者的专业化程度。

另外，高中信息技术教师的第一学历水平与专业知识结构比其他学科教师队伍的相应情况要弱一些。同时，第一学历为计算机专业的教师接受的教师职业教育、信息技术课程学科教育必然有所欠缺，这些因素对信息技术课程的实施会造成一定的不良影响。在此次调查中我们发现，信息技术教师第一学历是中专和大专的比例高达11.50%，如图5-10所示。

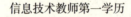

信息技术教师第一学历

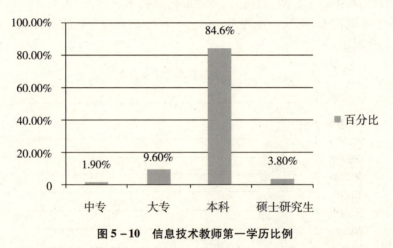

图5-10 信息技术教师第一学历比例

（二）信息技术教师整体专业知识水平亟待提高

调查结果显示，在职高中信息技术教师的各类专业知识得分情况如表5-13所示。在问卷调查中，学科知识测试共35道题，满分40分，得分情况如图5-11和表5-14所示。得分情况近似正态分布，平均分为19.20分，处于不及格水平，15分以下的人数占27.60%，24分以下15分以上的人数占64.80%，24分及格分以上的占16.50%，峰值出现在20~22分之间。课程知识包括一般课程知识和信息技术课程知识，共6道题，包括5道选择题和1道填空题，满分为12分，得分情况如图5-13所示，平均分为6.835分，得分率为56.96%。学科教学知识部分共5道题，满分 12 分，得分情况如图 5 - 14 所示，平均分为 5. 397 分，得分率为 44. 97% 。一般教育教学知识部分共 6 道题，满分为 12 分，平均分为 5. 67 分，得分率为 47. 42% ，得分如图 5 - 12 所示。从试题解答情况来看，高中信息技术教师在学科知识上总体水平不高，四类知识均未达到及格水平，其中得分率较低的是学科教学知识和一般教育教学知识，得分率仅为 44. 97% 和 47. 42% 。可见高中信息技术教师对信息技术各类专业知识掌握程度都不高，尤其是学科知识、学科教学知识和一般教育教学知识都需进一步加强。

表 5 - 13 高中信息技术教师专业知识整体水平

知识类别	总 分	平均分	标准差	得分率
信息技术学科知识	40	19. 20	6. 23	48. 08%
课程知识	12	6. 835	3. 521	56. 96%
信息技术学科教学知识	12	5. 397	2. 503	44. 97%
一般教育教学知识	12	5. 670	2. 881	47. 42%

（三）专业知识各项：平均偏低

1. 学科知识状况

一般来说，"科班"出身的信息技术教师理应能掌握其专业知识，而对于专业背景、专业结构复杂的信息技术教师来说，非"科班"出身的信息技术教师对信息技术专业知识的掌握程度是难以得到保证的。由调研结果来看，信息技术教师学科知识得分情况呈不规则分布，其中最低得分为 0 分，最高得分为 35 分，差距达到 35 分之多，26. 8% 的教师位于及格分数线 24 分以下。可见所测地区高中信息技术教师对学科知识的掌握呈现不平衡性，由于教师自身条件的不同，比如年龄、教龄、毕业专业等的不同，可能导致教师之间对于学科知识掌握的程度不同。在研究中我们发现，该地区信息技术教师不仅在学科知识总分上存在较大差异，在选修模块之间的得分也存在较大差异，如表 5 - 14 所示。

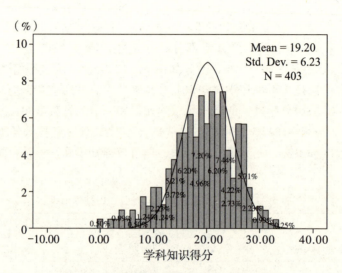

图 5－11　信息技术教师学科知识得分分布

表 5－14　信息技术教师选修模块之间的得分差异比较

学科知识内容	总　分	平均分	标准差	得分率
信息技术基础模块	6	3.174	1.281	53.00%
算法与程序设计模块	5	2.366	1.339	47.30%
多媒体技术模块	4	2.165	1.199	54.10%
网络知识模块	4	2.246	1.093	56.15%
数据库模块	4	2.356	1.195	58.90%
人工智能模块	4	1.676	1.201	41.90%
信息社会部分	6	1.509	1.303	25.15%
信息原理部分	4	1.794	1.099	44.85%
技术实践知识	3	1.882	1.090	62.73%

　　比较以上数据可以发现，学科知识所有模块的得分率除技术实践知识外，其余部分的得分率都低于60%。相比较而言，"信息社会"和"信息原理"部分得分率很低。在信息技术部分的6个模块中，"人工智能模块""算法与程序设计模块"的得分率是所有模块中最低的，"人工智能

模块"部分得分率较低可能是由于所测地区大部分没有开设此选修模块所致，但"算法与程序设计模块"属于信息技术课程的核心部分，对于培养、提高学生的思维能力、问题解决能力都有一定的帮助，但是遗憾的是，从以上数据来看教师对这部分知识掌握得很差，不由令人担心教师是否能完成信息技术课程目标中培养学生思维能力及问题解决能力的任务。由此可以说明该地区的高中信息技术教师对"技术实践知识"掌握得相对较好，而对"信息社会""信息原理"部分及"算法与程序设计"部分的知识掌握得相对较差，对其他模块知识的掌握水平一般。

2. 一般教育教学知识状况

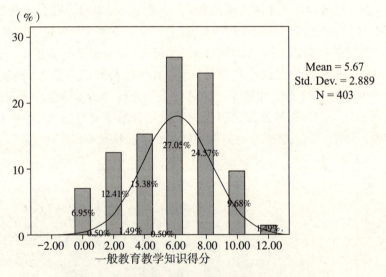

图 5 – 12   信息技术教师一般教育教学知识得分分布

一般教育教学知识部分满分为 12 分，由图 5 – 12 可知，教师平均得分为 5.67 分，74% 的教师得分均低于及格分数线 7.2 分以下。明显可见信息技术教师教育教学理论知识欠缺。对于教育教学理论知识，信息技术教师一般只是在职前教育阶段学习过一些教育学、心理学等公共课程，工作以后很少再去主动接触这方面的知识。在教师积累了一定的教学经验的情况下（调查中 90% 的教师具有 4 年以上教龄），仍然缺乏对教育实践中的观念、行为进行深刻反思的能力，表现为教学设计能力薄弱、教学策略单一，存在着对课程目标理解和把握不准等问题。

3. 信息技术课程知识状况

普通高中信息技术课程的总目标是提升学生的信息素养，在对东北地区的信息技术教师的调研中，谈到教师们是如何理解信息技术课程的价值或目标时，发现相当一部分的教师认为"信息素养"就是信息技术能力。例如："学生掌握了相应的技术，信息素养提高了"，"信息技术课程对学生的价值是让学生在今后的生活、工作当中能够学以致用，像 Office、Photoshop 等可以讲一些，以满足学生今后的需要"。

更令人担忧的是相当一部分教师对新课程还"不清楚"。例如："对新课程的理念，我们理解得不深，就是不懂。上面也总是提这个新课程的理念，但是具体什么样，我们也没理解那么透"，"我们还真没看到过这个课程标准"，"国家级的课程标准我们就传看一下，没有细看，我觉得还可以"。

从调研数据中我们也可以发现，信息技术课程知识满分为 12 分，教师平均得分为 6.84 分，由图 5–13 可知大部分教师的得分位于及格分数线以下，只有 37.5% 的教师的得分高于及格分数 7.2 分，如图 5–13 所示。由此可见，信息技术教师对课程知识的掌握状况不容乐观。

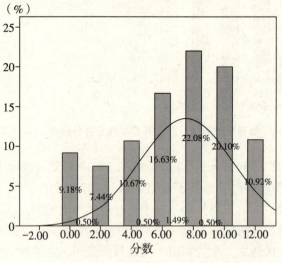

图 5–13　信息技术教师课程知识得分分布

4. 学科教学知识状况

在学科教学知识方面，对教师"信息技术课程教学中亟待补充提高的知识"的调查中，教师选择的选项从高到低依次为信息技术教学方法（40.4%）、信息技术教学设计（28.4%）、信息技术教育研究方法（20.6%）和计算机知识（10.6%）。

在被调查的信息技术教师中，使用最多的教学方法是讲授法，占47.2%；任务驱动教学法占40%；讲练结合法占37.5%；主题学习教学法的运用相对较少，占8.8%。教师们为了完成教学任务，往往忽略了能有效培养学生信息素养的主题学习法，仍然大量采用讲授法进行教学。教师们主要仍采用"以教学为中心"的方法进行教学，很少采用以"学习为中心"的教学方法。

在调研中发现，信息技术教师明显感到自身学科教学知识能力有所欠缺。在问及教师"目前必须克服的主要问题有哪些"时，有33.3%的教师认为不具备教学基本能力，在问及教师"最希望参加的信息技术培训方式有哪些时"，有60%以上的教师希望得到教学方法的案例培训。

可见，因为信息技术课程开课时间较短，信息技术教师在学科教学知识方面的积累还很不足，导致教师在信息技术教学中不能很好地适应学科教学的需要，产生了教学上的不适应。

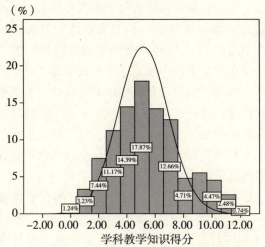

图5-14　信息技术教师学科教学知识得分分布

根据调研数据我们也可以看出，信息技术教师学科教学知识总分为12分，教师平均得分仅为 5.397 分，标准差为 2.503 分，得分率为44.97%，如图 5 - 14 所示。由标准差较低可以看出，所测地区高中信息技术教师信息技术学科教学知识水平普遍较低，教师之间差异不大。从得分率来看，信息技术教师学科教学知识是四种专业知识中教师掌握得最不好的，也是信息技术教师们最薄弱的环节。

（四）信息技术教师专业知识结构

信息技术学科教学知识、高中信息技术学科知识、高中信息技术课程知识和一般教育教学知识是高中信息技术教师的专业知识。然而，不同的教师所擅长和所欠缺的知识种类不同，因而会形成不同的知识结构类型。为了研究高中信息技术教师的知识结构类型，我们根据教师在四种教师知识上的得分，利用欧式空间距离进行聚类分析（K - means 聚类法）对高中信息技术教师的知识结构类型进行分类。首先尝试将教师分为五类，结果发现有两个类型之间的差异不显著，后又尝试将教师分为四类，结果发现其内部结构分异明显，可将信息技术教师的知识结构分为四类，如表5 - 15 和图 5 - 15 所示。

根据 K - means 聚类结果，第一种类型即 I 型信息技术教师，这类教师在一般教育教学知识、高中信息技术课程知识和高中信息技术学科知识上的得分都最低，其得分率均低于 30%，但信息技术学科教学知识的得分率稍微高一点，约为 50%，其四类知识得分率的方差为 0.0217，均衡性相对较差。该类教师仅在教学实践中积累了一些教学的实际经验，而其他专业知识则普遍较差，因此我们将这种类型的教师权且命名为低分非均衡型教师。这种类型的教师占总体的 15.63%，低分非均衡型教师以中老年教师居多，且一般是其他专业转行而来的教师。第二种类型即 II 型信息技术教师，这些教师在一般教育教学知识、高中信息技术课程知识和高中信息技术学科知识上的得分率比 I 型信息技术教师要高一些，但其平均水平也很低，其得分率一般在 30% 至 50% 之间。该类教师在信息技术学科教学知识上表现稍差一点，其得分率在 45% 左右，其四类知识得分率的方差为 0.0044，均衡性相对较好。我们将这种类型的教师权且命名为低分均衡型教师。这种类型的教师占总体的 34.24%，低分均衡型教师以年轻且非教育技术学专业的教师居多，该类教师的信息技术自学能力相对较强，可通过网络或者其他媒介对其信息技术学科知识进行较快更新，但因缺乏系统的教育理论学习和长期的教学实践，对一般教育教学知识、高中信息技术课程知识的掌握相对匮乏，所以表现为信息技术学科知识的得分率也明显远高于其他类知识。第三种类型即Ⅲ型信息技术教师，这类信息技术教师对一般教育教学知识、高中信息技术课程知识的掌握相对较好，其得分率在50%至70%之间，而在信息技术学科知识和信息技术学科教学知识上的得分率相对较低，仅40%左右。这类教师对一般教育教学知识和信息技术课程的掌握好于前两种类型的教师，但对信息技术学科知识和学科教学知识的掌握比较薄弱，其四类知识得分率的方差为0.0137，均衡性相对较差。我们把这类教师权且命名为高分非均衡型教师。这类教师一般为年轻的技术教育专业教师，占总体的27.54%。这类教师理论知识掌握得相对较好，但缺乏教学实践，因此需把课程理念进一步落实到课堂中去。第四种类型即Ⅳ型信息技术教师，这类教师在四种专业知识上的得分都很高，其得分率均超过60%，远远高于其他三类教师，其四类知识得分率的方差为0.0062，均衡性相对较好。这类教师大多是信息技术学科的骨干教师，我们权且将之命名为高分均衡型教师。高分均衡型信息技术教师占总体的22.58%。

表5-15　高中信息技术教师的知识结构类型

知识类型 （均值/百分比）	教师知识结构类型				F值
	Ⅰ型 低分非均衡型	Ⅱ型 低分均衡型	Ⅲ型 高分非均衡型	Ⅳ型 高分均衡型	
一般教育教学知识	2.65/22.08%	4.15/34.58%	6.02/50.17%	7.59/3.25%	90.44
高中信息技术课程知识	2.13/17.75%	4.54/37.83%	8.22/68.50%	9.26/77.17%	188.79
信息技术学科知识	8.98/22.45%	15.01/37.53%	17.01/42.53%	24.92/62.30%	519.03
信息技术学科教学知识	5.99/49.92%	5.34/44.50%	5.59/46.58%	7.21/60.08%	12.972
所占比例（人数/百分比）	63/15.63%	138/34.24%	111/27.54%	91/22.58%	—

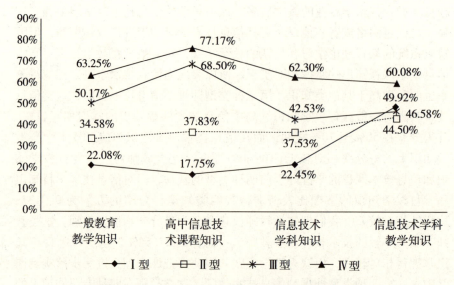

图 5 – 15　高中信息技术教师的知识结构类型的比较

（五）结论

　　通过对信息技术教师基本情况的调查分析，我们对信息技术教师的专业知识状况有了较为明晰的了解，根据调查结果可以得出以下结论。

　　1. 高中信息技术教师学科知识低于课程标准水平且学科知识各模块掌握水平存在明显差异

　　在本研究中，调查问卷中关于学科知识的试题是基于《普通高中技术课程标准（实验）》命制的，都是基础性的知识，均为教师必备的知识。一般来说，教师应该熟练掌握这些知识。而调查结果显示，高中信息技术教师在专业知识总体水平较低，尤其是在学科知识方面得分率仅为48.08%，他们对各个模块知识的掌握情况非常不理想，平均分均低于及格水平。因为在他们的课堂教学中，只需讲授一些与学业水平测试有关的基本内容，一般都比较浅显易懂，所以教师们并没有感觉到自身专业知识的缺失。而学科知识是教师进行有效的课堂教学的前提条件，信息技术教师必须熟练掌握本学科知识，才能逐步改进信息技术的课堂教学，提高课堂效率，进而提高学生的信息素养，完成信息技术教育的目标。

　　根据本研究，信息技术教师的学科知识包含信息技术、信息科学、信息社会、技术实践性知识等。绝大部分教师的技术实践知识得分较高，成为唯一得分率超过60%的部分，而信息原理和信息社会知识部分则得分较低。大部分信息技术教师在课堂中只知道给学生教技术教软件却不知为何而教，所以信息原理和信息社会知识部分的得分非常低。随着新课改的深入，许多信息技术教师已经从以前的软件介绍者开始思考应该教给学生些什么，一些教师认为信息技术学科应该教给学生那些不变的原理性的知识，如信息科学知识。但是从本研究来看，由于新课改以前过度重视技术的课程价值倾向，导致信息技术教师的信息科学、信息社会知识的掌握水平远远低于信息技术、技术实践性知识部分的掌握水平，技术实践性知识的得分率甚至超过信息原理部分20%。对于高中信息技术课程标准中规定的6个模块的知识，教师对于人工智能部分的得分率最低为41.90%，这可能是由于绝大部分所测地区硬件环境有限，未开设人工智能选修模块所致，但是不否认有些地区是受教师专业知识水平的限制，如有些教师说"没人会呀，没人能上，开不了"。算法思维是计算机的核心思维，为中小学生开设高中信息技术课程其目的之一就是要求中小学生能理解算法，使用算法思维来解决生活中的问题，但是信息技术教师在算法与程序设计部分的得分率却相当低，仅为47.30%，实在令人担忧信息技术教师是否能担负起培养学生思维能力的重任。师范生的专业知识只在一般教育教学知识部分高于在职教师，其余部分的水平都低于在职教师。因此，迫切需要信息技术教师转换课程理念，同时不断发展与提高自身学科知识以满足课程理念转换的要求及培养信息时代下中小学生信息素养的要求。

　　2. 高中信息技术教师专业知识结构分为四种类型，专业知识的提高需要因人而异

　　通过对东北地区高中信息技术教师的实证研究发现，高中信息技术教师的专业知识结构类型可分为四种类型。第一种类型即低分非均衡型教师。这类教师的主要特点是在教育理论性知识、本学科的专业知识上都是得分最低，但由于在教学实践中积累了一定的教学实际经验，所以在学科教学知识上表现相对较好。这种类型的教师占总体的15.63%，以中老年教师且非计算机或教育技术专业的居多。第二种类型即低分均衡型教师。这类教师在教育理论性知识、本学科的专业知识上得分也较低，但比经验

型教师要好一些，且在信息技术学科知识上得分率较高。低分均衡型教师以年轻且非教育技术学专业的教师居多，其占总体的34.24%。该类教师自学能力相对较强，能通过网络或者其他媒介对自身的信息技术学科知识进行自我更新，但因缺乏系统的教育理论学习和长期的教学实践，所以其教育理论知识和教学实践知识相对缺乏。第三种类型即高分非均衡型教师。这类教师对一般教育教学知识、高中信息技术课程知识的掌握相对较好，而信息技术学科知识和信息技术学科教学知识的得分率相对较低。这类教师一般为年轻的技术教育专业教师，其占总体的27.54%。这类教师对一般教育教学知识的掌握相对较好，但缺乏教学实践，因此需要把课程理念进一步落实到实践课堂中去。第四种类型即高分均衡型教师。这类教师在四种专业知识上的得分都很高，其得分率均超过60%，远远高于其他三类教师；并且较全面均衡。该类教师大多是信息技术学科的骨干教师，其占总体的22.58%。

对东北地区高中信息技术教师的实证研究提示我们：由于信息技术教师的知识结构类型不同，因此在信息技术教师继续教育和培训中可能要采取不同措施来区别对待。以年轻教师占多数的低分均衡型教师可能更需要通过教学实践及其对实践的反思来实现教师知识的整合；而以年长的普通教师为主体的低分非均衡型教师则可能更需要各种不同分科知识的更新。不同类型教师的存在是和地区、学科无关的。因此，无论是城市还是乡村，发达地区还是发展水平相对较低的地区，教师教育机构都要考虑到要根据信息技术教师的知识结构类型来制定有针对性的继续教育方案，有的放矢地促进不同类型信息技术教师的专业知识发展。各个地区的教师在专业知识结构类型和各个类型所占的比例上有可能存在差别，但在职教师教育需要个性化却是普遍要关注的问题。

前面我们已经指出信息技术教师需要不断发展，提高其专业知识。这里我们需要进一步指出的是，信息技术教师专业知识的提高需要因人而异，也就是说，信息技术教师知识的提高与发展，需要考虑教师本人的专业知识结构类型与特点。我们对教师知识结构类型的研究表明，不同信息技术教师的专业知识结构类型是不同的。例如，有些信息技术教师是高分非均衡型的，也就是信息技术学科知识、信息技术课程知识、一般教育教学知识等各个分科知识上的表现都很好，但在综合型实践型知识也就是信息技术学科教学知识上表现却很差，这类教师所缺乏的是从教师教学的角度思考学科问题的训练，他们大多是缺乏实践的新教师。因此，在信息技术教师专业知识的发展中，需要利用各种教学情境培养其用教师的思维方式而不是学者或者研究者的方式思考问题。而对于低分非均衡型的教师则恰恰相反，这类教师在实践性很强的学科教学知识上并不是很差，但在各种分科知识上的表现都不是特别理想，这类教师以教龄较长的教师居多。对于这类教师的专业知识发展而言，重要的是不断学习一些新的理论和新的方法，更新其信息技术学科知识、一般教育教学知识等，而不能像高分非均衡型教师那样仅仅加强对教学实践的思考。

3. 高中信息技术教师学科教学知识水平在四种专业知识中最低且教师普遍不了解学生的学科学习心理

作为学科知识与教学法知识的一种整合，学科教学知识以学科知识为基础，而又远远超过了学科知识的本质，是关于教师如何将学科知识转化为学生容易理解的一种知识表达方式的知识。从教师的职业特性来看，学科教学知识是关于教师对教学专业理解的一种独特方式的知识，是体现教学专长的一个重要方面。

通过对东北地区高中信息技术教师的实证研究我们可以看到，高中信息技术教师学科教学知识是四种专业知识中得分率最低的，仅为44.97%，标准差仅为2.503，且也是其中最低的。由此看出，高中信息技术教师学科教学知识水平普遍偏低，教师之间不存在特别明显的差异。

教师的专业水平应该体现在两个方面：一方面是学科知识水平；另一方面是研究学生的水平。各国对于教师专业标准的内容规定各有特色，但其中一个普遍认可的命题是：教师应该知道学生是如何学习的。美国教师专业标准制定机构之一美国州际新教师评估与支持联合会（INTASC）制定的教师入职标准中，将"教师要了解不同年龄段的学生的学习方法以及发展特点，并能提供有利于学生智力、社会和个人发展的学习机会"作为十大核心标准中的一项。英国合格教师标准提出的英国信息通信技术教师职前教育标准，将"必须考虑学生已经知道了什么，学生需要知道什么"作为对信息通信技术教师职前评价的内容之一。法国小学教师专业能力标准中提到教师应该"能够辨别学生可能会遇到的学习障碍""能够充分利用学生的错误和成功展开教学"；法国中学教师专业能力标准中提到"教师应该学会辨别和分析学生的学习困难"。澳大利亚全国教师专业标准的专业素养维度中，将"能清楚地知道学生是如何学习的"作为教师专业素养的内容之一。日本信州大学参照美国 INTASC 的教师入职标准开发的、对日本教育界影响很大的教师专业标准中提到，教师应该"能够理解孩子通过怎样的学习来实现成长""理解由孩子个体差异所产生的学习方法的差异"。

从本次调研的结果我们可以发现，在对关于学科教学知识的题目"进行'数据库'的教学之前，您认为您的学生对于'数据库'这一概念处于以下哪种状况？"的回答中有 87% 的教师选择"没有认识，我教给他们什么就是什么"，还有 42% 的教师选择"好像学生有一些不正确的认识，但是不知道是什么"。从这道题的调查结果我们可以看到，绝大多数信息技术教师对学生的前概念和前思维并不了解，大部分教师对学生的学习兴趣和困难并不清楚，可以说对学生的信息技术学科学习心理基本不知晓。研究学生是教师提升自身专业知识水平的基本方式，因此在促进信息技术教师专业知识发展过程中应该对研究学生的学科学习心理加以关注。

4. 教学实践和技术实践是影响信息技术教师专业知识发展的重要因素

对信息技术教师专业知识的研究得出的另一个重要结论是，实践是影响信息技术教师知识发展的重要因素。从教师的背景变量的角度来看，不同教龄的信息技术教师在专业知识上有显著差异，尤其是在学科教学知识上体现得最为明显，而不同的学历、地区的教师在专业知识上差异不显著。这说明信息技术教师专业知识的形成与发展更多地与教师的教学实践因素有关。另外，通过对在职教师的判别分析我们也发现，信息技术教师各种专业知识在区分优秀教师、普通教师与新手教师的过程中所起的作用不同，在这些知识中，学科教学知识所起的作用最大。而学科教学知识是一种综合的实践知识，无论是学科知识还是一般教育教学知识，都要通过实践整合成学科教学知识，才能最终在教学中发挥其作用。这也从一个方面说明在教学实践反思中促进教师实践知识的发展是新手教师、普通教师成长为专家教师的重要方面。

对信息技术教师专业知识来源的研究也验证了实践对于发展教师专业知识的重要性。对在职教师的教师知识来源的研究表明，自身教学经验与反思、和同事的日常交流是教师们评定的发展各种教师专业知识最重要的两个来源。同时需要特别注意的是，对于信息技术这一特殊学科，技术实践也是高中信息技术学科知识发展的重要来源。

对于高等师范院校的师范生而言，他们没有实际的教学实践经历，但在他们的评价中教育见习实习是发展各种教师知识的最为重要的来源。在高等师范院校中，教育见习实习也是实践性很强的课程。我国的在职教师教育中教育理论方面的讲解居多，如何通过案例教学等多种与实践有关的形式促进教师实践知识的发展是开展教师教育工作要思考的重要问题。

在学科教学知识方面，教师的学科教学知识欠缺。信息技术课程的开设时间短，对于学科教学知识方面的研究还刚刚起步，可供教师借鉴的成功经验很少，加之在职前接触这方面的知识不多，教师年纪轻，教龄不长，因此对教学目标的确定、教学内容的组织以及教学方法、教学评价等有效教学的学科教学知识明显欠缺。部分教师迫切希望接受信息技术学科教学知识方面的培训，渴望得到专家经验的直接传授。

三、信息技术教师专业知识发展影响因素分析

（一）政策方面：缺乏小学、初中课程标准

义务教育阶段信息技术课程标准的制定，可以使义务教育阶段信息技术课程具有国家层面的法定文本，可以为各级教育行政部门制定本区域的信息技术教育规划提供指导，也为教育行政部门对辖区的信息技术课程进行评价、考核提供依据。同时，义务教育阶段信息技术课程标准也是教育主管部门进行教材开发、教师培训的依据。总之，义务教育阶段信息技术课程标准的制定对信息技术课程的发展、信息技术教师的专业发展都起着决定性的作用。

由于义务教育阶段信息技术课程标准问题仍然悬而未决，文件课程（Formal）的缺失令执行课程（Operational）（古德莱德，1979）的定位模糊，课程实施者的认识和趋同度降低。这一方面导致课程的实施者对信息技术课程在义务教育阶段的目标理解不到位，本次调研中对信息技术课程目标的理解一题中只有 33.4% 的教师认为信息技术课程在义务教育阶段的目标是培养学生的信息素养，绝大部分教师认为信息技术课程的培养目

标只是培养学生获取、加工、管理、表达与交流信息的能力，忽视了对信息技术伦理的培养。教师们对课程价值的认同度也较低，只有63.4%的教师认为信息技术课程对学生的成长是十分重要的。另一方面导致信息技术课程的教材不尽如人意，而课程资料的可利用性差直接影响了课程的顺利实施。教师们如是说："各村小不开设信息技术课，到初中后又有这门课程，而教材又都是初中的，学生大多数一点基础都没有。若按教材讲学生肯定接受不了；不按教材讲吧，又没有教材。我该怎么办?"，"没有对应的课程标准，教材不统一、有些教材的内容不符合学校的实际情况，学生很难理解"。

（二）专业情意方面

1. 职业吸引力不大，消极的专业地位认同信念

由于应试教育的学校文化的导向，信息技术作为小学科、非中考学科，直接导致了学校、家长等外部环境对信息技术课程、教师的不重视，使信息技术教师的职业吸引力明显降低。在调研中，只有不到50%的教师喜爱信息技术教师这个职业，很不喜欢的占3.3%（2人），反映出教师整体的职业幸福感较低。教师们普遍认为信息技术教师的社会地位和经济待遇明显低于主科教师。信息技术教师的专业地位认同信念非常消极，"没有地位""不受重视""没有发展"等话语甚至成了信息技术教师的典型用语。我们从学校领导和其他学科教师处侧面了解到，信息技术教师无论在工资待遇、职称晋升，还是评优方面都与其他学科教师存在较大差距，这说明信息技术教师专业地位认同的消极信念背后有深层的教育观念、制度等问题。2008年东北师范大学信息技术教育研究所在吉林省的9个地区共选取了41名信息技术教师进行访谈，样本分别来自普通高中、县高中和乡高中。在访谈中教师们谈到对信息技术课程的看法时，主题频次最高的是"教师认为学科地位低（频次26）"。教师们如是说："不是高考科目，地位低""给我的感觉就是对于这门课程，学生不重视，领导不重视，老师不重视，感觉教起来没有意思"。

信息技术教师能否正确认识所教学科的优势是促进其提高专业情意的重要因素之一。教师应该正确对待"学科地位"，认识到每个学科在课程体系中都有其特定的"地位"，都是为了学生的全面发展。信息技术学科

的优势恰恰在于其对学生信息素养提升的价值，以及教育信息化背景下信息技术教师对学校信息文化建设的不可或缺性。

然而令人遗憾的是，信息技术教师对其所承担角色的意识和认同度仍然不高，没有形成积极、正确的态度。如一位教师如是说："教学不教学，教辅不教辅，什么工作都做，角色划分不是很清楚。"

2. 积极的学科内容知识信念和消极的学科教学法知识及教育理论信念

信息技术教师对自身的学科内容知识具有积极的信念，坚信"自己掌握的信息技术知识完全可以满足教学的要求""信息技术发展很快，很多新知识需要不断更新"。访谈中我们了解到，信息技术教师对接受学科专业知识方面的培训的意愿特别明显，"教师特别渴望得到专业知识方面的培训"的频次为18。但对信息技术教学法知识和相关教育理论知识的信念却是消极的，他们说"新课程要求老师要少讲""教学方法还是先讲后练或边讲边操作""教学随意性大，没有必须得遵守的章法""在大学学过的教育理论对教学没有实际的作用和意义""教育理论很难转化为对教学实践的指导""教育理论是学者、专家去搞的东西"。可以看出，信息技术教师对新课程中关于教学方法的某些理念并未理解，仍然秉持固有的信念，关于教育理论的信念也没有发生应有的转变。

（三）在职培训方面：信息技术教师在职培训"机会少"且流于形式，教师专业发展较慢

教师培训是信息技术教师掌握知识和技能的直接有效的方式之一。中小学信息技术教师的在职培训比较匮乏，且大多都流于形式。即使有省级或市级培训，由于人员数额限制，并不是所有的信息技术教师都有机会参加，即使能参加，由于食宿费用等方面的原因，有的信息技术教师也不愿参加，并且目前的培训没有针对信息技术教师专业知识的缺失进行实施。另外，对中小学信息技术教师的培训偏重于技术的掌握，而忽视信息素养的培养，忽视教学和学科知识技能的培养，因此，无法真正满足信息技术教师的需求。在2010年对辽宁省信息技术骨干教师培训班的50名教师进行的一项调查发现，14%的教师以前没有参加过培训，30%的教师以前只参加过一次培训，而参加过4次或4次以上培训的教师只占被调查教师总

人数的 12%。由此可见，教师参加培训的机会不均等，并且参加培训的次数与其他学科教师相比很少。那些得不到培训或参加培训次数少的教师不能及时掌握新的教学方法和与教学有关的新资源，因此跟不上时代进步的步伐，从而影响学校教育整体水平的提高。

教师们如是说：“很少有培训专业知识的机会，只有自悟”“基本没有出来培训的机会，特别是我们县最基层，地方财政有限的资金投入，根本满足不了我们学生及教师的需求”“信息技术学科在基层学校中的地位连音体美学科都不如，更不用说语数外学科了，领导不重视，反正不算成绩，学生也无所谓”。

长期以来，由于外部环境认同度较低，导致信息技术教师对自身的专业角色、专业地位感到迷茫，或多或少都会产生工作不积极的消极做法。因此，外部因素作用到内部，直接导致了信息技术教师专业发展较慢，专业成长缓慢。

第四节　信息技术教师专业知识来源分析

基于前面对高中信息技术教师专业知识发展模型和专业知识现状的阐述，本节着重从高中信息技术教师如何发展其专业知识来分析，探讨高中信息技术教师发展其信息技术学科知识、信息技术课程知识、一般教育教学知识、信息技术学科教学知识的途径，即获得这四种专业知识的来源。

一、信息技术教师专业知识来源测查

教师的专业知识有多种来源。概言之，源于教师的实践活动。其中，职前教育和在职期间的经历是两个主要的方面，每个方面又可以划分出更为具体的来源。例如，自身的教学经验与反思、和同事的日常交流、在职专业培训、阅读专业书刊等，这些都属于在职期间的经历，对教师的专业知识发展都有一定的促进作用。那么，哪些来源相对比较重要呢？在关于教学知识来源的研究中，范良火的研究较为系统、深入。他将问题聚焦于教师教学知识的发展，通过对芝加哥地区中学数学教师的研究发现：教师教学知识的最主要来源是“自身教学经验与教学反思”和“同事间的日

常交流"；在职培训和有组织的专业活动是比较重要的来源；而相比之下，作为学生的经验、职前培训、阅读专业书刊则是最不重要的来源。

借鉴范良火对教学知识来源的分类，同时结合我国高中信息技术教师教育的实际，本研究将专业知识来源划分为 11 项：A. 计算机、信息技术专业课程；B. 教育类课程（包括教育学和心理学）；C. 学科教法课；D. 教育见习与实习；E. 微格教学（包括教师技能培训）；F. 入职后的学历补偿教育（如自考、函授、继续教育）；G. 在职专业培训；H. 自身的教学经验与反思；I. 教学观摩活动；J. 和同事的日常交流；K. 阅读专业书刊（与特定专业知识相关的书刊，不只限于本专业）。其中，A—E 为职前来源，F—K 为在职来源；A、C—K 作为学科知识的来源，B—K 作为教育理论知识、课程知识和学科教学法知识的来源。

本研究调查的问题是高中信息技术教师对以上专业知识来源作用的评价，即在高中信息技术教师的专业发展过程中，各种专业知识来源对他们的专业知识发展发挥了多大的实际作用。本研究中所用的调查工具是自编的问卷。除指导语以外，问卷共包括四部分，分别调查四种专业知识的来源。在各部分首先用通俗易懂的语言对特定的专业知识进行解释，使调查对象理解每种专业知识的含义。然后以等级量表形式呈现各种专业知识来源，并对个别来源做必要的解释说明，请调查对象对每种来源对特定专业知识发展的有用性进行评价。评价等级从"非常有用"到"没有用"共 4 级，考虑到有的调查对象可能没有某种来源方面的经历，在 4 级之外增加了"无此经历"项，明确要求调查对象做出唯一选择。

本研究的调研对象为东北地区某市 A、B、C 三个地区的高中信息技术教师。调查中共发放问卷 46 份，回收率达到 100%。剔除回答不认真和缺失值过多的问卷，有效问卷共 44 份，占回收问卷的 96%。然后利用 SPSS 统计软件对收集的数据进行录入和分析。录入时对不同的评价等级赋值，从"非常有用"到"无此经历"依次赋值 4 至 0 分。使用 logistic 回归进行分析，通过各来源的参数估计值和显著系数推断各来源对特定专业知识发展的重要程度。

二、信息技术教师专业知识来源分析

（一）不同来源对信息技术教师发展其专业知识贡献的描述性统计

图5-16至图5-19描述了不同来源对信息技术教师发展四种专业知识贡献程度的平均值。其中"非常有用"赋值4分，"有用"赋值3分，"不很有用"赋值2分，"没有用"赋值1分，"无此经历"赋值0分，由此来计算教师对每种来源评价的平均值。依据教师所做评价的平均值来看，可以发现以下两点。

第一，教师通过各种不同的渠道发展他们的专业知识，而且不同的教师发展某种专业知识的主要来源是不同的。

第二，"自身的教学经验与反思""和同事的日常交流""教学观摩活动"和"阅读专业书刊"是教师获得专业知识的四个最为重要的途径。

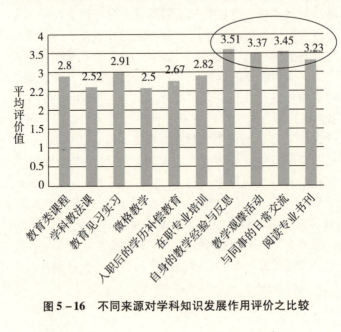

图5-16　不同来源对学科知识发展作用评价之比较

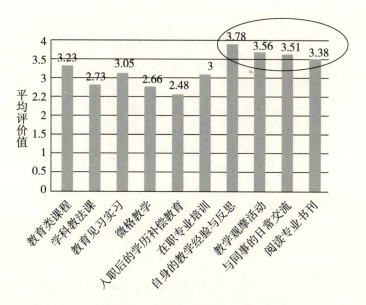

图 5 – 17　不同来源对一般教育教学知识发展作用评价之比较

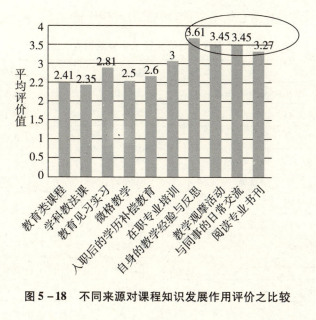

图 5 – 18　不同来源对课程知识发展作用评价之比较

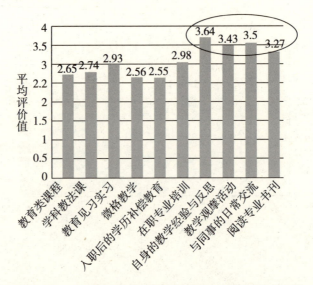

图 5-19　不同来源对学科教学知识发展作用评价之比较

（二）不同来源对信息技术教师发展其专业知识贡献的回归分析

1. 不同来源对信息技术学科知识发展贡献比较

表 5-16　不同来源对信息技术学科知识发展的作用

来　　源	参数估计值	显著程度
A. 计算机、信息技术专业课程	0.411	0.300
C. 学科教法课	-0.508	0.192
D. 教育见习实习	0.111	0.778
E. 微格教学	-0.280	0.473
F. 入职后的学历补偿教育	-0.865	0.026
G. 在职专业培训	0**	- -
H. 自身的教学经验与反思	1.924	0.000
I. 教学观摩活动	1.291	0.002
J. 和同事的日常交流	0.986	0.017
K. 阅读专业书刊	0.490	0.219

采用 logistic 回归分析，根据表 5 – 16 中的参数估计值和显著程度可以得出以下结论：与"在职专业培训"相比较，"自身教学经验与反思""教学观摩活动""和同事的日常交流"在统计检验 0.01 水平上非常显著地具有更大的重要性；"阅读专业书刊""计算机、信息技术专业课程"具有较大的重要性，"教育见习实习"与"在职专业培训"具有相同的重要性；"学科教法课"；"微格教学"的重要性显著地小于"在职专业培训"；"入职后的学历补偿教育"则在统计检验 0.05 水平上具有显著的不重要性。

2. 不同来源对一般教育教学知识发展贡献比较

表 5 – 17　不同来源对一般教育教学知识发展的作用

来　　源	参数估计值	显著程度
B. 教育类课程	− 0.203	0.605
C. 学科教法课	− 0.694	0.077
D. 教育见习实习	− 0.004	0.992
E. 微格教学	− 0.588	0.135
F. 入职后的学历补偿教育	− 0.227	0.564
G. 在职专业培训	0 * *	
H. 自身的教学经验与反思	1.419	0.001
I. 教学观摩活动	1.018	0.012
J. 和同事的日常交流	1.167	0.004
K. 阅读专业书刊	0.587	0.138

采用 logistic 回归分析，根据表 5 – 17 中的参数估计值和显著程度可以得出以下结论：与"在职专业培训"相比较，"自身教学经验与反思""和同事的日常交流""教学观摩活动""阅读专业书刊"在统计检验 0.05 水平上显著地具有更大的重要性；"教育见习实习"与"在职专业培训"具有相同的重要性；而"教育类课程""入职后的学历补偿教育""微格教学""学科教法课"的重要性则显著地小于"在职专业培训"。

3. 不同来源对信息技术课程知识发展贡献比较

表 5 – 18　不同来源对信息技术课程知识发展的作用

来　　源	参数估计值	显著程度
B. 教育类课程	– 1.251	0.002
C. 学科教法课	– 1.405	0.000
D. 教育见习实习	– 0.593	0.134
E. 微格教学	– 0.891	0.024
F. 入职后的学历补偿教育	– 0.607	0.125
G. 在职专业培训	0**	—
H. 自身的教学经验与反思	1.276	0.002
I. 教学观摩活动	1.041	0.011
J. 和同事的日常交流	0.792	0.050
K. 阅读专业书刊	0.372	0.350

　　采用 logistic 回归分析，根据表 5 – 18 中的参数估计值和显著程度可以得出以下结论：与"在职专业培训"相比较，"自身教学经验与反思""教学观摩活动""和同事的日常交流"分别在统计检验 0.01 和 0.05 水平上非常显著地具有更大的重要性；"阅读专业书刊"和"在职专业培训"具有较相同的重要性；"教育见习实习""入职后的学历补偿教育"的重要性则显著地小于"在职专业培训"；"微格教学""教育类课程""学科教法课"的重要性不仅显著地小于"在职专业培训"，而且在统计检验 0.05 水平上具有显著的不重要性。

　　4. 不同来源对信息技术学科教学知识发展贡献比较

表 5 – 19　不同来源对信息技术学科教学知识发展的作用

来　　源	参数估计值	显著程度
B. 教育类课程	– 1.133	0.004
C. 学科教法课	– 0.851	0.031
D. 教育见习实习	– 0.497	0.206
E. 微格教学	– 0.945	0.016

续表

来　　源	参数估计值	显著程度
F. 入职后的学历补偿教育	−0.924	0.019
G. 在职专业培训	0**	—
H. 自身的教学经验与反思	1.168	0.005
I. 教学观摩活动	0.822	0.044
J. 和同事的日常交流	0.790	0.052
K. 阅读专业书刊	0.098	0.804

　　采用 logistic 回归分析，根据表 5 - 19 中的参数估计值和显著程度可以得出以下结论：与"在职专业培训"相比较，"自身的教学经验与反思""教学观摩活动""和同事的日常交流"分别在统计检验 0.05 水平上非常显著地具有更大的重要性；"阅读专业书刊"和"在职专业培训"具有较相同的重要性；"教育见习实习"的重要性则显著地小于"在职专业培训"；而"学科教法课""入职后的学历补偿教育""微格教学""教育类课程"的重要性不仅显著地小于"在职专业培训"，而且在统计检验 0.05 水平上具有显著的不重要性。

　　利用 logistic 回归模型可以将各种来源的重要性分成三个等级。表 5 - 20 是对以上调查结果的进一步总结。

表 5 - 20　　不同来源对高中信息技术教师专业知识发展的相对重要性的总结

	非常重要	比较重要	不太重要
信息技术学科知识	HIJ	KADG	ECF
一般教育教学知识	HIJ	KDG	BCEF
信息技术课程知识	HIJ	KG	DFEBC
信息技术学科教学知识	HIJ	KG	DCFEB

　　注：各种专业知识来源的代号是：A. 计算机、信息技术专业课程，B. 教育类课程，C. 学科教法课，D. 教育见习实习，E. 微格教学（包括教师技能培训），F. 入职后的学历补偿教育，G. 在职专业培训，H. 自身的教学经验与反思，I. 教学观摩活动，J. 和同事的日常交流，K. 阅读专业书刊。

基于这一总结，可以得出以下结论。

（1）就高中信息技术教师的四种专业知识整体而言，"自身的教学经验与反思""和同事的日常交流""教学观摩活动"是非常重要的来源。

（2）"阅读专业书刊"和"在职专业培训"是四种专业知识比较重要的来源。

（3）"教育见习实习"是信息技术学科知识和教育理论知识比较重要的来源，而对于其他两种专业知识来说重要性不是很大。

（4）"计算机、信息技术专业课程"是高中信息技术教师学科知识比较重要的来源。而"教育类课程"对于其他三种专业知识则不太重要。

（5）"微格教学""学科教法课"及"入职后的学历补偿教育"对于高中信息技术教师四种专业知识的发展重要性均不大。

（三）结论

1. 教师实践与反思以及合作交流的重要性

本研究表明，对高中信息技术教师而言，教师自身的教学经验与反思以及与同事的交流是其专业知识发展非常重要的来源，这与以往数学和英语学科的研究结论基本一致。尤其对于信息技术这一特殊学科来说，除了物理环境下教师之间的交流，还包括网络环境中教师之间的交流。随着WEB2.0、3.0的出现，教师博客、WIKI、虚拟学习共同体等都成为促进信息技术教师合作交流与实践反思的有力工具。进一步推测，这一结论可能也适用于其他学科的教师，但这一推测还需要专门的研究来验证。不过，仅就促进数学、英语、语文、信息技术教师专业知识发展的角度来看，近年来在理论和实践层面对教师实践与反思以及教师之间合作与交流的关注确实很有必要。

2. 教育见习和实习的重要性

结论显示，教育见习和实习对高中信息技术教师学科知识和一般教育教学知识的发展都比较重要，是职前教育经历中作用最明显的来源，而职前教育阶段的其他课程的作用都不明显。以往研究大多发现职前教育不太重要，但从本研究来看，这一结论过于简单化，不够全面，对于教育见习和实习而言是"不公平"的。这表明对"职前教育"中的具体来源进行专门研究是非常必要的，有利于具体、全面地判断"职前教育"的作用。

3. 在职专业培训的重要性

本研究表明"在职专业培训"对于信息技术教师四种专业知识的发展都比较重要。少数信息技术教师很少参加培训或进修甚至没有参加过，这很可能使他们对信息技术的新知识、新技术以及信息技术教学的新模式、新方法缺乏了解和学习。在职培训是在职教师继续学习的一个平台，是提高教师素质、塑造新型教师的重要途径。由于信息技术知识和技能更新较快，教师在职前教育阶段学习的知识和技能已经不能适应高中新课程改革的需要，因此，需要对信息技术教师进行在职培训，更新他们的专业知识体系，改进他们的技能水平。另外，由于信息技术教师专业发展的个体需求差异较大，这就要求在制定培训内容时，要有针对性地进行。

4. 职前信息技术教师教育类课程的改进

调查发现，某些教师教育类课程并没有像我们预想的那样发挥较大作用。例如，以传授教育理论知识为主旨的教育类课程对教师教育理论知识发展的实际作用并不明显。学科教法课对四种专业知识的发展也不太重要。国内一项调查研究指出，教育类课程对职前数学教师教学知识的发展作用欠佳的原因是多方面的，既有教育类课程内容方面的原因，也有职前教师自身的原因，此外教授职前教育课程的教师的专业能力、教学方法也是不可忽视的原因。（田宏根等，2008）由此可以推测，某些职前教育课程效果欠佳的状况是可以改善的。

我国目前的信息技术教师教育的一个重要问题就是，信息技术教育专业（或方向）在师资建设、课程设置、教材内容以及教育实习方面均未突出信息技术教育专业的独特性。我国信息技术教师的培养主要在教育技术学专业和计算机科学与技术（师范类）专业中进行。而为中小学培养师资的信息技术教育尚未在教育技术学或计算机科学与技术专业的本科生培养方案中得到足够的重视。课程体系的不足在很大程度上妨碍了教师专业知识结构的合理建构。因此，要从根本上解决这一问题，必须通过进一步改进信息技术教师教育课程，考察高等教育阶段信息技术教师教育与基础教育课程改革的衔接情况，明确信息技术教师培养方向和目标，确定专业核心课程和基础课程的学科体系与内容，使教师在走向岗位之前就已经具备信息技术的专业知识和素养。

最后需要特别强调的是，本研究显示的各种来源的作用是一种"现实状态"，所表明的只是各来源的实际作为。而各种来源的"理想状态"如何，即可能发挥的最大作用有多大呢？答案还不清楚。在对教师专业知识发展的心理机制知之甚少的情况下，我们能做的事情有两件：第一，充分重视那些促进了教师专业知识发展的重要来源，第二，反思、改革、完善那些没有或没有很好地促进教师专业知识发展的来源，尽量发挥、提高它们的作用。

第五节　信息技术教师专业知识发展策略

根据以上对信息技术教师专业知识发展模型的构建及对东北地区高中信息技术教师专业知识实际状况的调查，本节从教师教育和教师自主发展的视角提出了促进信息技术教师专业知识发展的若干策略。

一、从教师教育的视角应加强信息技术教师培养

首先，基础教育的改革推动了师范教育的课程改革与调整，目前，在师范专业课程的设置中主要存在两个明显的问题：一是因人设课，不考虑学生需要学什么课程、进行哪方面的训练，而是根据能开设什么课程来设置课程；二是随着市场经济对人才的多样化需求，计算机科学与技术、教育技术学师范专业课程着重强调综合性和实践性，淡化了课程设置的师范性，在很大程度上影响了中小学信息技术教育师资的培养质量。要推动信息技术教师教育类的课程改革，我们应该弄清楚教师目前真正掌握了哪些专业知识，在哪些方面的知识还需要加强，有哪些知识缺陷。只有这样，信息技术教育专业（方向）课程改革才能"对症下药"，科学地重构专业课程体系，有的放矢地加强课程的"专业性"。

目前，中小学信息技术教师的主要来源是高校教育技术学专业和计算机科学与技术（师范）专业，这两个专业虽然明确提出培养信息技术教师，但是又没有直接指向信息技术教师的培养，并且在培养过程中还存在诸多问题。比如课程体系的结构设置不合理，师范教育课程设置偏少、课程内容单一、脱离实际；传统的教学模式与现代教学技能培养的矛盾；教育实习时间短，流于形式。这些都会导致培养的信息技术教师不合格。这两个专业在其专业课程设置中也很少设计专门针对中小学信息技术教学的

课程，在信息技术与课程整合、教育信息化等方面缺乏严格的专门训练，没有真正地从教师的实际需求出发来培养信息技术教师。

我国基础教育中信息技术学科需要专业的教师进行教学。高校对于数学、语文等发展历史比较长的学科教师的培养有着很多经验，这些专业的发展也比较成熟。信息技术教师同样也需要一个坚固的平台来实现专业的信息技术教师的培养，满足实际教学的需要。因此应该主要解决信息技术教育专业建设中以下几个问题，以加强信息技术教师培养：（1）确立明确的信息技术教师培养目标；（2）构建合理的信息技术教师教育课程设置；（3）完善相应教学资源的开发。

其次，有效组织教师培训，促进信息技术教师发展。教师培训是促进教师专业发展最直接有效的途径。各中小学校是对信息技术教师直接进行培训的主要场所，教师是培训的主体，是学习者和参与者；培训内容涉及课程教学知识、专业理论、专业技能和专业情感等方面的实践性知识；常用的培训模式有案例教学、问题情境式教学和参与式教学。通过以往的培训，信息技术教师的教学理论和学习理论有一定的提高，但是一些研究发现，整个培训并没有实质性的突破。针对以往的信息技术教师培训质量低下的状况，我们认为在培训过程中可以以团队学习为基元，在丰富和复杂的学习环境中进行深度学习，主要是解决学校的实际问题和教学实践中存在的种种问题，让培训随时随地渗透到教师真实的教学情境中（范良火，2003），在关注信息技术专业知识发展的同时，更要注重信息技术教学理论和方法的培训，促进教师教学方式和学生学习方式的根本变革。

另外，近年来国内外一些有影响的信息技术公司设立了合作培训项目，通过这些项目进行培训，既能够节省经费，又能够及时把握信息技术发展的新动态、新技术、新思路。目前影响较广泛的有英特尔和微软公司的培训项目，还有一些企业和商业机构资助了区域性的教师培训项目，这些都是完善信息技术教师培训的有效途径。

二、从教师自主发展的视角应提高信息技术教师的专业发展意识，加强专业合作

（一）专业发展意识亟待提高

新课程的一大目标是让教育顺应时代甚至超越时代的要求，如果处于

教育第一线的教师仍然固步自封，那是肯定无法适应新课程教育需要的，因此较强的自我发展意识的树立是极其重要的。自我发展意识是促使教师多元化发展的内在驱动力，促使教师不断地学习、积累、总结、反思、实践、开拓进取，形成高度的职业责任感，把教学当作自己的事业，实现从敬业到精业的突破。

自我专业发展意识是教师专业发展的内在主观动力，是教师真正实现自主专业发展的基础和前提。自我专业发展意识的生成和提高需要关照教师的主体价值，关照教师的"独立创造"，教师也应当有意识地反思自己的专业发展现状，预设合理的发展目标，将外在的专业要求转化为自身的积极需要。

教师自我专业发展意味着教师对自己的专业发展负责，强调教师不仅是专业发展的对象，更是自身专业发展的主人，是一种自我更新、专业自主的发展。实践表明，教师专业发展不是一个自然的成长过程，只有具有专业发展自主意识和能力的教师才自觉地不断促进自我的专业成长。

作为信息技术教师，应该克服客观条件的限制，利用有限的资源进行学习，比如利用网络或远程教育资源进行学习，还可以和其他学校的信息技术教师结成学习共同体，互通有无，共同成长。对于科班出身的信息技术教师，应该积极汲取条件性知识，比如关于教育学、心理学、教学论的知识；对于转行过来的教师，应该注意丰富信息技术学科专业知识，精通信息技术教材中的内容。信息技术教师应该积极思考和反思信息技术课程的特点，善于寻找信息技术与其他学科课程整合的切合点，大胆探索适合本校实际的有效教学模式和方法。在学习中积淀理论涵养，完善知识结构，在实践中升华教学智慧，实现自我专业发展。

（二）提高教师的反思意识，加强专业合作

波斯纳（Posner G. J.）曾提出过一个教师成长的公式：经验＋反思＝成长，并指出没有反思的经验是狭隘的经验，至多只能形成肤浅的知识，如果教师仅仅满足于获得经验而不对经验进行深入的思考，那么他的发展将大受限制。因此，应通过不断提高信息技术教师的反思意识，使教师对信息技术教育的本质和发展前景有更深刻的理解，更好地指导信息技术教师的教育教学实践活动，并在反思的过程中促进信息技术教师的专业

发展。

苏联教育家苏霍姆林斯基曾说过："如果你想让教师的劳动能够给教师带来乐趣，天天上课不至于变成一种单调乏味的义务，那你就应该引导每一位教师走到从事研究这条幸福的道路上来。"我们应在保证教学研究活动质量的前提下，尽可能多地开展一些教研活动，使得每位教师都参与到其中，并在活动中积累经验，逐渐提升教师的教学研究水平，促进教师的专业发展。

信息技术教师应在专业发展中积极进行实践、反思、交流，达到与自我对话，与同行对话，与实践对话，在教学实践中进步，在交流反思中成长。

在调研中我们发现，37%的教师选择由于学校要求，每次课后都进行教学反思；出于自我发展的要求经常写教学反思的占17%，偶尔写的占14%，没有时间写的占12%。信息技术教师的教学反思中主要存在被动反思、教学反思的程度不深、教学反思的方法单一、同行之间缺少沟通和交流反思的经验等问题。

分析其原因，主要是教师自己没有这方面的意识，没有体会到反思的重要性；其次，信息技术教师繁杂的日常工作致使他们没有充足的时间去进行教学反思；最后，学校领导和教师之间没有形成共识。这些原因导致教师的反思流于形式，写教学反思只是应付学校的检查，并没有把反思真正落到实处。教师对教学反思的重视程度直接影响到教师的教学实践活动。如果教师不及时进行教学反思，就很难发现课堂教学中的不足之处，不能改进教学方法，不利于教师个体的快速成长。

强化教师的反思意识，可以激发教师的创新意识，不断改进教学模式和方法，进而提高教师的专业素养，促进教师的专业发展。强化教师的教学反思有多种方法和途径，如通过写教学后记帮助教师发现教学中存在的问题，探索解决的方法；通过教学录音帮助教师发现自己的缺点并及时改正；通过听其他教师授课，帮助教师开发新的教学方法，更新教学理念，积累教学经验；另外，教师还可以通过集体反思、对话反思等形式强化教学反思的能力。

学习共同体是为学习者提供一个平台，大家进行平等的交流与合作。如农村信息技术教师应与同行交流构建学习共同体。针对农村特殊的工作环境，借助于网络进行学习是一种最方便快捷的方式。由于农村交通不便利，教师之间交流甚少，有的学校只有一位信息技术教师，同学科教师之间的交流与合作很难实现。没有竞争与合作，就没有工作压力与热情，这样对农村信息技术教师的专业发展会起到阻碍作用。另外，农村信息技术教师的专业素质较低，需要大力提高专业知识和专业技能水平，因此，开展基于虚拟学习社区的学习，可以帮助教师扩展知识，交流经验，解决问题。有了团体的支持和帮助，信息技术教师不再是孤单的个体，凝聚集体的力量，教师的专业水平必会得到快速提高。

第六章　信息技术课堂教学评价研究

自新一轮基础教育课程改革启动以来，信息技术课程受到的关注还聚焦在课程内涵挖掘、教材建设、考试评价等方面，而关于课堂教学的研究尚未得到很好的重视。众所周知，新课改的重头戏是教学改革，教学改革的主战场在于课堂教学。新课改的宏伟蓝图的真正实现必须落实在课堂教学这个活生生的过程中。因而，在课程建设研究的同时，加大对信息技术课堂教学的深入研究尤为必要。

第一节　引　论

本节主要概述信息技术课堂教学评价研究样本的选择、研究工具的开发以及研究数据的收集与处理。

一、研究概述

课堂教学评价是一个应用性、实践性极强的研究领域，是为直接解决教学实践中的问题服务的。因此，进行信息技术课堂教学评价研究的最基本要求是进行实地研究，要深入一线教学进行课堂观察。课堂观察是以改善学生课堂学习、促进教师发展为目的，通过观察对课堂的运行状况进行记录、分析和研究的专业活动，是一种有理论指导的、有明确目的和研究框架的课堂研究方法和研究技能，绝不同于没有目的、没有目标的"看热闹"。

本研究以新课程理念为指导，在借鉴国内学者较为成熟的课堂观察框架的基础上，深入挖掘信息技术课程标准内涵，自主开发了"信息技术课堂教学评价框架"，并用此评价框架对"吉林省中小学信息技术课程状况调查与发展策略研究"课题实地调研素材中的 24 节样本课例进行了课堂教学评价研究。

二、研究样本介绍

本研究从吉林省 7 个地市几十节教学录像课中筛选出 24 节课作为研究样本，样本课堂的基本信息如表 6-1 所示。

表 6-1　样本课堂分布表

学校数量（所）	白山（4）	长春（3）	吉林（3）	辽源（2）	四平（4）	松原（4）	延边（4）
省重点高中（13）	B1，B2	C1，C2	J1，J2	L1	P1，P2	S1，S2	Y1，Y2
普通高中（11）	P3，P4	C3	J3	L2	P3，P4	S3，S4	Y3，Y4

如图 6-1 和图 6-2 所示，这 24 节样本课堂涵盖吉林省的 7 个地区，除辽源地区外，其他地区均不少于 3 节课，样本的地区分布较为均衡；24 节课例中有 13 节课来自省级重点高中，11 节课来自普通高中，省级重点高中与普通高中的比例接近 1∶1。这些样本能在一定程度上代表整个吉林省信息技术新课程实施初期的高中课堂教学状况。

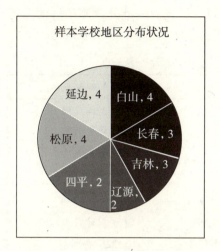

图6-1 样本学校地区分布饼图

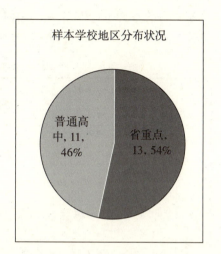

图6-2 样本学校类别分布饼图

三、研究工具介绍

由于本研究主要采用课堂观察的方法，因此合适的观察框架是本研究能否取得成功的关键，评价框架的开发也就显得尤为重要。评价框架的开发需要解决两个主要的问题，一是"评价什么"的问题，另一个是"如何评价"的问题。

本研究借鉴了崔允漷教授及其团队开发的课堂观察框架，在此基础上，结合信息技术学科特点开发了一套"信息技术课堂教学评价框架"，该评价框架由5个维度22个视角组成，如表6-2所示。评价框架中每个视角下又给出了若干观察点示例，如表6-3所示，以便于评价框架使用者更好地理解各个视角，并选择适合的观察点。这种由维度、视角、观察点构成的评价框架能够解决"评价什么"的问题。

评价框架还为每个视角设置了A、C两个评定等级的等级示例、一个等级评定栏和一个质性描述栏。等级示例的设置目的是帮助评价框架使用者对等级评定的标准有一个较为清晰的把握，以便于使用者对各个等级进行评定；而质性描述栏则要求使用者在给出相应等级的同时，对该视角给予客观的质性描述以作为等级评定的依据与佐证。这种等级评定与质性描述相结合的方式也能够解决"如何评判"的问题。此外，该评价框架还具有一定的导向作用，可为一线教师的教学活动自我诊断提供参考。

表6-2   "信息技术课堂教学评价框架"结构表

维度	视角	观察点举例	维度	视角	观察点举例
学生学习	S1 准备	● 心理准备 ● 起点水平	教师教学	T1 环节	● 时间比例 ● 逻辑关系
	S2 倾听	● 倾听教师 ● 倾听同学		T2 呈示	● 语言表达 ● 操作演示 ● 媒体运用
	S3 互动	● 师生互动 ● 生生互动 ● 人机互动		T3 对话	● 对话行为 ● 对话品质
	S4 自主	● 时间、形式 ● 主动性、秩序 ● 学困生情况		T4 指导	● 探究指导 ● 合作指导 ● 学法指导
	S5 达成	● 目标认知 ● 目标达成		T5 机智	● 课前预设 ● 机智生成
课程性质	C1 目标	● 目标合理性 ● 目标呈现	课堂文化	E1 思考	● 思考情境 ● 思考保障
	C2 内容	● 学科特色 ● 教学容量		E2 民主	● 师生关系 ● 学生表达
	C3 实施	● 情境创设 ● 教学细节		E3 创新	● 创新情境 ● 创新保障
	C4 评价	● 评价方式 ● 对学生的评价指导		E4 关爱	● 学习指导 ● 巡查答疑
	C5 资源	● 数量、质量 ● 获取便捷性		E5 特质	● 教学特色
物理环境	Y1 硬件	● 硬件配备 ● 硬件布置 ● 硬件维护	物理环境	Y2 软件	● 满足教学 ● 运行稳定

表6-3　信息技术课堂教学评价框架"呈示"视角示例表

维度	视角	观察点举例	等级示例 A	等级示例 C	等级	质性描述
教师教学	T2 呈示	• 语言表达 • 操作演示 • 媒体运用	• 教师能准确使用信息技术专业术语,用语严谨、清晰、逻辑性强,富有启发性和感染力 • 教师的演示操作规范、流畅。电子文档或板书规范、美观 • 教师能根据教学需求,综合利用多种教学媒体,展示教学内容	• 教师的术语表达不够严谨,缺乏一定的逻辑性 • 教师的演示操作随意,缺乏前期的规划设计,主题性不强 • 教师对教学媒体的选用课前设计不足,对教学内容的呈示效果造成了一定的影响		

四、研究数据的收集与整理

本研究利用"信息技术课堂教学评价框架"对24节样本课,透过5个维度下的22个视角进行了细致的数据收集与整理工作。下面以B3学校的一段课堂实录为例,介绍本研究的数据收集与整理过程。其中,表6-4呈现的是课堂实录与编码过程,表6-5呈现的是等级评定结果及评定依据。

表6-4　课堂实录与编码示例

学校:B3　　　　　　　　　　　　年级:高一

教学章节:多媒体信息的加工与表达　　　上课日期:2008年10月13日

时间	课堂实录	视角编码
……	……	……
21:56	教师借助电子网络教室的屏幕广播功能边讲解边演示,新建第二张幻灯片,并选择背景图片。 教师:"咱给它加上背景,怎么加背景啊?" 教师和个别学生一起说:"格式/背景/填充效果。"	C2 T3, E1

续表

时间	课堂实录	视角编码
……	……	……
	教师："我们用……"教师在"填充效果"对话框的四个选项卡之间徘徊，考虑选择怎样的填充效果。"选择图片做背景吧！"教师翻了几个图片文件夹之后说，"我们用这张图片吧！"教师插入的是一个含1、0水印的世界地图背景上伏着一只鼠标的图片	S1，S3 T2 C3
22：24	教师："有了这个图片啊，这个背景咱设计好了。咱现在想把背景做成动画效果，怎么做啊？" 教师演示讲解："幻灯片放映/幻灯片切换，这是背景变化。我们随便找一种啊。"教师随便找了一种切换方式："这背景切换我们就做完了。"	T3 E1 C2 C3
22：40	教师手指教师机屏幕演示："我们第一张幻灯片是古诗（王维的《九月九日忆山东兄弟》），第二张幻灯片是为'请大家欣赏古诗'加上艺术字。艺术字会加吧？" 个别学生："会！"	T2 C3 C2，T3 S1，S3
22：52	教师演示讲解："插入/图片/艺术字，这样呢，我们选择……"教师在多种艺术字样式间徘徊，有学生说："倒数第二种"。教师选择了倒数第二种艺术字样式，并继续演示讲解："选这种，好，在上面写上'请大家欣赏古诗'。"	T2 S3 T3 C3
23：29	教师调整过艺术字位置和大小后问："对这个艺术字，怎么叫它动？" 个别学生小声说："一样。" 教师："一样，对，它和文字是一样的。" 教师手指教师机屏幕（教师自己的屏幕，学生看不到）讲解道："选中要做动画的艺术字，单击'幻灯片放映/自定义动画'，我们就可以添加效果了。" 教师再次手指教师机屏幕讲解："如果这里没有我们想要的自定义动画效果，我们就单击'其他效果'，之后我们自己选中就行了。" 教师边演示边讲解："比如说'缓慢移入'，或者是'擦除'，你看一下'擦除'的效果是什么样的，这是从底部，我们让它从左侧，让它速度慢一些，像这样'请大家欣赏古诗'慢慢展开。"	C2 T3，E1 S1，S3 T2 C2 T2 C3

续表

时间	课堂实录	视角编码
……	……	……
24:12	教师:"这是对艺术字,那插入图片呢?" 　　个别学生"一样啊。" 　　教师演示讲解:"插入/图片/来自文件,我们现在插入一个国旗吧。" 　　教师:"那么你看啊,这个国旗插在这里,它和背景相融合在一起吗?它有个白色背景,能不能把这个白色去掉啊?" 　　教师演示讲解:"当你插入图片时,出现这个图片工具栏,用它能设置透明色,我们选取'设置透明色'这个工具,然后单击白色的位置,这样就透明了。"	C2 T3, E1 S1, S3 C2 C3 T3 E1 T2 C2
25:04	教师的鼠标指针指着心形的国旗图片说:"让这个图片动,大家都会了,就是'添加效果'啊,你直接添加效果就可以。"教师将心形国旗图片随手做了一个旋转画	C2 C3
25:12	教师:"这样呢,你做了两张幻灯片了,怎么从第一张向第二张播放呢?" 　　教师演示讲解:"先单击第一张,然后单击'放映幻灯片',这样呢,你就可以按照顺序向后播放了。" 　　教师演示的幻灯片播放效果如下。 　　第一张幻灯片的背景以一定的幻灯片切换方式进入,之后出现楷体的题目"九月九日忆山东兄弟",然后出现作者"王维",接下来是"王维"二字沿着一个自定义的椭圆路径做运动,最后是分两行呈现的古诗正文出现。 　　第二张幻灯片的背景(鼠标伏在遍布1、0水印的世界地图上的图片)也以一定的幻灯片切换方式进入,之后是缓缓展开的艺术字"请大家欣赏古诗",接下来是心形国旗图片的旋转动画	C2 E1 T2 C2 C3
25:36 ……	…… ……	……

表6-5　等级评定结果及评定依据

视角：C2 内容	等级：C

依据	教师在这堂课中总共讲了以下内容： …… 幻灯片背景图片的插入，幻灯片切换效果的制作，插入艺术字，为艺术字做动画，插入图片，图片的透明色设置，为图片做动画，幻灯片放映。 ……
意见	整个课堂教学为单纯的操作技能学习与训练，缺少问题分析、信息需求确定，以及后续的规划、设计等信息处理的过程。教学内容定位于PowerPoint软件的操作说明，将计算机视为学习对象而非学习工具。整个教学不能把握课程标准中"多媒体信息的加工与表达"章节的设计意图

视角：C3 实施	等级：D

依据	…… "我们用……"教师在"填充效果"对话框的四个选项卡之间徘徊，考虑选择怎样的填充效果。"选择图片做背景吧！"教师翻了几个图片文件夹之后说，"我们用这张图片吧！"教师插入的是一个含1、0水印的世界地图背景上伏着一只鼠标的图片。 "幻灯片放映/幻灯片切换，这是背景变化。我们随便找一种啊。"教师随便找了一种切换方式。 "选这种，好，在上面写上'请大家欣赏古诗'。" "插入/图片/来自文件，我们现在……插入一个国旗吧。" 教师将心形国旗图片随手做了一个旋转动画。 教师演示的幻灯片播放效果如下。 第一张幻灯片的背景以一定的幻灯片切换方式进入，之后出现楷体的题目"九月九日忆山东兄弟"，然后出现作者"王维"，接下来是"王维"二字沿着一个自定义的椭圆路径做运动，最后是分两行呈现的古诗正文出现。 第二张幻灯片的背景（鼠标伏在遍布1、0水印的世界地图上的图片）也以一定的幻灯片切换方式进入，之后是缓缓展开的艺术字"请大家欣赏古诗"，接下来是心形国旗图片的旋转动画 ……

续表

视角：C3 实施	等级：D
意见	整个课堂教学细节处理随意，缺乏严谨设计。教师对文件无意义的命名方式，对图片、文字、动画的无意义堆积对学生良好习惯的养成都有潜移默化的负面影响。

视角：E1 思考	等级：C
依据	整个课堂上教师提问了不少问题： …… "咱给它加上背景，怎么加背景啊？" "咱现在想把背景做成动画效果，怎么做啊？" "对这个艺术字，怎么叫它动？" "这是对艺术字，那插入图片呢？" "那么你看啊，这个国旗插在这里，它和背景相融合在一起吗？它有个白色背景，能不能把这个白色去掉啊？" "这样呢，你做了两张幻灯片了，怎么从第一张向第二张播放呢？" ……
意见	教师提出的大部分问题都是关于软件的具体操作方法的，缺少对过程与方法、情感态度与价值观方面培养目标的关照。 大部分问题提出后，教师直接就给出答案，并加以演示讲解，没能留给学生充足的思考时间，学生在课堂上一直处于观察—模仿的状态

视角：S1 准备	等级：B
依据	…… 教师："咱给它加上背景，怎么加背景啊？" 个别学生："格式/背景/填充效果。" 教师："艺术字会加吧？" 个别学生："会。" "对这个艺术字，怎么叫它动？" 个别学生小声说："一样。" 教师："这是对艺术字，那插入图片呢？" 个别学生："一样啊。" ……

续表

视角：S1 准备	等级：B
意见	从整个课堂的学生表现来看，学生积极投入学习内容的学习，做好了学习的心理准备；在回答教师问题时可以看出不少学生基础知识还是比较扎实的。但在学生练习环节，可以看到几个打字时需要费力找键盘键位的学生

视角：S3 互动	等级：B
依据	…… 教师："咱给它加上背景，怎么加背景啊？" 个别学生："格式/背景/填充效果。" 教师："艺术字会加吧？" 学生："会。" "对这个艺术字，怎么叫它动？" 个别学生小声说："一样"。 教师："这是对艺术字，那插入图片呢？" 个别学生："一样啊。" ……
意见	从整个课堂中学生的表现来看，学生积极投入学习内容的学习，能与教师进行积极的互动，学生之间也有不少交流与合作现象

视角：T2 呈现	等级：C
依据	…… 教师借助电子网络教室的屏幕广播功能边讲解边演示。 教师："我们用……"教师在"填充效果"对话框的四个选项卡之间徘徊，考虑选择怎样的填充效果。"选择图片做背景吧！"教师翻了几个图片文件夹之后说，"我们用这张图片吧！"，教师插入的是一个含1、0水印的世界地图背景上伏着一只鼠标的图片。 教师频繁地用手指指着教师机屏幕做讲解。 "幻灯片放映/幻灯片切换，这是背景变化。我们随便找一种啊。"教师随便找了一种切换方式。 "选这种，好，在上面写上'请大家欣赏古诗'。" "插入/图片/来自文件，我们现在插入一个国旗吧。" 教师将心形国旗图片随手做了一个旋转动画。 ……

续表

视角：T2 呈示	等级：C
意见	教师的语言表达清楚明白，也能较为恰当地使用媒体，但手指教师机屏幕进行讲解的行为并不能让学生看到教师手指所指的地方，这种手指屏幕的行为频繁出现，似乎表明这已经是教师一种无意识的行为习惯。 教师对呈示的示例信手拈来，没有做细致的设计，缺乏主题性

视角：T3 对话	等级：B
依据	…… "咱给它加上背景，怎么加背景啊？" "咱现在想把背景做成动画效果，怎么做啊？" "对这个艺术字，怎么叫它动？" "这是对艺术字，那插入图片呢？" "那么你看啊，这个国旗插在这里，它和背景相融合在一起吗？它有个白色背景，能不能把这个白色去掉啊？" "这样呢，你做了两张幻灯片了，怎么从第一张向第二张播放呢？" ……
意见	教师与学生间能一直保持对话与互动，课堂气氛比较活跃。但教师与学生的对话内容有些单一，启发性不足，不能引发师生间的深度对话。

　　我们对每段视频的实录、编码工作都是在看过三遍以上视频实录之后才进行的。每次视频转录的工作时间是视频本身时长的七到八倍，但在对课堂实录进行编码分析的时候又时常会发现实录对"信息技术课堂教学评价框架"中某些视角的细节关注不够，这时就需要再次回看视频，并对课堂实录进行一轮一轮的补录。

第二节　信息技术课堂教学课例分析

　　本研究使用"信息技术课堂教学评价框架"，从学生学习、教师教学、课程性质、课堂文化、物理环境 5 个维度共 22 个视角对吉林省七地市 24 所样本学校的课堂教学录像进行了观察分析与等级评定，得到了"24 节样本课堂各视角等级评定汇总表"，之后得出了各视角的 ABCD 四等级所占比例分布图，如图6－3所示。

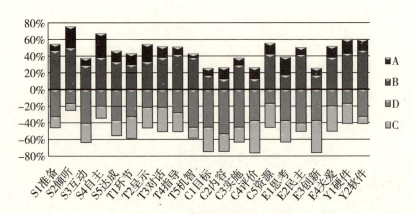

图6－3　各视角等级评定堆积图

　　图6－3中横坐标显示的是"信息技术课堂教学评价框架"中的21个可以进行等级评定的视角，每条四色条柱表示24节样本课堂在该视角的等级评定中的ABCD四等级各占的比例。将AB两级标定为合格，CD为不合格。从图6－3可以清晰地看到，类属于课程性质维度的目标、内容、实施、评价视角以及课堂文化维度的思考和创新视角反映出的问题相当严重，有接近80％的样本学校在这六个视角上的表现都不合格。

　　下面以对学生学习、教师教学、课程性质、课堂文化及物理环境5个维度中存在问题的典型课例进行描述和分析。

一、学生学习维度的典型课例及问题分析

课例一

　　C3学校的课堂上，教师需要先安排学生统计逃课学生的名单，之后才正式上课。

　　L1学校上课铃响后的前十分钟总有迟到的学生陆续进入，而且不向教师打招呼，很随意地进入教室直接找座位。有学生诧异："今天还讲课啊？"之后也不顾教师讲授的内容，径自开始用百度查找

"麦迪"的视频，然后登录 NBA 官方网站浏览，接着就去百度贴吧里不停地发帖子。还有的学生在浏览阿迪达斯的衣服与运动鞋，有的在使用 QQ 聊天，有的在土豆网上看电影或 MTV 视频，还有的在玩网络游戏。

    P2 学校超过 3/4 的学生在正式上课前用 QQ 聊天、看电影、玩 CS 等各种游戏。

类似的心理准备问题在超过半数的样本课堂中都或多或少地存在，集中表现为学生上课迟到、上课时玩游戏、看电影等。我们通过观察发现，凡是课前学生心理准备不好的课堂，上课后学生的倾听、自主视角也表现不好，严重影响了最终的学习效果。

课例二

    C1 学校的课堂上，随处可见打字时需低头找键位的学生，而且多用"二指禅指法"，指法极不规范。另外，在教师用电子教室软件对全体学生进行屏幕广播的过程中，有一位学生的电脑显示器出现了屏幕保护程序，该学生不知所措，迟疑地按了几次电脑显示器的开关，问题没能解决，便对着屏幕愣神儿。

    再如 S3 学校的课堂上，几乎全班学生盲打都不熟练。文字录入时，目光长时间停留在键盘上，需要不停地抬起手指看键盘标识。当堂课所学内容是 Word 字体设置，但有一个学生一遍又一遍地打开再关闭 PowerPoint 软件，盯着屏幕不知该做什么。

类似的学生基础操作问题在 B3、L2、S4 等很多课堂中都普遍存在，其中最为严重和基础的是学生基本的键盘操作技能差，键盘键位不熟、指法混乱，无法实现盲打。这样的基础势必会对新内容的学习造成一定的困难，更为重要的是，如果教师不顾及学生基础，不准备充分的教学辅助资源，一厢情愿地按教材、按教师的主观意愿进行教学，难免会严重影响学生的学习效果。

课例三

> B3 学校的教师在"演示文稿"教学演示过程中，用了一幅背景为带有 1 和 0 水印的世界地图，前景为一只鼠标的图片，并在上面插入了艺术字"请大家欣赏古诗"。在之后的学生练习过程中，我们就看到了学生作品：在一套电脑硬件图片上有一行"欣赏古诗"的艺术字。

教师将"多媒体信息的加工与表达"章节的教学目标窄化成了 PowerPoint 软件的操作技术学习，剥离了对信息的加工与表达的前期规划设计过程，教学演示操作的整个过程只关注软件操作技能的讲解。教师对课程标准的不理解，对教学目标的设置偏差使得学生的学习结果受到严重影响。

学生学习维度存在的主要问题

综合 24 堂课在学生学习维度 5 个视角上的表现，我们可以看到在学生学习维度主要存在以下几方面的问题。

1. 课前水平并非"非零起点"，学习态度并不端正

通过样本课堂可见，在操作技能上，对键盘键位不熟悉、打字指法不规范的学生比比皆是。

在思想认识上，将信息技术课视为放松课、游戏课，将上网等同于玩网络游戏、等同于网络聊天的学生也大有人在。学生以网络聊天、玩网络或单机游戏、看视频、听音乐等形式做与课堂教学内容无关事情的现象在一半以上的课堂中都能见到。这样的行为不仅出现在课前，还一直延伸到课堂上的教师讲授演示环节和学生探究练习等环节。

2. 为了操作而操作，创作意识不强

样本课堂中有很大比例是用 Word、Excel、PowerPoint 这些软件进行作品创作实现信息表达的教学内容，但这些课堂中的大部分都没有成形的作品，都是为操作而操作的学习，几乎所有课堂中的学生都没有掌握如何用技术来表现主题、表达思想的设计思想和方法。

我们通过观察还发现，学生作品水平受教师示范作品水平高低的影响非常大。

二、教师教学维度的典型课例及问题分析

课例一

P2 学校的教师利用电子教室的屏幕广播功能对学生进行了近二十分钟的演示讲解，之后布置任务："我们从这几个例子中可以看出来，Excel 的这个高效性，在数据录入方面、数据处理方面都是非常出色的。下面的时间呢，咱们大家就自己把今天所学的内容练习一下，不会的同学可以提问。好了，下面同学们自己在下面做练习。你们可以互相交流交流。"之后的二十分钟左右，学生控制自己的计算机各行其是。下课铃声响起，教师坐在教师机前说："大家下课了啊"，学生陆续起身离开信息技术教室。

本节课中的教师先是长时间地通过屏幕广播功能单方向地将教学内容灌输给学生，之后对所讲授的内容缺少清晰简练的小结，给学生布置任务时没有明确的要求，下课之前，教师也没对学生的学习情况进行任何形式的评价，下课铃响起，本节课就算结束了。像这样"前半节课教师连续灌输，后半节课学生放羊做练习"的教学环节的时间分配方式，及小结评价环节缺失、任务要求不明确的现象在 B2、C1、S3、S4、L1、Y4 等学校的课堂上都普遍存在。这些体现在教师教学维度的问题是导致低效教学的一个重要因素。

课例二

L1 学校的教师要求学生们为教师的北京旅游之行搜寻相关信息，布置任务五分钟后，教师问学生都找到了哪些信息，并让回答问题的学生展示自己找到的信息。学生搜寻的信息五花八门，有小吃、有天气、有线路……

一位学生说："老师，我找到了你乘坐的火车，你可以坐 k590 从重庆到北京。"

教师："到重庆啊，我现在人在东北。"

学生："你可以先去重庆，再去北京。"

教师："我没有那么多钱，我要有钱，从哪里走都行。"

还有一位学生踊跃地告诉教师："老师，北京明天会有小雨。"

老师说："很好，还有同学帮我查到了天气。"

本例中的教师在任务布置时情景模糊、指令不清，没有对现实生活中的问题进行深入分析以产生信息需求；学生发言展示时，教师也没有问及学生的查找方法，没有分析搜索策略，整个对话过程没有涉及对学生选取了怎样的关键词、对信息进行了怎样的筛选等方面问题的询问与引导。学生给教师找了一列从重庆去北京的火车，教师只是以钱少为由对这个非常关键的信息评价与筛选问题简单地一笔带过。学生给出北京第二天的天气时，教师满足于有学生查到了天气，至于教师何时出行，这条信息是否有价值等问题教师没有涉及。

课程标准在内容标准中对"信息获取"主题提出了明确要求："学会根据问题确定信息需求和信息来源，并选择适当的方法获取信息"；"掌握信息价值判断的基本方法，学会鉴别与评价信息"。信息的获取、甄别与评价是学生信息素养的重要组成部分，是信息技术课堂教学中应着力培养的内容，但教师的整个教学停留在肤浅的信息搜索层次，缺乏对学生深层探究学习的引导，对信息素养的培养、信息技术课程与教学的内涵挖掘不深。

课例三

L2 学校的教师在给学生提供练习素材时，将素材文件夹在教师机上设置了共享，当全班学生通过网上邻居同时访问教师机上的这个文件夹时，很多学生的电脑屏幕上出现了"最大连接数限制"的提示框，有的学生继续反复尝试，有的学生将情况报告给了教师。教师告诉学生，除了网上邻居，大家还可以进入该班级在 126 的公共邮箱去下载相关素材。之后很多学生又转向邮箱以求下载练习素材，问题又出现了，不少学生不知道怎样进入 126 邮箱页面，进入页面的学生又有好多不知道班级公共邮箱的用户名和密码是什么，教师就站在学生中间口头重复了几遍班级邮箱的用户名和密码。时间在学生的忙乱无助中一分一秒地过去了，在教师进行下一环节的教学时，还有不少学生没能找到传说中的练习素材。

面对学生的慌乱无措，本例中的教师给出了一定的应急措施，比如告诉学生还有备用方案——126 邮箱可用，比如多次重复邮箱用户名和密码，但这些都没能终止学生的慌乱状态。在课前预设的该教学环节的时间已经用尽，而很多学生还没能找到练习素材的时候，本例中的教师选择了放弃那些没来得及做练习的学生，继续向下进行既定的教学内容。统观整个课堂，每往下进行一个教学环节就会有一批为该教师的准备不足而买单的学生被教师放弃。

课例四

C3 学校的教师在课堂教学的导入环节这样表述本节课的教学目标："我们这节课呢，主要是讲用幻灯片来制作多媒体作品，主要讲这些作品怎么采集，怎么加工。"

在小结环节又这样重温本节课的教学目标："通过本节课的学习，我们主要就是学用幻灯片来采集信息，来加工信息，主要就是学图片、文本框、视频、声音文件，怎么来采集，来加工，然后呢，呈现在你的作品当中。希望通过本节课的学习，给大家能够有所启迪，在今后的生活工作当中能够会用幻灯片来制作一个多媒体作品。"

通过该教师那条理不清甚至带有知识性错误的语言表述，结合整堂课的教学情况，我们可以看出教师对本节课教学目标的定位是什么，即学习在 PowerPoint 软件中插入图片、文本框及视频、声音等多媒体元素的具体操作方法。教师的目标设计中丝毫没有涉及关于规划与设计等过程与方法维度的目标，更无法体现信息技术蕴含的文化内涵。

教师教学维度存在的主要问题

综合 24 堂课在教师教学维度 5 个视角上的表现，我们可以看到在教师教学维度上主要存在以下几方面的问题。

（1）各教学环节的时间比例不合理；必要的课堂教学环节特别是小结

评价环节严重缺失；教学环节间的逻辑性不强。

（2）教师仍然停留在关注具体软件操作方法的计算机教学阶段，教学素材的选取随意性强，教学演示缺乏严谨的教学设计，主题性差；很多教师对教学媒体的使用缺乏前期设计。

（3）教师在教学中与学生的对话很不充分，对学生的学习困难关注不足，习惯于按自己预设的进度实施教学；教师向学生提出的问题及要求普遍不够具体明确，学生经常会无所适从。

（4）教师对学生在自主探究过程中出现的问题缺乏有针对性的指导；设计的小组合作任务无法体现合作的意义与价值，小组的分组方式也不利于组内成员的充分交流；教师对学生学习细节的关注及指导不足。

因为教师课前准备不充分，导致课堂教学中的突发事件频频发生，且教师无法很好地处理这些突发事件。

三、课程性质维度的典型课例及问题分析

课例一

B3 学校的教师在导入环节介绍道："这节课我们来学演示文稿，上节课我们不是学习了 Word 了嘛，演示文稿呢，同属于 Office 办公自动化软件……"

接着教师演示了 PowerPoint 的启动方式，介绍了 PowerPoint 的窗口界面，之后教师以王维的《九月九日忆山东兄弟》为例，给学生演示了在 PowerPoint 中添加文字、图片、自选图形等多媒体元素的操作，还给学生演示了幻灯片效果、图片效果的设置方法。

下面节录了几段教师的讲解或任务布置的言语片段。

"你们也做自己的幻灯片，做出来和我这是一样的，你们自己填充你们自己的背景，现在先练一下背景。"

……

"让背景变化，单击幻灯片放映，幻灯片切换，我们选这种幻灯片效果（边演示），你看，它是先背景变化，然后是它里面的内容。大家抓紧时间，我把这几页发给大家，你们把它的背景变化了，让它有强调、有退出的效果。"

……

　　"刚才桌面上不是给你们传过去一个文件嘛，你们在上面再插入一张新的幻灯片，找一张任意好看的图片作为背景，找咱们的素材目录，你们的电脑里不是有素材目录嘛，你找到里面的图片做背景。在你的背景上，这次呢，我们有一个要求，在第二张幻灯片上，插入一个我们素材中的电脑图片'台式电脑二'，然后修改它的白色背景，把它变成透明色。"

　　本例中的教师在导入环节将本节课的教学目标明确地表述为"演示文稿"，而非"多媒体信息的加工与表达"；在新授环节没有对作品进行规划与设计，只是对 PowerPoint 的软件操作方法做了讲解，教师的演示范例缺乏主题，意图不明；教师在布置任务时对学生作品也没有主题性要求，学生仅仅是对教师示范操作的模仿。

　　教师的讲解、演示、任务布置等多处例证都可以反映出教师已将"多媒体信息的加工与表达"章节的教学目标窄化成了"幻灯片制作的基本操作"，教学活动中忽视了信息加工与表达主题中尤为重要的规划和设计思想，教学目标只关注具体软件的操作技能，忽视了过程与方法以及情感态度与价值观两个维度的教学目标。

　　B3 学校教师的课堂上充斥着教师这样的教学用语和范例演示。

　　你们先把文件保存下来，单击"文件"，呃，你们保存在哪儿呢？保存在桌面吧，点"文件""保存"。随便起一个，叫"练习一"。

　　……

　　把我用过的这个背景给它改变了，然后呢，改成什么样式的背景呢？蓝色和红色渐变的。

　　……

　　教师演示如何在 PowerPoint 中制作自定义路径的动画时，将唐诗《九月九日忆山东兄弟》的作者"王维"二字做了一个椭圆形的运动路径；之后还随手在诗词页面上插入了各种形状和颜色的自选图形。

教师的这种无主题、无思想的范例演示本身就有违课程标准在"信息的加工与表达"单元的内容标准的要求:"能够根据任务需求,熟练使用文字工具、图表处理等工具软件加工信息,表达意图;选择恰当的工具软件处理多媒体信息,呈现主题,表达创意。"我们从范例中无法揣度创作者要表达的意图、主题和创意,这样的教学演示会给学生产生错误的方向引导。此外本例中教师那即兴而为、随口而出的文件保存位置、文件名的命名对学生养成科学管理信息的行为习惯,对信息素养的培养具有潜移默化的负面影响。

课例二

S4 学校的教师在对 Word 软件的启动、关闭,以及窗口、菜单等做了一番介绍后,要求学生:"打开 Word 文档,在上面打上一首诗,比如说《静夜思》,'静夜思'可以作为它的标题,大家按我的提示进行操作:把标题设置一下,隶书、三号、加粗、居中,加上蓝色的下划线。"

……

"标题我们设置完了,下面我们看一下正文如何设置。正文我们要求是红色、五号字、宋体、倾斜,加上着重号,右对齐。大家都设置一下,在 Word 里设置一下。"

图 6-4 所示的文本框内所示就是按教师的要求做出的文字效果。

静夜思

床前明月光,疑是地上霜。举头望明月,低头思故乡。

图 6-4

面对如此的练习任务,我们已经不必纠结于下划线和着重号所代表的含义,也不必去体会红色正文和倾斜字体又抒发了作者怎样的情感,因为"静夜思"只是一个符号,只是教师随口说出来的一段文字而已,教师关心的只是怎样能将 Word "字体"对话框内的各种设置用到极致。

信息技术课堂教学评价研究

课例三

J1 学校的教师这样演示 Excel 的图表插入："在图表选项中呢，它需要你选，你选用哪种图表，那么我这想选用一个饼图，饼图里面提供了六个小饼图，那么你可以任选其中一种，然后下一步……"
……

"这是第一个图形，如果我们对它不满意，我们可以再换一个，我们单击'插入'菜单中的'图表'，我们找'条形图'，选其中的一种，然后单击下一步、下一步，单击完成。"

"下面我给大家两分钟时间，大家做一下图表，图表的类型随意选，你喜欢哪种就用哪种。"

图表类型的选用是需要针对不同的信息需求来决定的，如柱形图和条形图擅长比较数据间的多少与大小关系；线形图，也称折线图，按时间轴表现数据的变化趋势；饼图，也称扇形图，适用于描述数据之间的比例分配关系。对于信息表达中如此重要的内容，教师却不以为然，让学生"随意选，喜欢哪种就用哪种"。

课例四

S2 学校的教师在学生完成贺卡作品后，展示了部分学生作品，并做了相应的评价，详情如表 6-6 所示。

表 6-6 S2 学校教师对学生作品点评表

学生作品	教师点评
1	"好，我们看一下 13 号作品，他用的是矩形框渐变效果，对不对？很好！'教师节快乐'就是没有进一步的修饰啊，我相信给你更多的时间，你会做得更好。"
2	"看看啊，他插入一个图片作为装饰，对不对？好，哎，挺好啊！同学们看这图很漂亮，是不是啊?"

续表

学生作品	教师点评
3	"矩形框作为背景，添加了艺术字、文字和小图片，你们觉得怎么样？" 有学生说："一般。" 教师："哎，你看他的前景色、背景色没差别，大家制作作品的时候一定要考虑这些的。"
4	"39号的很好。不同的颜色体现了不同的风格，是不是啊？它用的是比较深的颜色，是不是？做的是圣诞节贺卡，对不对？好！"
5	"40号，好，他添加了艺术背景，还添加了立体效果，跟你们的是不是不一样啊？哎，立体效果。不足是什么啊？颜色有点儿太相近了，不突出，对不对？哎，所以这时候要注意前景色和背景色的对比。"
6	"45号，好，想法很好，主题不够好，是不是？"

从该例中的学生作品和教师点评可以看到，教师对学生作品的点评很不系统，看到哪儿就点评哪儿，没有章法；而且，教师只关注学生用了哪些 Word 软件所能提供的花哨功能，对于贺卡的主题、对象、版面设计、色彩选择等信息表达中更重要的元素关注不足；此外，教师对学生作品的优点发掘不够，对不足的点评肤浅，并不能引导学生对作品进行全面系统的评价。

课程性质维度存在的主要问题

综合24堂课在课程性质维度5个视角上的表现，我们可以看到在课程性质维度上主要存在以下几方面的问题。

（1）教师对教学目标的表达随意，不能给学生明确的目标引导。还有很多目标的设置偏离学生经验，要么目标偏高使得学生学习吃力，要么目标偏低使得学生没兴趣参与整个的教学活动。更为严重的是教师普遍偏重于对学生施以计算机操作技能的培训，而对过程与方法、情感态度与价值观两个新课程极力强调的目标维度的关注严重不足。

（2）教师的课程开发意识、教学设计能力欠缺。在教学内容的选择与处理上，很多教师拘泥于教材内容，缺少依据课程标准要求、学生实际、时空地域特色开发教学内容的意识和能力，更重要的是大部分教师对信息技术的学科特色、学科思想把握不到位，仍然将主要教学内容定位于计算机基本构造、基本原理、基本操作的教学，而非信息技术课程内涵所包容的信息科学、信息技术、信息伦理道德与法律法规的教学，从教学内容来看，我们的大部分课堂仍然停留在计算机教育阶段。此外，很多课堂的教学容量设置缺乏对学生实际的考虑，有的容量偏大致使学生对各知识点浅尝辄止，有的容量偏小无法充分挖掘学生的潜能。更为严重的是个别教师上课铃响就开讲，下课铃响就下课，讲到哪里算哪里，对教学容量的大小缺乏前期的思考与设计。

（3）大部分教师都有创设学习情境的意识是值得欣慰的，但很多教学情境与核心教学内容偏离太远，低效甚至无效的情境创设降低了教学效益；再就是不少教师忽视了教师言传身教的作用，操作演示、任务要求极其随意，这种渗透式的信息素养教育不利于学生良好习惯的养成。

（4）评价环节的缺失是一个在样本课堂中普遍存在的现象，不少课堂中的评价内容严重偏离教学目标，采用的评价方式缺乏对高中阶段学生心理的恰当把握。此外教师对学生的评价指导严重缺失。《普通高中技术课程标准（实验）》指出，学生信息素养的具体表现之一是具备对信息及信息活动的过程、方法、结果进行评价的能力，普通高中信息技术课程的总目标是提升学生的信息素养。可见在信息技术课堂教学中对学生评价能力的培养非常重要，而现实课堂中该环节却严重缺失。

（5）鉴于前面在学生维度的分析中已经有学生并非"非零起点"的结论，因而在教学过程中能否为不同起点水平的学生提供必要的学习资源是影响学生学习效果的一个关键因素。在学习资源的准备上，很多教师意识不足，根本不给学生提供任何支持性资源；还有些教师给学生提供了学习资源包，但或因网络故障获取不便，或因质量不高无法使用，严重影响了课堂教学效果。

四、课堂文化维度的典型课例及问题分析

课例一

S3 学校的教师在近二十分钟的集中讲解演示过程中，先后对"字体"对话框中，"中文字体"中的"宋体""楷体 – GB2312""华文新魏"等字体的设置进行了演示；对"字形"中的"加粗""倾斜"设置进行了演示；对"字体颜色"中的"默认颜色"和"自定义颜色"的设置进行了演示；还对几乎"下划线线型""下划线颜色""着重号"及各式的"文字效果"等"字体"对话框中的每个选项卡的每种设置操作都一一进行了极为细致的讲解与演示。

该例中所有的学习内容都是教师灌输给学生的，学生只需要较低思维水平的听和看，其实像该例所示的这种大同小异的操作完全可以交给学生去进行自主的探究、体验。这种遍历菜单式的讲解，剥夺了学生探究思考的权利和机会。

课例二

L2 学校的课堂上，有的学生在网上浏览新闻，有的学生低头看键盘、抬头看屏幕地操着一指禅半天打不出一个字来；教师在很多学生还没有找到、没能下载到、没能打开任务一所需要的学习资源的时候，已经向下进行了很多新的教学内容了。

……

教师："今天网络的原因，同学们的作品没法展示了。大家小结一下，今天我们学到了什么？"

学生：有声音很小的零星回答，听不清说什么。大部分学生并不关心教师的要求与问题。

教师："今天的任务就到这里，下课。"

本节课中的教师一直沉浸在自己的世界里，毫不顾及课堂中学生们的

实际情况，按照既定的进度进行着新的教学内容。课后访谈问及教师的上课感受时，教师反复地用一个句式"感觉学生应该……了，下节可以……了"回答。而实际情况远没有这位教师想象的那么乐观。这种没有对话，"目中无人"的教学无法保证教学质量。

课例三

B3 学校的教师演示了 PowerPoint 的启动方式，介绍了 PowerPoint 的窗口界面，之后以王维的《九月九日忆山东兄弟》为例，给学生演示了在 PowerPoint 中添加文字、图片、自选图形等多媒体元素的操作，还给学生演示了幻灯片效果、图片效果的设置方法。教师要求学生进行练习，并提出具体的要求。

"你们也做自己的幻灯片，做出来和我这是一样的，你们自己填充你们自己的背景，现在先练一下背景"……"刚才桌面上不是给你们传过去一个文件嘛，你们在上面再插入一张新的幻灯片，找一张任意好看的图片作为背景，找咱们的素材目录，你们的电脑里不是有素材目录嘛，你找到里面的图片做背景。在你的背景上，这次呢，我们有一个要求，在第二张幻灯片上，插入一个我们素材中的电脑图片'台式电脑二'……"

教师对学生作品提出了过于精细的要求，在整体结构上要求"做出来和我这是一样的"，在细节上教师甚至规定插入特定的图片。不论是在整体上，还是在细节上，都没有给学生留出创新的空间。

课例四

P2 学校的教师在进行"表格信息的加工与表达"的教学时，稳坐教师机前，盯着自己的电脑屏幕进行教学，与此同时几乎没有一个学生在做与表格相关的内容。学生的行为显然违反了墙上所贴的《上机管理规定》，但面对这种情况，教师既不巡视，也不管理。

该例中的教师对学生明显关爱不够。按照该机房的计算机摆放形式，教师在教室前端看不到学生学习的情况，应到学生中进行巡视指导，或借助电子网络教室控制台的"多屏查看"功能，了解学生的学习状态，把握学生存在的学习困难与问题，但教师稳坐前台，对学生的所作所为不闻不问。此外，教师还缺乏对学生的管理策略，在教学过程中，如果不涉及网络操作，可以根据实际情况适时地切断网络连接，防止学生被网上的各种信息或服务所吸引，对学生学习造成不必要的干扰。教师在监管上的不作为，在客观上纵容了学生的问题行为。关爱的前提是关心，如果教师根本不关心学生，自然也就做不到关爱。

课堂文化维度存在的主要问题

综合 24 堂课在课堂文化维度 5 个视角上的表现，我们可以看到在课堂文化维度上主要存在以下几方面的问题。

（1）教师一言堂现象严重，教师多一板一眼地演示讲解，学生多被动听讲，模仿练习。所有内容都是教师讲出来的，留给学生的思考空间少、时间少、机会少，在教师的灌输讲解下，学生长期处于低思维水平的配合、附和状态。教师对培养学生思考意识、思考能力的关注不够。

（2）学生的创造力在信息技术课堂中很难得以发挥。很多教师只关注技术操作的传授，对学生的要求只是简单的操作模仿练习，并不能给学生提供创新空间；还有的教师给出的创造情境大而空泛，且没有适当的规划设计指导和素材支持，使得创新成为无源之水，无本之木。

（3）在不少课堂中，教师只顾自说自话地讲授教学内容，毫不顾及学生的反应，对学生是否跟上了教师的步伐、存在怎样的问题行为等了解不足。还有不少教师疏于走动巡查，对学生在学习过程中存在的困难与问题并无察觉，对学生的针对性指导也就更无从谈起。

五、物理环境维度的典型课例及问题分析

课例一

大部分被调研学校的信息技术教室的内部空间都非常的狭小拥挤，这样的机位布局，非常不利于教师对学生的关照与指导。

调研所见的信息技术教室内机位布局主要有图6-5所示的两种形式。

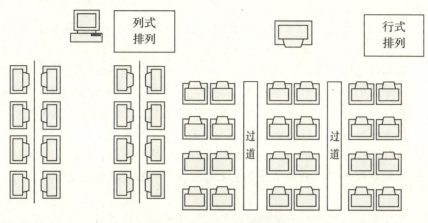

图6-5　机房布置示意图

　　一种是在教师机位置处看到的是学生的侧面的机位摆设形式（本书中称为"列式排列"），这样的机位能保证教师在讲台上授课时既能观察部分学生的态度表情，又能直观扫视到小部分同学的屏幕内容，便于调节控制课堂节奏；而且在学生操作、教师巡回指导时又能方便地走近每一台学生的机器进行个别化辅导，学生之间也能比较方便地进行交流。这种机位摆放方式如果把握不好，则会出现有两种弊端：第一，这种布局很忌讳将一列学生塞在墙壁和按列摆放的计算机之间。如果靠墙一列的学生与墙壁间空间狭小局促，则会因通行不利之故，丧失很多教师近身指导和交流关照的机会；第二，如果不能很好地与网络教室软件结合使用，学生想看教师的演示操作需要很不舒服地扭转身体。

　　另外一种机位布局与普通教室的桌椅摆放非常相似，全体学生面向讲台和教师（本书中称为"行式排列"），这样的机位可以保障教师方便地观察每个同学的表情回馈，但在不借助其他工具的情况下教师在讲台上无法知晓学生的屏幕内容。对于学生，可以不必扭动身体就能同时看到教师讲解的内容和教师的肢体语言，还可以做自己感兴趣的内容而不必过度担心被教师发现和干涉。

课例二

S4 学校信息技术教室内的学生机呈"列式排列",每列 16 台学生机,共 4 列。教师的讲解演示用一个大背投显示器显示。背投显示器背后是两个窗户,光线强烈,背投上的内容很难看清楚。认真好学的学生们为了观看教师的教学演示,需要首先将身体扭转 90 度,之后或侧身或伸长脖子调整好角度才能保证视线不被遮挡,而在偌大的机房里距教师机较远端的学生,除了腰颈灵活还要保有极好的视力。教师在操作计算机时,演示界面上的字体纤弱细小,如果不借用合适的教学媒体,很难保障每个学生都能清楚地看到教师的演示内容。

基于信息技术学科的学科特色和教学环境的特殊需求,电子教室类软件成了信息技术课堂教学的必备软件。我们通过调研发现,除了极个别学校以外,几乎所有的信息技术教室都装配了某种品牌或版本的电子教室类软件,这类软件提供的基本功能有:教师的演示、讲评、视频语音广播、多屏查看、下发程序、上网设置,学生的示范演示、作业提交等。这些功能如果能被充分且恰当地利用,可以使教师的课堂教学和课堂管理变得相对轻松、便捷和高效。而本例中的课堂上因没有使用电子教室软件而难以保障教室内的每个学生都能看清教师的呈示内容,给学生的学习造成了巨大的不便。

课例三

P2 学校的教师在讲授时用到了电子网络教室的屏幕广播功能,但有 1/4 左右的学生机未能受到控制。

像这种电子教室内学生机入网不全的课例相当常见,Y2 学校的 56 台学生机中有 15 台游离于电子教室之外,无法受到教师的统一控制管理。S2 学校的课堂上在用"学生演示"功能时,电子教室操作台界面显示有 1/3 左右的学生机无法被教师控制;J2 学校的教师原本计划利用电子教室的屏幕广播功能,为学生展示一个内含该校 2006 级学生学籍数据的 Excel

表格，只听教师自言自语道"完了，又不能转播了"，之后不得已再次选择了用大屏幕投影的方式给全班学生展示那数据细密的 Excel 文档。

依我们课堂观察所见，大部分教师在课堂上会用到电子教室软件，但在使用时又存在两方面的主要问题：第一，电子教室组建不力，经常会有大量的学生游离在电子教室之外；第二，电子教室的功能利用不充分，几乎所有教师都只是简单使用其中的教师机的广播演示功能。

物理环境维度存在的主要问题

综合 24 堂课在物理环境维度 5 个视角上的表现，我们可以看到在物理环境维度主要存在以下几方面的问题。

（1）很多信息技术教室空间局促，穿行通道狭窄，通行不便，不利于教师对学生的关照与指导。同时，计算机、投影等设备的摆放布局经常会人为造成学生学习、师生交流的障碍。此外，教室的硬件配备存在严重问题，窗帘、电灯、投影等外设及麦克、音箱等媒体设备的装配不能保障教室内的每一位学生都能看清教师的演示，听清教师的讲解。

（2）不少信息技术教室存在计算机运行不稳定、网络连接故障频发等问题；虽然几乎所有的信息技术教室都配备了电子教室系统，但该系统的屏幕广播、学生屏幕查看等功能常常运行不稳定。系统维护的滞后已经严重影响到了正常的课堂教学。

（3）电子教室软件的各项功能非常适合信息技术学科的教学需求，但在一线课堂的利用中还存在不少问题，例如，电子教室组建不力，不能将全体学生机稳定地纳入电子教室内，使得部分学生游离在课堂教学之外。此外，电子教室各项功能的利用也很不充分，几乎所有教师都只是简单使用其中的教师机的广播演示功能。

第三节 信息技术课堂教学存在的主要问题及改进建议

上一节从学生学习、教师教学、课程性质、课堂文化及物理环境五个维度的各个视角入手，结合典型教学实例对样本课堂进行了细致分析，并对五个维度存在的问题分别进行了简要总结，从中不难发现存在这样的现象：几个维度下的多个视角所反映出的问题可以归结为同一个综合性的问题，它们只是从不同的视角反映课堂教学中主要问题的不同侧面。本节主要对吉林省高中信息技术课堂教学中存在的主要问题进行归纳梳理，并尝试提出相应的改进建议。

一、信息技术课堂教学存在的主要问题

通过对二十多个视角所发现的问题进行系统考察、深入分析，本研究认为信息技术课堂教学中存在以下七方面的主要问题。

1. 很多学生并非"非零起点"

高中信息技术课程标准的制定试图扭转高中与义务教育阶段教学低水平重复的"零起点"教学问题，将教学起点定位于"非零起点"，"以进一步提高学生的信息素养为宗旨，强调通过合作解决实际问题"。课程的设计宏观高远，但因我国幅员辽阔，地域、城乡差异巨大，现实课堂中有很多处于"非零起点"预期之下的零起点学生。

我们对样本课堂的研究显示：在操作技能上，对键盘键位不熟悉、打字指法不规范的学生比比皆是。那些课程设计者、教材开发者预想中高一新生们所"熟悉的、喜爱的、钟情的、向往的……"学习内容，对于这些学生来说都是新鲜的、迷惘的。

在思想认识上，将上网等同于玩网络游戏、等同于网络聊天的学生大有人在；将信息技术课视为放松课、游戏课，在课堂上玩游戏、网络聊天、看视频等现象更是司空见惯。

2. 教师对学生的了解与关注不足

我们研究发现，信息技术教师对学生的了解程度和关注水平普遍偏低。在判断学生基础水平、设定教学目标时，信息技术教师凭借自己的经验做判断，对学生的实际情况关注不足。在师生对话中，教师不能深究学生作答的原因，只用简单的对错作为反馈，或是采用"自问自答"的方式，沉浸在自己的世界里，完全忽视学生的存在。在教学指导时，教师巡查不足，且不能及时发现学生在学习过程中遇到的困难；在判断学生是否达到预设的教学目标时，教师凭借的是自己的主观感觉，而不是学生的客观实际。

3. 教师对信息技术课程标准的把握不到位

我们研究发现，目前很大比例的信息技术课堂仍然把计算机作为学习对象，而且是唯一的学习对象来实施教学，将教学目标定位于掌握计算机

的基本知识和技能，教学内容主要关注计算机的基本操作，采用的又多是讲练结合的教学方法，整个教学还没有走出计算机教育阶段，离信息技术教育"提升学生的信息素养"的高中课程总目标相距甚远。

4. 教师的基本教学技能偏低

从前面的详细分析中可以发现，信息技术教师在呈示讲解、提问解答、课堂组织、技术手段的使用等多项教师基本技能上都存在着较为严重的问题。主要表现在：教师语言表述不清，指向不明，缺乏逻辑性，更缺乏启发性。不少教师所提问题过于笼统，缺乏具体指向，使得学生不能理解教师的问题要求，无法猜测教师的提问意图；更有"是不是""对不对""好不好"等教师自问自答式的无效提问充斥整个课堂，不能留给学生独立思考的时间和空间。此外，教师对学生的自主探究、合作学习等学习活动经常因设计不足、资源匮乏等原因而流于形式。学生在课堂上自行其是、游戏泛滥的现象比比皆是，教师缺少有效的课堂管理策略，在很多课堂中电子网络教室系统的功能没能得到充分的发挥。还有很多教师存在滥用技术的现象，在教学媒体的选择与使用上缺乏对学生心理、教学内容和客观环境等多方面教学因素的综合考虑，无法发挥技术对学习的改善作用。此外，教师的教学课件缺乏设计、教学演示更是随性而为，毫无章法。教师基本教学技能的欠缺直接影响着信息技术课堂的教学质量。

5. 教师对信息技术教学的重视不足

我们研究发现，信息技术教师对教学活动重视不足，课程意识欠缺，主要表现为对整个教学活动规划不足，对教学细节设计不足等。

在对教学的整体规划上，大部分教师缺乏课程意识，对教学目标定位模糊、表述不清晰，在一节课中常会对学生提出多个彼此间缺乏统整的教学要求；不少教师缺少对教学时间的统筹规划，教学进度完全由上课铃和下课铃来控制，教学内容讲到哪里算哪里；此外，教师对学习情境的创设也缺乏整体考量，创设的学习情境与教学的核心内容之间缺少实质性的关联。

在对教学细节的处理上，教师在布置任务或提问时，所用的语句不清晰、不具体，使学生无所适从；在进行分组合作时，对合作任务是否适合合作、小组的划分方式是否有利于学生之间的协作与交流等问题考虑不周，资源准备欠缺；在媒体演示时，缺少主题设计和规划，随意选用媒体素材，并在教学中使用"随意选一张图片……""随便录入一段文字……"等语句，制作出大量"文不对题""图文无关"的示范作品，这些都会对学生产生潜移默化的负面影响，危害深远。

6. 课堂中缺少思考和创新的文化氛围

在样本课例中，有的教师讲得过多过细，对学生的要求止于简单模仿；有的教师讲授时泛泛而谈，给学生的任务又大而无当，让学生的创新无从下手。样本课堂上很难观察到能进行深入思考或有所创新的学生。

我们研究发现，在课堂文化方面，教师常常忽视学生的思考，没有留给学生充足的思考时间，也没有可供深入思考的问题。在大部分样本课堂中，信息技术教师用讲授占据了大部分的教学时间，讲授节奏过快，不给学生留有思考的时间；在提问环节中，教师频繁使用"是不是""对不对"等简单的甚至不需要思考回答的问题，使学生处于一直较低的思维水平状态；在问题的表述上，教师提出的问题不具体且缺乏明确指向，例如"我们能看到什么？能想到什么？"等，这种问题更像在让学生猜谜，学生很难揣摩教师的提问意图。

教师不仅忽视学生的思考，不给学生提供创新的机会，有时甚至会剥夺学生创新的权利。在一些课堂上，教师会要求学生在进行练习时，插入特定的图片，使用特定的字体、字号和版式；在作品制作要求中，只提出有动画、有图片等技术层面的要求，而对主题、设计等方面只字不提；甚至有教师直接要求学生模仿自己制作的无主题、无思想、无设计的"三无"作品来制作学生作品，剥夺了学生自主选择的机会和思考、创新的权利。

在这种缺少思考和创新的课堂文化中，学生能做的只有被动地接受和低水平的模仿，学生成了教师手中的提线木偶，培养学生的问题解决能力、创新意识和能力的课程理想，在教学实践中被落实成了一句理想的口号。

7. 物理环境建设的投入不足

我们研究发现，样本学校在教育信息化建设方面的整体情况较好，几乎所有的信息技术教室（机房）都配备了相当数量的学生机，能够满足一生一机的教学要求；大部分的信息技术教室还配备了性能较高的教师机、数字投影仪等教学设备；几乎所有的信息技术教室都能接入互联网，能够为信息技术教学提供必要的网络支持。但在机房设备安置布局以及设备、软件的日常维护方面还存在不少问题。

首先，信息技术教室的整体布局不够人性化。很多信息技术教室穿行通道狭窄，通行不便，不利于教师对学生的巡视与指导；同时计算机、投影等设备的摆放布局经常会为学生学习、师生互动、生生互动造成人为的障碍；还有不少信息技术教室内的电灯、窗帘等室内光线调节装备，麦克、音箱等音响设备装配不全或严重破损，不能满足信息技术教学对物理环境的基本要求。

此外，信息技术教室的日常维护也严重滞后，存在计算机运行不稳定，网络连接故障频发，屏幕广播和学生屏幕查看等电子教室系统的基本功能不稳定，故障机器长时间得不到修理等问题，机房维护的滞后使其在功能上难以满足信息技术课堂教学的要求，严重影响正常的课堂教学。

二、信息技术课堂教学的改进建议

针对上述分析得到的信息技术课堂教学中存在的主要问题，本研究对信息技术课堂教学的改进从课程建设、师资培训、物理环境建设三个方面提出了以下建议。

1. 规范义务教育阶段的信息技术课程与教学

2003年3月教育部正式颁布了《普通高中技术课程标准（实验）》，在该标准中明确了高中阶段信息技术课程的课程性质、课程价值、基本理念、课程目标以及具体的内容标准和实施建议。而在义务教育阶段的课程设置中，信息技术课程归属于综合实践课程，只规定了课程目标与任务，没有提出具体的内容体系。义务教育阶段国家课程尤其是课程标准的缺失，致使高中学生在起点水平上有显著的差异，对义务教育阶段与高中阶段信息技术课程的衔接产生了不良影响。因此，在当前阶段，尽快制定义务教育阶段的信息技术课程标准，规范义务教育阶段的信息技术课程与教学，扫除义务教育阶段与高中阶段在衔接上的障碍，减少学生在起点水平上的差异，避免实际教学中教学内容的简单重复，才能使基础教育阶段的信息技术教育形成一个统一的整体，发挥合力优势，贯彻培养学生信息素养的课程目标。

2. 提升信息技术教师的专业化水平

本研究发现高中信息技术课堂教学存在七大主要问题，其中有四项问题与教师有直接关系，提升信息技术学科教师的专业化水平，帮助信息技术教师构建正确的课程意识体系，对信息技术课堂教学状况的改善尤为重要。信息技术教师的专业化水平提升可以从以下几个方面着手。

（1）帮助信息技术教师建立正确的课程意识体系。所谓课程意识，是指"教师对课程系统的基本认识，是对课程设计与实施的基本反映。它包括教师对课程本质、课程结构与功能、特定课程的性质与价值、课程目标、课程内容、课程的学习活动方式、课程评价，以及课程设计与课程实施等方面的基本看法、核心理念，以及在课程实施中的指导思想"（郭元祥，2003）。具备课程意识的教师会将自己视为课程的动态生成者、建构者和践行者，在教学活动的各个环节中，教师会始终从课程建构的高度来审视、指导自己的行为，加强信息技术教师的课程意识培养是极为必要的。

（2）改进师资培训方式。国家教育政策和信息技术教师的现状决定了培训的政治意义和现实需求，然而目前在信息技术教师培训实施中存在培训模式讲座化、培训内容脱离实际情境、后续支持中断等问题（詹青龙，2007），导致了培训质量低下。因此，应改变传统讲座式的师资培训方式，引入真实、生动的教学情境，结合有效的后续支持，在促进教师对课程的理解的同时，使教师掌握适用于新课程教学的教学模式与方法，建构正确的课程意识体系，成为新课程的建构者和践行者。

（3）加强信息技术课程与教学的研究。新课程在推广过程中会遇到很多新问题，需要通过研究，寻找解决问题的方法；同样，在推广过程中也会积累很多新的经验，这也需要通过研究，将新的经验提升为理论与方法并进行推广；在师资培训方面，也需要通过研究，寻找更有效的师资培训方式与方法，提高师资培训的效果。

此外，提升信息技术教师专业化水平不能仅仅关注职后阶段的培训与发展，还应加强信息技术教师职前阶段的培养，在高校设立信息技术教育专业，培养从事信息技术教育的专门人才，并严格信息技术教师准入制度，从源头上解决信息技术教师专业化水平低的问题。

3. 规范信息技术教室的物理环境建设

"工欲善其事，必先利其器"，大部分信息技术课堂教学需要在信息技术教室中进行，信息技术教室的物理环境建设需要符合一定的规范。各省市应当根据各地的经济发展水平和信息技术教育的需求，对学校信息化建设，特别是信息技术教室的建设制定相应的规范或标准，这类规范应包含对信息技术教学所需的软硬件设备种类、质量、安装布局等方面的要求。例如，规定信息技术教室的必备设备有哪些；计算机摆放的位置、角度应当遵循哪些原则；教室的采光、音效需要符合怎样的要求等。

此外，在学校层面应完善并落实信息技术教室的管理和维护制度。例如，规定设备运行的故障率应控制在什么范围内；规定计算机系统出现故障后，在多长时间内必须完成维护等。

综上所述，信息技术课程的建设与实施仍处于发展阶段，还需要各方力量的共同努力，克服现阶段信息技术课程与教学中出现的种种问题，使信息技术课程能够对学生的终身发展、信息技术的发展和社会发展产生预期的推动作用。

参 考 文 献

中文

[韩] 李龙兑著；2000. 情报化时代 [D]. 申文植，译. 沈阳：沈阳出版社：139.

[英] 贝华纳. 1982. 科学的社会功能 [M]. 北京：商务印书馆.

本间明信. 2011. 课堂教学中学生的情绪变化 [R]. 东北师范大学.

蔡铁权，姜旭英，胡玫. 2009. 概念转变的科学教学 [M]. 北京：教育科学出版社：53.

陈报南. 2005. 中学物理与 STS 教育 [M]. 北京：人民教育出版社.

陈平，顾丽娟. 2010. 好课就是"完美无缺"吗——谈"课堂教学评价表"的改革 [J]. 人民教育（9）：50-52.

陈向明. 2002. 质的研究方法与社会科学研究 [M]. 北京：教育科学出版社：94.

陈瑶. 2002. 课堂观察指导 [M]. 北京：教育科学出版社.

陈玉琨. 1999. 教育评价学 [M]. 北京：人民教育出版社.

陈至立. 抓住机遇，加快发展，在中小学大力普及信息技术教育 http：//60.29.57.233/teacherindex/computer/zhc&fg/chenzhili. htm.

陈至立. 2001. 谈中小学信息技术教育 [J]. 人民教育（2）：4-7.

丛立新. 2000. 课程理论问题 [M]. 北京：教育科学出版社：267.

崔允漷. 2009. 有效教学 [M]. 上海：华东师范大学出版社.

崔允漷. 2010. 论指向教学改进的课堂观察 LICC 模式 [J]. 教育测量与评价（理论版）（3）：4-8.

丁朝蓬，梁国立，Sharpe T L. 2006. 我国课堂教学评价研究概况、问题与设想 [J]. 教育科学研究（12）：10-14.

丁朝蓬. 2003. 新课程评价改革的方向 [J]. 教育科学研究（12）：17-19.

董玉琦，包正委．2010．义务教育阶段信息技术教师专业发展状况调查研究——基于变革空间的视角［J］．中国电化教育（7）：1 – 4．

董玉琦，刘向永．2005．国际中小学信息技术课程比较研究［J］．外国教育研究（2）：34 – 37．

董玉琦．2001．信息技术课程导论［M］．长春：东北师范大学出版社．

董玉琦．2002．信息技术课程研究的新视野：从信息技术教育走向信息教育［J］．中小学信息技术教育（6）：49 – 51．

董玉琦．2003．信息教育课程设计原理：要因与取向［D］．长春：东北师范大学．

董玉琦．2004．信息技术课程实施：取向、教学与教师［J］．中国电化教育（12）：31 – 35．

董玉琦．2004．普通高中信息技术课程标准研制省思［J］．电化教育研究（9）：23 – 26．

董玉琦．2005．信息技术课程国际比较研究［M］．北京：人民教育出版社．

董玉琦．2005．信息技术课程的体系化与方法论［A］．信息技术教育研究进展［C］．长春：吉林教育出版社：5 – 7．

董玉琦．2005．信息技术课程设计：构成要因与价值取向［J］．教育研究（4）：62 – 67．

董玉琦．2005．信息技术课程与教学研究［M］．北京：人民教育出版社．

董玉琦．2006．信息技术课程理论建设：关注基础，研究关键［J］．中国信息技术教育（1）：6．

董玉琦．2006．信息技术课程研究的发展路向［R］．中国：重庆．

董玉琦．2007．信息技术课程研究：体系化、方法论与发展方向［J］．中国电化教育（3）：8 – 12．

董玉琦．2009．信息技术课程与教学［M］．北京：电子工业出版社．

董玉琦．授業中の子どもの情動変化に関する研究―― GSR 反応・表情による［D］．日本仙台：宫城教育大学大学院修士学位論文95005 号．

范良火．2003．教师教学知识发展研究［M］．上海：华东师范大学出版社．

符福桓．2000．信息社会学［M］．北京：海洋出版社．

高凌飚．2009．课堂教学怎么评：30 年的追问［J］．基础教育课程（12）：147 – 150．

顾建军，李艺，党好政．2006．高中技术新课程理念与教学实践［M］．北京：商务印书馆．

顾建军．2009．通用技术课程有独特的课程特性与教育价值［N］．中国教育报：03 – 27．

顾泠沅．2004．促进教师专业发展的校本教学研修［J］．上海教育科研（2）：18 – 22．

郭元祥．2003．教师的课程意识及其生成［J］．教育研究（6）：33－37．

韩小谦．1999．信息技术·文化·知识——浅谈信息技术文化［J］．自然辩证法研究（7）：45－49．

郝德永．2000．课程研制方法论［M］．北京：教育科学出版社：211－238．

何险峰．2006．信息技术隐性课程：提升学生信息素养的主渠道［J］．中国电化教育（5）：58－59．

黑格尔．1980．小逻辑（中译本）［M］．北京：商务印书馆．

黄光雄．2005．课程设计——理论与实际［M］南京：南京师范大学出版社．

黄梅，宋乃庆．2009．基于三维目标的教学目标设计［J］．电化教育研究（5）：99－103．

黄荣怀，江新，等．2006．创新与变革：当前教育信息化发展的焦点［J］．中国远程教育（4）：52－58．

黄晓．2002．论STS教育的特点［J］．比较教育研究（9）：30－35．

黄玉菁．2003．以纸笔测验探讨高二学生粒子迷思概念［D］．台北：台湾师范大学：17．

技术课程标准研制组．2004．普通高中信息技术标准（实验）解读［M］．武汉：湖北教育出版社．

江宇．2009．从体育的本质论体育课程的价值［J］．课程·教材·教法（7）：68－72．

姜荣华，董玉琦．2007．义务教育阶段信息技术课程实施的现状与分析［J］．中国远程教育（5）：61－63．

教育部．2003．普通高中技术课程标准（实验）［M］．北京：人民教育出版社．

解月光，马云鹏．2008．普通高中技术课程实施的问题与对策［J］．教育研究（2）：66－74．

解月光．2004．对"经历信息技术过程"的解读［J］．电化教育研究（3）：23－26．

解月光．2007．普通高中技术课程实施个案研究——学校水平的特征与归因［D］．长春：东北师范大学：77－78．

李德顺．1993．价值学大辞典［M］．北京：中国人民大学出版社：168．

李娟，张景生，郭峰，等．2007．影响信息技术新课程实施的因素分析［J］．中国电化教育（5）：80－83．

李世宏．2003．韩国中小学教育信息化发展特点［J］．外国中小学教育（5）：11－13．

李馨．2005．促进信息技术课程协调发展——访东北师范大学董玉琦教授［J］．中国电化教育（8）：5－8．

李艺，黄宇星，等．2005．信息技术课程与教学［M］．北京：高等教育出版社．

李艺，李冬梅．2003．信息技术教学方法：继承与创新［M］．北京：高等教育出版社．

李艺，殷雅竹．2001．中小学信息技术教育的文化内化问题［J］．教育研究（10）：57－61．

李艺，张义兵．2002．信息技术教育的双本体观分析［J］．教育研究（11）：70－73．

李艺．2002．中小学信息文化教育与信息技术教育问题观察报告（上）［J］．中国电化教育（5）：9－12．

李艺．2002．中小学信息文化教育与信息技术教育问题观察报告（下）［J］．中国电化教育（6）：15－18．

李艺．2003．信息技术课程：设计与建设［M］．北京：高等教育出版社．

李艺．2009．信息技术课程十年回顾：成长的快乐［J］．中小学信息技术教育（5）：1．

李子建，尹弘飚．2010．课堂环境对香港学生自主学习的影响——兼论"教师中心"与"学生中心"之辨［J］．北京大学教育评论（1）：70－82．

李宗荣．2005．理论信息学：概念、原理与方法［D］．武汉：华中科技大学系统科学研究所．

林凤英．1997．高中电脑教师学科基本知识之研究［D］．台北："国立"台湾师范大学资讯教育研究所．

林刚．2004．信息技术教师专业化研究［D］．南昌：江西师范大学．

林万新．2010．信息技术教师专业发展的现状、问题与对策［J］．电化教育研究（3）：7－9．

蔺玉红．2006．网瘾少年能不能变成网创人才［N］．光明日报：08－05（5）．

刘美凤，马晓玲，王蓉，李璐．2011．中小学信息技术教师能力素质结构研究［J］．中国电化教育（3）：12－16．

刘向永，董玉琦．2001．英国基础教育信息化的现状及分析［J］．中国电化教育（7）．

刘向永，董玉琦．2009．高中信息技术教学方法的评析与应用策略［J］．现代教育技术（2）：42－44．

刘志军．2002．发展性课程评价研究［D］．上海：华东师范大学．

刘志军．2002．课堂评价论［M］．桂林：广西师范大学出版社．

刘志军．2004．教育评价的反思和建构［J］．教育研究（2）：59－64．

刘志军．2004．课程价值取向的时代走向［J］．教育理论与实践（10）：46．

陆志远. 1994. 课程的价值与评价 [J]. 海南大学学报 (1)：99－104.

马蔼乃. 2007. 信息科学交叉研究 [M]. 杭州：浙江教育出版社.

马宏佳. 2005. 以科学探究为核心的科学教育教学策略研究 [D]. 南京：南京师范大学.

马俊峰. 1994. 评价活动论 [M]. 北京：中国人民大学出版社：312.

马克思，恩格斯. 1972. 德意志意识形态，见《马克思恩格斯选集》第 1 卷 [M]. 北京：人民出版社.

马云鹏，吕立杰. 2002. 近现代课程研究范式的演变及其启示 [J]. 教育研究 (9)：55－59.

马云鹏. 2002. 课程与教学论 [M]. 北京：中央广播电视大学出版社：61－64.

钱松岭，董玉琦. 2006. 小学生个人信息保护的教学实践尝试 [A]. 信息技术教育研究进展 (2006) [C]. 长春：吉林教育出版社：98－102.

钱旭升，罗生全. 2007. 高中信息技术教育课程设计中的技术取向 [J]. 中国远程教育 (7)：62－65.

钱旭升. 2008. 高中信息技术课程实施中教师的课程意识 [J]. 教育理论与实践 (中小学教育教学版) (10)：12－13.

申继亮，李琼. 2001. 从中小学教师的知识状况看师范教育的课程改革 [J]. 课程·教材·教法 (11)：49－52.

沈毅. 2008. 课堂观察 [M]. 上海：华东师范大学出版社.

斯宾塞. 1962. 教育论——智育、德育和美育 [M]. 胡毅，译. 北京：人民教育出版社：6.

宋广文，李金航. 2001. 我国科学教育历史与现状的反思 [J]. 教育发展研究 (9)：78－80.

孙可平. 1999. STS 教育：挑战与反思 [D]. 上海：华东师范大学.

唐斌. 1997. 科学教育与人文精神 [J]. 教育研究 (11)：17－19.

田宏根，杨军，刘婷. 2008. 教育类课程对职前数学教师作用欠佳的归因调查 [J]. 数学教育学报 (5)：41－43.

王吉庆. 2000. 中小学计算机课程的沿革与反思 [J]. 课程·教材·教法 (1)：58－61.

王吉庆. 2002. 信息技术课程的内容遴选与编排 [J]. 中小学信息技术教育 (1，2)：47－50.

王吉庆. 2002. 信息素养论 [M]. 上海：上海科技教育出版社.

王吉庆. 2008. 信息技术课程与教学论 [M]. 杭州：浙江教育出版社.

王坤庆. 2006. 教育哲学——一种哲学价值论视角的研究 [M]. 武汉：华中师范

大学出版社.

　　王世军. 2006. 中小学信息技术课程：历程与归因 [D]. 长春：东北师范大学.

　　王晞，黄慧娟. 2004. PISA：科学素养的界定与测评 [J]. 上海教育科研（4）：49－52.

　　王燕. 2003. 课程价值取向之"应然"：兼评传统基础教育课程价值取向之偏差 [D]. 南京：南京师范大学.

　　王永锋，马萌，王以宁，等. 2008 新版学生教育技术标准与信息技术课程改革 [J]. 中国电化教育（3）：7－11.

　　王智. 2005. 价值与价值实现 [J]. 西南民族大学学报（人文社会版）（12）：314－316.

　　魏小山. 2008. STS 视野下信息技术课程情感态度与价值观的培养 [J]. 中国电化教育（1）：91－94.

　　薛博，董玉琦. 2005. 信息技术教师专业发展：一项质的个案研究 [J]. 中国电化教育（2）：34－37.

　　闫学杉. 1999. 关于 21 世纪信息科学发展的一些见解 [J]. 科技导报（8）.

　　杨彬，董玉琦. 2005. 社会学视野下的信息技术课程价值取向 [A]. 信息技术教育研究进展 [C]. 长春：吉林教育出版社：147－149.

　　杨彬，董玉琦. 2006. 信息技术课程学习态度的差异研究 [A]. 信息技术教育研究进展 [C]. 长春：吉林教育出版社：65－73.

　　杨九俊. 2008. 新课程三维目标：理解与落实 [J]. 教育研究（9）：40－46.

　　杨莉. 2011. 高中学生信息技术概念学习的偏差认知研究 [D]. 长春：东北师范大学.

　　杨宁，钱薇旭. 2010. 义务教育阶段信息技术课程区域整体推进：问题、原因及对策 [J]. 中国电化教育（7）：9－12.

　　杨启亮. 2004. 教学实践与课程理论的"对话"[J]. 当代教育科学（1）：4－7.

　　叶澜. 1997. 让课堂焕发出生命活力——论中小学教学改革的深化 [J]. 教育研究（9）：3－8.

　　叶澜. 2002. 重建课堂教学过程观——"新基础教育"课堂教学改革的理论与实践探究之二 [J]. 教育研究（10）：24－30.

　　叶澜. 1998. 新世纪教师专业素养初探 [J]. 教育科研与实验（1）：41－46.

　　詹青龙. 2007. 信息技术课程实施中的几个重要问题分析 [J]. 中国电化教育（3）：13－16.

　　詹青龙. 2009. 信息技术教师培训：理论与应用 [M]. 北京：教育科学出版社.

　　张蓉. 2004. 教育信息化与世界基础教育改革 [J]. 外国中小学教育（6）：

5－8.

张伟平，毛慧娟．2008．中小学信息技术教师现状及对策分析［J］．湘潭师范学院学报（自然科学版）（4）：207－209.

张义兵，李艺．2003．"信息素养"新界说［J］．教育研究（3）：78－81.

张义兵，李艺．2003．理想与现实的统一——谈高中信息技术课程改革的理念［J］．电化教育研究（5）：16－19.

张义兵．2003．信息技术教师素养：结构与形成［M］．北京：高等教育出版社．

赵中建．2001．课堂教学评价指标之研究——对美国一份教学评价设计的述评［J］．上海教育（23）：58－60.

郑长龙，梁佩君．2000．论理科课程的价值［J］．化学教育（4）：9－10.

钟启泉，李雁冰．2003．课程设计基础［M］．济南：山东教育出版社．

钟启泉．2000．课程设计基础［M］．济南：山东教育出版社．

钟启泉．2006．现代课程论（新版）［M］．上海：上海教育出版社．

钟启泉．2010．打造教师的一双慧眼——谈"三维目标"教学的研究［J］．上海教育科研（2）：4－7.

钟圣校．1994．对科学教育错误概念研究之省思［J］．（台湾）教育研究资讯（3）：89－110.

钟义信．1996．信息科学原理［M］．北京：北京邮电大学出版社．

钟义信．2004．信息社会：概念、原理、途径［J］．北京邮电大学学报（社会科学版）（2）：1－7.

衷克定．2009．高校信息技术课程教师知识结构的分析研究［J］．高等理科教育（2）：44－47.

仲小敏．2007．我国现代中学地理课程价值与实现［M］．长春：东北师范大学出版社：139－140.

周勇．2002．加拿大的STS科学课程［J］．全球教育展望（4）：29－34.

朱彩兰，李艺．2005．信息技术课程技能化倾向原因分析与对策研究［J］．教育探索（3）：20－23.

朱彩兰．2005．文化教育视野下的信息技术课程建构［D］．南京：南京师范大学：59.

祝智庭．2003．信息教育展望［M］．北京：教育科学出版社．

祝智庭．2008．新编信息技术教学论［M］．上海：华东师范大学出版社．

外文

安藤玲子．（日文）2005．关于小学生使用网络与信息实践能力的因果关系的研

究 [J]. 日本教育工学论文志 (28)：65 – 68.

星名由美. (日文) 2005. 教师对于小学信息学科课程及其实施支持体系的意识调查的研究 [J]. 日本教育工学论文志 (28)：221 – 224.

近江玲. (日文) 2005 信息实践能力与认知能力之间的关系 [J]. 日本教育工学论文志 (28)：209 – 212.

文部省，高等学校学習指導要領解説（情報編），開隆堂出版株式会社，2000 年 3 月高等学校普通教科「情報」改訂のポイント [OE/BL] http：//www. mext. go. jp/b_ menu/shingi/chousa/shotou/056/shiryo/__icsFiles/afieldfile/2009/03/09/1249662_ 001. pdf

国立教育政策研究所. 評価規準の作成，評価方法の工夫改善のため. 2002 年 2 月.

渡邉康夫. 技術領域の評価について. 中等教育資料. 2001 年 10 月号.

国立教育政策研究所. 評価規準，評価方法等の研究開発（報告）. 2004 年 3 月.

文部省. 高等学校学習指導要領解説（情報編）. 開隆堂出版株式会社，2000 年 3 月.

高等学校普通教科「情報」改訂のポイント [OE/BL].

http：//www. mext. go. jp/b _ menu/shingi/chousa/shotou/056/shiryo/_ _ icsFiles/ afieldfile/2009/03/09/1249662_ 001. pdf

为适应社会变化而要改善的教科事项 [OE/BL]. http：//www. mext. go. jp/component/ a_ menu/education/detail/__ icsFiles/afieldfile/2009/03/31/1259416_ 6_ 1. pdf

Survey of Information and Communications Technology in Schools. England. 2001. http：// www. dfes. gov. uk/statistics/DB/SBU/b0296/sb09 – 2001. pdf.

The Secondary School of the Future. A Preliminary Report to the DfEE by Becta, http：//www. becta. org. uk/news/reports/

'Primary Schools of the Future-Achieving Today, http：//www. becta. org. uk/news/ reports/primaryfuture/index. html.

Young people and ICT：Findings from a Survey Conducted Autumn 2001, http：// www. becta. org. uk/youngpeopleict/ ngflseries_ youngpeopleict. pdf.

Department for Education and Skills. http：//www. dfes. gov. uk.

British Educational Communications and Technology Agency. http：//www. becta. org. uk.

British Educational Suppliers Association. http：//www. besanet. org. uk.

National Association of Advisers for Computers in Education. http：//www. naace. org.

The Qualifications and Curriculum Authority (QCA). http：//www. qca. org. uk.

The Virtual Teacher Centre. Http：//vtc. ngfl. gov. uk.

Learning Schools Programme Team Teaching in Information Technology [M]. Learning

Schools Programme-Teacher Folder. The Open University 2000.

Siegfried, Tom. The Bit the Pendulum: How the New Physics of Information is Revolutionizing Science [A]. New York: John Wily &Sons, Inc. 2000.

Aksnes, D. W. 2006. Citation Rates and Perceptions of Scientific Contribution. Journal of the American Society for Information Science and Technology, 57 (2): 169 – 185.

Cohen, E. 2007. A philosophy of Informing Science. Informing Science: the International Journal of an Emerging Transdiscipline, 12, 1 – 15. http: //inform. nu/ Articles/Vol12/ISJv12p001 – 015Cohen399. pdf.

OECD 2000, Measuring Student Knowledge and Skills: The Pisa 2000 Assessment of Reading, Mathematical and Scientific Literacy. OECD Publications Service, 2, rue Andre-pascaI, 75775 Pads Cedex 16, France.

Baase, S. A Gift of Fire [M]. 2ed. Prentice Hall / Pearson Education Inc. , UpperSaddle River, NJ, 2003.

Quinn, M. 2005. Ethics in the Information Age. Pearson Addison Wesley.

Cassel, L. N. , Sloan, R. H. , Davies, G. , Topi, H. , and McGettrick, A. 2007. The Computing Ontology Project: the Computing Education Application. SIGCSE Bull. 39, 1 (Mar. 2007), 519 – 520.

Spinello, R. , Tavani, H. editors, Readings in CyberEthics 2ed. Jones & Bartlett Publizhers, Sudbury, MA. 2004.

Denning, P. J. , Comer, D. E. , Gries, D. , Mulder, M. C. , Tucker, A. , Turner, A. J. , & Young, P. R. 1988. Draft Report of the ACM Task Force on the Core of Computer Science. [M]. New York, NY: Association forComputing Machinery.

The Computing Ontology Project [OE/BL]. http: //what. csc. villanova. edu/twiki/ bin/view/Main/OntologyProject

Ralph. W. Tyler. Basic Principles of Curriculum and Instruction. The University of Chicago Press, 1949: pp. 1.

New Imperative [OE/BL]. http: //www. csta. acm. org/Communications/sub/Docs Presentation Files.

W. W. Charters. Curriculum Construction [M]. New York: The Macmilan Co. , 1929: 75, 102.

ICT and the national curriculum Aims [OE/BL]. http: //curriculum. qcda. gov. uk/ key-stages-3-and-4/subjects/ict/keystage3/ICT _ and _ the _ national _ curriculum _ aims. aspx.

Information Skills Curriculum and Standards [OE/BL]. http: //www. sldirectory. com/

libsf/resf/ infoskill. html.

National Educational Technology Standards 〔OE/BL〕. http：//www. iste. org/AM/ Template. cfm? Section = NETS.

Information Literacy 〔OE/BL〕. http：//www. ala. org/ala/mgrps/divs/aasl/guidelines and standards/ learningstandards/standards. cfm.

New Imperative 〔OE/BL〕. http：//www. csta. acm. org/Communications/sub/Docs Presentation Files p7.

GCSE ICT 3521 Specifications A (2009) 〔OE/BL〕. http：//store. aqa. org. uk/qual/ pdf/AQA-3521-W-SP-09. PDF.

The Curriculum：QCA Looks Forward Report 〔OE/BL〕. http：//www. qca. org. uk/ libraryAssets/media/qca-06-2454-qlf-web. pdf.

The ACM Computing Classification Scheme 〔OE/BL〕. http：//www. acm. org/ class/1998/.

Australian Computer Society 〔OE/BL〕. http：//www. acs. org. au/.

Curriculum Recommendations of the ACM, IEEE-CS, AIS： 〔OE/BL〕. http：// www. acm. org/education/curricula. html.

German Accreditation for Informatics Programs：. 〔OE/BL〕. http：//www. asiin. de/ english/newdesign/index_ ex5. html.

Joseph D. Oldham Examining Computers & Society 1970-2008 〔J〕 ACM SIGCAS Computers and Society-Celebrating SIGCAS 40th Anniversary-Interviews with Past SIGCAS Award Recipients archive Volume 39 Issue 2, September 2009.

Information Technology Literacy. 1999. Being Fluent with Information Technology. 〔M〕. Washington, DC：National Academy Press.

Gal-Ezer, J. , & Harel, D. 1999. Curriculum and Course Syllabi for High – School Computer Science Program 〔J〕. Computer Science Education, 9 (2)：114 – 147.

Shulman, L. S. Knowledge and Teaching：Foundations of the New Reform 〔J〕. Harvard Education Review, 1987 (1) ：1-22.

Banks F, Barlex D, Jarvinen E M, et al. 2004. DEPTH-Developing Professional Thinking for Technology Teachers：An International Study 〔J〕. International Journal of Technology and Design Education, 14 (2)：141 – 157.

ACM K – 12 Task Force Curriculum Committee. A Model Curriculum for K – 12 Computer Science——Final Report of the ACM K – 12 Task Force Curriculum Committee 〔EB/OL〕. http：//csta. acm. org.

Rohaan, E. J. , Taconis, R, &Jochems, W. M. G. 2009. Measuring Teachers'

Pedagogical Content Knowledge in Primary Technology Education. Research in Science and Technological Education, 27 (3): 327 – 338.

Brok P, Brekelmans M, Wubbels T. Interpersonal Teacher Behaviour and Student Outcomes [J]. School Effectiveness and School Improvement, 2004, 15 (3): 407 – 442.

Cannon R. Broadening the Context for Teaching Evaluation [J]. New Directions for Teaching and Learning, 2001, 2001 (88): 87 – 97.

Ory J C. Teaching Evaluation: Past, Present, and Future [J]. New Directions for Teaching and Learning, 2000, 2000 (83): 13 – 18.

Ross S M, Smith L J, Alberg M, et al. Using Classroom Observation as a Research and Formative Evaluation Tool in Educational Reform [J]. Observational Research in US Classrooms: New Approaches for Understanding Cultural and Linguistic Diversity, 2004: 144.

Sheal P. Classroom Observation: Training the Observers [J]. ELT Journal, 1989, 43 (2): 92.

出 版 人　所广一
责任编辑　贾立杰
版式设计　杨玲玲
责任校对　贾静芳
责任印制　曲凤玲

图书在版编目（CIP）数据

信息技术课程发展研究导论／董玉琦等著. —北京：
教育科学出版社，2013.12
　　（信息技术课程发展研究丛书）
　　ISBN 978－7－5041－8174－9

　　Ⅰ．①信…　Ⅱ．①董…　Ⅲ．①计算机课—课程
教学研究—中小学　Ⅳ．①G633．672

　　中国版本图书馆 CIP 数据核字（2013）第 302365 号

信息技术课程发展研究丛书
信息技术课程发展研究导论
XINXI JISHU KECHENG FAZHAN YANJIU DAOLUN

出版发行	教育科学出版社		
社　　址	北京·朝阳区安慧北里安园甲 9 号	市场部电话	010－64989009
邮　　编	100101	编辑部电话	010－64989637
传　　真	010－64891796	网　　址	http：//www.esph.com.cn
经　　销	各地新华书店		
制　　作	北京金奥都图文制作中心		
印　　刷	保定市中画美凯印刷有限公司	版　　次	2013 年 12 月第 1 版
开　　本	169 毫米×239 毫米　16 开	印　　次	2013 年 12 月第 1 次印刷
印　　张	18.75	印　　数	1—2 000 册
字　　数	300 千	定　　价	37.60 元

如有印装质量问题，请到所购图书销售部门联系调换。

2